Pierre Nierhaus
Jean-Georges Ploner

**REICH IN DER
GASTRONOMIE**

Liebe Diana,

ich schätze Deine Reich-liche Freundschaft, Menschlichkeit und Ehrlichkeit.
Ich wünsche Dir Reich-lich Freunde, Reich-lich Zeit und genügend Reichtum für die Freiheit.
Liebe Grüße,
Pierre

Für Stephanie
(Pierre Nierhaus)

Pierre Nierhaus

Jean-Georges Ploner

REICH IN DER GASTRONOMIE

- Erfolgsfaktoren
- Konzept und Opening
- Management
- Marketing
- Leading

STRATEGIEN FÜR DIE ZUKUNFT

MATTHAES VERLAG GMBH

ISBN 978-3-87515-022-3

Alle Rechte vorbehalten.
Nachdruck, auch auszugsweise, sowie Verbreitung durch Fernsehen, Film und Funk, durch Fotokopie, Tonträger oder Datenverarbeitungsanlagen jeder Art nur mit schriftlicher Genehmigung des Verlags gestattet.

Lektorat: Redaktionsbüro Claudia Krader, München
Bilder: Pierre Nierhaus, Frankfurt
Umschlaggestaltung: Atelier Krohmer, Dettingen/Erms
Satz und Gestaltung: Doppelpunkt, Auch & Grätzbach GbR, Stuttgart

© 2008 Matthaes Verlag GmbH, Stuttgart

Printed in Germany

INHALT

WARUM SIE DIESES BUCH LESEN SOLLTEN 9

Reich durch Gastronomie 10
    Trends der Zukunft................. 10
    Wer zögert, hat keine Chance 11

Mit den richtigen Softfacts zum Erfolg.... 11
    Alles hängt voneinander ab 12
    Feste Regeln für alle Bereiche 12
    Die beste Branche der Welt.......... 13

DIE 15 ERFOLGSFAKTOREN FÜR DIE GASTRONOMIE................... 15
Pierre Nierhaus

Die richtigen Dinge tun 16
    1. Erfolgsfaktor: Glaubwürdigkeit ... 17
    2. Erfolgsfaktor: Enthusiasmus 17
    3. Erfolgsfaktor: Wirtschaftlichkeit .. 17
    4. Erfolgsfaktor: Den Bedarf treffen.. 18
    5. Erfolgsfaktor: Der zukunftsträchtige Trend 19
    6. Erfolgsfaktor: Die Lage 19
    7. Erfolgsfaktor: Guter Service 20
    8. Erfolgsfaktor: Die richtigen Mitarbeiter..................... 20
    9. Erfolgsfaktor: Klare Führung...... 21
    10. Erfolgsfaktor: Das richtige Managementkonzept 21
    11. Erfolgsfaktor: Zielgerichtetes Marketing.................... 21
    12. Erfolgsfaktor: Ökonomische Arbeitsorganisation............. 22
    13. Erfolgsfaktor: Die Qualität 22
    14. Erfolgsfaktor: Konsequenz 23
    15. Erfolgsfaktor: Spaß haben 23

DER WEG ZUM EIGENEN KONZEPT 27
Pierre Nierhaus

Gute Konzepte fallen nicht vom Himmel .. 28
    Die sechs Kernelemente 29

Ein Konzept entwickeln 30
    Wirtschaftlichkeit als oberstes Gebot 31
    Von der Stoffsammlung zur Detailplanung.................... 31

Glauben Sie an Ihr Konzept 34
    Ein paar praktische Überlegungen.... 34
    Einzelstück, Kleinserie oder Massenprodukt? 35

Finden Sie Ihr Publikum 38
    Die Wahl des Standorts............. 39

Verlieren Sie die Zukunft nie aus den Augen 40
    Trend ist nicht gleich Trend 42
    Foodtrends für die nächsten Jahre 42
    Trendkonzeptionen 43
    Gastronomie für eine sich wandelnde Gesellschaft 43
    Trends aufspüren................... 44

Die Hauptzutaten für ein funktionierendes Konzept 45
    Alleinstellungsmerkmale Ihrer Idee ... 45
    Das Objekt 46
    Der vorhandene Bedarf............. 47
    Die Menschen und Ihr Führungsstil ... 49
    Die Produkte...................... 51

Design bestimmt das Sein 53
    Die Idee als Richtschnur 53
    Gutes Design nach Jordan Mozer 54
    Die Rolle von Licht und Musik. 55

Der Gast im Scheinwerflicht 58
    Das Restaurant als Erlebniswelt. 58
    Die Inszenierung des großen
    Auftritts. 59

Das Restaurant als Marke. 61
    Markenname und Corporate
    Identity 61
    Einheitlichkeit in der Außenwirkung . . 65
    Kreative Problemlösungen 65

Die 15 Meilensteine der Konzept-
entwicklung 69

**BAUSTEINE FÜR ERFOLGREICHES
SELBSTMANAGEMENT**. 71
Pierre Nierhaus

Die wichtigste Voraussetzung für Erfolg . . 72

Positiv denken 72
    Ein paar einfache Grundsätze 73

Pro-aktiv handeln 74
    Agieren, nicht reagieren 74

Ziele erreichen 76
    Konkret werden 76

Sich aufs Wesentliche konzentrieren. . . . 77

Einfach bleiben 79
    Einfach werden. 81

Denken Sie nach – aber richtig! 83
    Klare Gedanken fassen 83

Stärken fördern 90

Die Zeit richtig einteilen 92
    Was ist wichtig? 93
    Gute Planung braucht Ruhe 95

Netzwerke bilden. 97
    Kontakte pflegen 97

Privatleben und Beruf im Gleichgewicht . 100
    Zeit für sich selbst haben 100

**MANAGEMENT ALS ERFOLGS-
GRUNDLAGE** 103
Pierre Nierhaus

Eine Frage des persönlichen Stils. 104
    Ihre Aufgaben als Manager. 104
    Zukunftsvisionen und Werte. 105
    Von der Vision zur Mission 109

Führen durch Ziele. 110
    Praktikable Methode 114

Die Macht des Machens 115
    Persönlichkeit und Führungs-
    stärke 116

Effektive Kommunikation 119
    Meetings und Protokolle. 121

Vertrauen ist gut, Kontrolle ist besser . . . 126
    Alles erledigt?. 127
    Konsequenzen ziehen 128

Verhandlungssache – Ihr Standpunkt
zählt 131
    Effektiv verhandeln 131

Zukunft ist planbar 133
    Ideen entwickeln 136

ERTRAGSFAKTOR PERSONAL 139
Jean-Georges Ploner

Ohne die richtigen Mitarbeiter
kein Gewinn 140
   Was neue Mitarbeiter mitbringen
   sollten........................ 141
   Die Nadel im Heuhaufen 141
   Die Qual der Wahl 146

Mitarbeiter als Mit-Unternehmer 147
   Informationen weitergeben 148
   Ziele vereinbaren................ 148
   Bezahlung an der Leistung
   orientieren 152

Gute Schulungen stützen den Erfolg 154
   Ohne Wissen ist alles nichts 154
   Fähigkeiten trainieren – Wissen
   vermitteln 155

Personalkosten durch Zuschüsse
senken 160
   Ein paar nützliche Adressen 161

DER GAST IM MITTELPUNKT 163
Jean-Georges Ploner

Kein guter Service ohne gute Führung... 164
   Der Chef als »Motor« des
   Unternehmens 165

Konzentration auf das Wesentliche 167
   Servicekultur als Verkaufsstrategie.. 167
   Notwendige Briefings 169

Die Servicequalität steigern 171
   Produktkompetenz fördern......... 172
   Das Service-Drehbuch............. 173

Erfolgreich verkaufen 175
   Umsätze steigern................ 176
   Produkte »an den Gast« bringen 178

Wenn es Probleme gibt 182
   Feedback ist positiv............... 183
   Reklamationen richtig behandeln ... 184

MARKETING IST MEHR ALS WERBUNG 187
Pierre Nierhaus

Chefsache Marketing.................. 188
   Guerilla Marketing für kleine
   Budgets........................ 189

Ihr Unternehmen als Marke 189
   Vorteile der Markenbildung 189
   Ein Muss für »Serienprodukte« 193

Wer sind Sie? 194
   Design ist nicht alles 194
   An der richtigen Stelle sparen....... 195
   Vertrauen als Grundlage 196

Ein wenig Marketingtheorie 198
   Kundenbeziehungen pflegen 198

Die Idee nach außen tragen 199
   Was Anzeigenwerbung kostet 200
   Verschiedene Werbemaßnahmen
   und ihre Tücken 201
   Öffentliches Aufsehen erregen...... 206
   Über den Umgang mit der Presse.... 207

Der Marketingplan................... 209
   Flexibel trotz Planung 212

Gemeinsam Stärken nutzen 213

Der Preis ist heiß 214
   Aktions- und Basispreise........... 214

Ihre Kunden – Ihr Kapital............. 218
   Qualität weiterentwickeln.......... 218
   Fallstricke des Gutscheinmarketing.. 219

Durchdachte Flyerkonzepte 220
Briefe, E-Mails und SMS 220
Die Sache mit der Karte........... 221

Die neuen Technologien 224
Der eigene Internetauftritt 224
E-Mails und Newsletter für
Ihre Gäste 226
Generation SMS und die Welt
der Weblogs 227

Auf die richtige Taktik kommt es an..... 228
Aus der Guerilla-Praxis 229
Regeln fürs Guerilla-Marketing...... 232

AUF DIE ERÖFFNUNG KOMMT ES AN ... 235
Jean-Georges Ploner

Traumumsatz oder Durststrecke? 236
Vor der Eröffnung................ 236
Probeläufe 241
Der große Tag 241

IHR KONZEPT UMSETZEN 245
Pierre Nierhaus

Gut geplant ist halb gemacht 246

Drum prüfe, wer sich ewig bindet....... 246
Gesellschaftsformen 246
Partnerschaften 248

Das Objekt der Begierde.............. 249
Größe und Räume 252
Mietverträge.................... 253

Der Architekt ist der natürliche Feind des
Gastronomen 255
Funktionelle Details beachten 256
Honorarfrage und Arbeitsteilung 257
Die Eröffnungsterminlüge.......... 257

Zu viel Geld ist auch ein Problem 258
Ohne Sparstrumpf geht es nicht..... 258
Hilfe bei der Finanzierung 258
Vorsorge für schlechte Zeiten....... 260

Umsatz und Kostenkontrolle 261
Der Einkauf..................... 262

Organisationstipps für den Betriebs-
ablaufs 263
Die Führungscrew 266
Probleme mit dem Personal 266
Kommunikation mit den
Mitarbeitern 267

Ein Wort zum Schluss 268

Zum Weiterlesen 269
Danksagung........................ 270
Die Autoren 271

WARUM SIE DIESES BUCH LESEN SOLLTEN

Dem Geld darf man nicht nachlaufen, man muss ihm entgegenkommen.

Aristoteles Onassis

REICH DURCH GASTRONOMIE

Können Sie mit Gastronomie überhaupt reich werden? Natürlich können Sie das. Bedenken Sie dabei jedoch, dass »reich« für jeden Menschen etwas anderes heißt: Für den einen ist die Selbstständigkeit in Verbindung mit einem Verdienst, der etwas über seinem vorherigen Angestelltengehalt liegt, schon Reichtum genug. Für den anderen muss es ein mindestens sechsstelliger Jahresgewinn in Euro sein. Und der dritte findet sich erst reich, wenn er eine Kette mit Dutzenden von Filialen aufgebaut hat. Wir alle wollen mit unserem Geschäft Geld verdienen. Natürlich mit möglichst viel Spaß. Aber wenn die wirtschaftlichen Voraussetzungen nicht stimmen, kann es – von Haus aus sozusagen – keinen Spaß machen. Mit der von uns entwickelten Strategie wollen wir Ihnen dabei helfen, einen Schritt in die Zukunft zu machen. Dabei wollen wir Sie vor vermeidbaren Fehlern bewahren, denn die Fehler, die ganz am Anfang eines Projekts gemacht werden, haben die größte Hebelwirkung und können Ihr Vorhaben beenden, bevor Sie überhaupt damit begonnen haben.

Alles ist schwierig, bevor es leicht wird.
Moslik Saadi

Trends der Zukunft

Gastronomen müssen sich damit beschäftigen, wie die Menschen leben wollen, was sie erstrebenswert finden – sie setzen Trends und nehmen Trends auf. Lassen Sie uns ein paar dieser Trends betrachten:
- Die meisten Leute kommunizieren, essen und trinken heute viel lieber in einem Restaurant, einem Coffee-Shop, einer Bar oder Lounge als zu Hause. Doch das Leben ändert sich ständig – alles ist schnellem Wandel unterworfen. Das gilt auch für die Gastronomie.
- In dieser schnelllebigen Zeit bilden wir einen Gegenpol zur anonymen Welt der Technik: Wir sehen unsere Gäste als Menschen – und behandeln sie auch so. Gastronomie beschäftigt sich nicht mit lebloser Materie, sondern mit dem Geschäft von Mensch zu Mensch. Bei uns lassen sich Gäste verwöhnen und umsorgen.
- Gastronomie wird auch in Zukunft eine »Jobmaschine« sein, das heißt: Uns geht die Arbeit nicht aus. Aber nur, wenn unser Personal richtig eingestimmt wird auf die Aufgaben, die es mit Freude ausfüllen soll. Auch hier gilt: Der Mensch steht im Mittelpunkt.
- Neue Konzepte erobern klassische Geschäftsfelder: Statt Cafés gibt es Coffee-Shops, mittags bleibt kaum Zeit für ein Mittagessen – stattdessen geht man in eine »Bäckerei«, die sich inzwischen fast zum schnellen gastronomischen Vollsortimenter gewandelt hat. Neu sind auch Restaurants der neuen Kategorie »Fast Casual«, wie z.B. *Vapiano* aus Deutschland oder *Chipotle* aus den USA.

Die Welt wird global und digital. Das muss Ihnen aber keine Sorgen machen. Denn wo werden die Geschäfte für die digitale Zukunft abgeschlossen? Ganz klassisch im Restaurant bei einem guten Essen und einem guten Wein.

Wer zögert, hat keine Chance

Wer in der Gastronomie die Zukunft mit ihren unglaublichen Chancen nicht berücksichtigt, wird nicht überleben. Wer strategisch seinen Erfolg plant, hat auch eine gute Chance, damit reich zu werden.

Mit diesem Buch werden ich und mein Co-Autor Jean-Georges Ploner Ihnen helfen, in der Zukunft Ihr Geschäft richtig aufzuziehen. Ob Sie schon lange Gastronomie betreiben und Ihr Konzept und Ihre Strategie ändern wollen, ob Sie sich zum ersten Mal selbstständig machen oder ob Sie als Projektentwickler oder Getränkespezialist ein Konzept planen, unterstützen oder finanzieren – wir geben Ihnen die richtige Strategie für Ihren Erfolg an die Hand.

MIT DEN RICHTIGEN SOFTFACTS ZUM ERFOLG

Schwerpunkt unseres Buches sind die alles entscheidenden Softfacts (»weiche« Sachverhalte): Wie kommen Sie zu einem stimmigen Konzept? Was sind die erfolgreichsten Strategien für Ihre Zukunft? Wie führen Sie Ihre Mitarbeiter? Und vor allem: Was ist die für Sie geeignete Managementstrategie?

Natürlich brauchen Sie auch die richtigen Hardfacts (»harte« Tatsachen). Aber dieses Wissen wird aus anderen Quellen gespeist: aus Ihrer Berufsausbildung, Ihrer bisherigen Berufserfahrung, durch Ihre Mitarbeiter oder andere Bücher.

Natürlich können Sie keinen gastronomischen Betrieb eröffnen, führen und damit Gewinne machen, wenn Sie nichts von den Produkten verstehen oder kein Basiswissen in betriebswirtschaftlichen Dingen haben. Aber ohne das richtige Konzept, die richtige Lage, die richtigen Menschen und das richtige Management für Ihr Projekt nützt Ihnen das Wissen gar nichts.

Es ist sinnlos zu sagen: Wir tun unser Bestes. Es muss dir gelingen, das zu tun, was erforderlich ist.
Winston Churchill

Jean-Georges Ploner und ich sind fast schon »alte Hasen« in der Branche; wir haben viele Erfahrungen gesammelt mit eigenen Betrieben und mit Betrieben, die wir – auf der ganzen Welt – konzipiert und betreut haben. Wir haben viele Projekte zum Erfolg geführt, aber auch ein paar Flops gehabt und daraus gelernt.

Wir leben in einem Zeitalter der schnellen Veränderung: Morgen ist nichts mehr, wie es gestern war. Das erfordert Flexibilität, bietet aber auch große Chancen vor allem für Neueinsteiger, Umsteiger und Querdenker.

Alles hängt voneinander ab

Hinter den Softfacts verbergen sich mehr Regelwerk und Systematik, als das Wort an sich vermuten lässt. Unsere Erfahrungen haben uns gelehrt, dass überall auf der Welt in der Gastronomie ähnliche Regeln und Gesetzmäßigkeiten für den Erfolg gelten. Diese wollen wir Ihnen aufzeigen und für Sie nutzbar machen. Es gibt Regeln für das beste Konzept genauso wie für die Berücksichtigung zukünftiger Trends oder den Umgang mit Menschen. Einige Kollegen, die die verschiedenen Erfolgsfaktoren besonders prägnant auf den Punkt gebracht haben, lassen wir in unserem Buch ebenfalls zu Wort kommen.

Zuerst allerdings müssen Sie sich mit sich selbst beschäftigen, vielleicht den Umgang mit sich selbst neu lernen: Denn wer sich nicht selbst managen kann, schafft das bei seinem Betrieb und den Mitarbeitern erst recht nicht. Für dieses Selbstmanagement brauchen Sie eine Methode. Wir haben für Sie ausgewählt, was sich unserer Erfahrung nach in der Praxis als optimal für die Gastronomie herausgestellt hat. Diese Methoden werden so beschrieben, dass Sie für sich beurteilen können, was Sinn für Ihre Betriebsgröße macht und am Ende sicherstellt, dass sowohl der Profit als auch die Arbeitsfreude nicht zu kurz kommen.

Was Sie bei näherer Beschäftigung mit den Softfacts sofort spüren werden: Alles hängt zusammen. Wenn Sie eine Sache verändern, ändern sich alle anderen Dinge auch. Das müssen Sie berücksichtigen, um Ihr Konzept und Ihr Unternehmen im Griff zu haben und positiv zu beeinflussen.

Feste Regeln für alle Bereiche

Die grundlegenden Regeln für den Erfolg in der Gastronomie gelten eigentlich mehr oder weniger für alle Bereiche der Branche. Um nicht alle Betriebsformen aufzählen zu müssen sprechen wir im Text meistens von *Restaurants*, meinen damit aber alles: Bars, Lounges, Coffee-Shops, Restaurants, Fast-Casual-Betriebe und so weiter.

Wir glauben auch, dass es – ganz nach amerikanischem Vorbild – wichtig, möglich und notwendig ist, hohe Profite zu erwirtschaften und gerade dadurch als Unternehmer eine wirtschaftliche und gesellschaftliche Funktion zu erfüllen. Persönliche Werte sind dabei für einen erfolgreichen Unternehmer sehr wichtig und stehen in keinem Widerspruch zu Erfolg und Profitdenken. Mit den richtigen Werten bleiben Sie auch als Unternehmer ein guter Mensch. Mitarbeiter und Gäste spüren, ob Sie und Ihr Konzept auf die richtigen ganzheitlichen Werten bauen. Das wird Ihren Erfolg zusätzlich unterstützen.

Eine gewisse Langfristigkeit ist ebenfalls unabdingbar, um ein Unternehmen in die Gewinnzone zu bringen. Nur wenn Sie strategisch denken, können Sie Ihre Firma so führen und so mit Ihrer Idee expandieren, wie Sie möchten oder es für Ihr Konzept notwendig ist. Dazu müssen Sie natürlich bereits am Anfang »das Ende im Sinn haben«. Dazu bedarf es sehr viel strategischen Denkens. Auch dabei möchten wir Ihnen hilfreich zur Seite stehen. Wir geben Ihnen Methoden an die Hand, mit denen Sie von Ihrer Idee zu Ihrer Vision und von Ihrer Vision zu einem realen Unternehmen mit möglichst hohem Profit kommen.

Die beste Branche der Welt

Wir alle arbeiten in der besten Branche der Welt: zusammen mit vielen Mensch – für viele Menschen. Wir stillen Durst und Hunger und helfen unseren Gäste, ihre Sehnsüchte zu erfüllen. Dabei ist es egal, ob das im Einzelnen der Wunsch nach Ruhe oder nach Kommunikation ist, nach einem exotischen Zwei-Stunden-Urlaub oder nach der »Vermittlung« eines neuen Lebenspartners.

Unsere Branche ist zukunftssicher, solange wir selbst flexibel und offen sind und Veränderungen zum Tagegeschäft werden lassen.

Wir wollen mit unseren Ratschlägen erreichen, dass Sie Erfolg haben. Aus diesem Wunsch heraus ist dieses Buch entstanden. Es ist ein Buch

Erfolg besteht darin, dass man genau die Fähigkeiten hat, die im Moment gefragt sind.
Henry Ford

für alle, die schon eine gewissen Erfahrung mit der Gastronomie haben, die es mit Engagement und Fleiß zu etwas bringen möchten, die einen Blick für die Realität besitzen und trotzdem ihre Visionen nicht aus den Augen verlieren.

DIE 15 ERFOLGSFAKTOREN FÜR DIE GASTRONOMIE

Es ist wichtiger, das Richtige zu tun, als etwas richtig zu tun.

Peter F. Drucker

DIE RICHTIGEN DINGE TUN

Worauf kommt es wirklich an? Was entscheidet über Erfolg und Misserfolg in der Gastronomie? Auf diese Fragen versuchen wir in diesem Kapitel knappe Antworten zu geben. Es werden dabei im Kern alle Themenbereiche angesprochen, auf die wir in den folgenden Kapiteln dann ausführlicher eingehen.

Sie haben das auch schon erlebt: Sie sind in einer fremden Stadt und wollen Essen gehen. Sie haben keine Tipps von Freunden und keine Empfehlungen aus Magazinen. Sie ziehen also einfach los. Sie entdecken mehrere Restaurants in der gleichen Gegend. Eines ist voll, und es warten sogar Leute auf einen freien Tisch. Das Lokal daneben ist fast leer. Trotzdem wollen Sie lieber in das volle und warten eine Stunde, um einen Platz zu bekommen.
Was macht Restaurants erfolgreich, und warum spüren Sie als Gast, welches das Bessere ist? Warum geht es den meisten anderen Gästen ebenso? Verbergen sich Regeln hinter dem Erfolgsgeheimnis? Welche? Wie können Sie sie nutzen?

Schon sind wir wieder bei den Softfacts gelandet: den Faktoren, die die wichtigste Basis für den Erfolg sind. Mit kleinen Veränderungen gelten sie für fast jede Form der Gastronomie, egal ob Restaurant, Coffee-Shop, Bar, Imbissbude, Hotellerie oder Diskothek. Wenn Sie schon erfolgreich in der Gastronomie gearbeitet haben, werden Sie viele dieser Basisfaktoren bereits kennen, obwohl Ihnen das vielleicht gar nicht bewusst ist.
Sie müssen, nach einer Art von ungeschriebenem Gesetz, einfach ein paar Dinge richtig machen, um erfolgreich ein Gastronomieobjekt zu konzipieren und zu betreiben. Natürlich gilt das auch für ein bestehendes Objekt, das man anhand von Regeln überprüfen, optimieren oder relaunchen (soll heißen: neu aufsetzen, mit einem neuen Konzept versehen) kann. Das Wichtigste dabei ist, dass es die *richtigen* Dinge sind – und dass Sie sie wirklich *tun*.

Die 15 Punkte, die wir für Sie zusammengestellt haben, sind die grundlegenden Erfolgsfaktoren.

Wenn Sie bei einzelnen Punkten nicht gleich den Zusammenhang verstehen, keine Angst: Im Laufe des Buches werden wir Ihnen die Zusammenhänge in den einzelnen Kapiteln ausführlich darstellen und erklären. Und einige Faktoren sind Ihnen sicher bereits bekannt: Das wird Ihnen helfen, den Gesamtzusammenhang zu verstehen. Das ist sehr wichtig. Denn, wie wir bereits in der Einleitung betont haben: Alle Faktoren gehören zusammen und beeinflussen sich gegenseitig.

1. Erfolgsfaktor: Glaubwürdigkeit

Wenn Sie nicht an Ihr Konzept und Ihre Firma glauben, werden es Ihr Mitarbeiter auch nicht tun – und Ihre Gäste schon gar nicht. Tun Sie also nur Dinge, an deren Erfolg Sie glauben. Gäste enttarnen Halbherzigkeiten schnell und intuitiv.

Wenn Sie ein neues Konzept entwerfen, befassen Sie sich solange mit dem Thema, bis Sie wirklich alles wissen:
- Wenn Sie zum Beispiel ein asiatisches Restaurant eröffnen möchten, reisen Sie natürlich nach Asien, sprechen mit vielen Leuten über Ihr Projekt und versuchen, das Leben in dem besuchten Land und die Ideen dahinter zu erfassen. Bringen Sie Bücher, Rezepte und Fotos mit. Beschäftigen Sie sich mit der Geschichte des Landes und seinen geistigen Wurzeln, seinen Lebensweisheiten. Wieder zu Hause, befassen Sie sich dort genauso mit den einzelnen Details.
- Natürlich gilt dieses Prinzip ebenso für die Planung eines gutbürgerlichen Restaurants in seinem Umfeld: Lernen Sie alles über die Region, die Küche, die Menschen und die Produkte. Bringen Sie möglichst viel davon in Ihr Konzept ein.
- Abgewandelt gilt dieses Vorgehen natürlich auch für Bars, Lounges, Cafés und so weiter.

Je mehr und detaillierter Sie sich mit allen Einzelheiten befassen, desto enthusiastischer werden Sie, desto einfacher haben Sie es bei der Umsetzung und desto erfolgreicher wird Ihr Objekt. Verlassen Sie sich darauf, Ihre Gäste werden die Detailarbeit honorieren.

2. Erfolgsfaktor: Enthusiasmus

Wenn Sie keine Begeisterung für Ihre Arbeit und Ihr Konzept aufbringen, sind Sie von vornherein zum Scheitern verurteilt.
Die meisten Leute in unserer Branche sind irgendwie auch ein bisschen verrückt; voller Engagement für ihren Beruf, begeisternd im Umgang mit Mitarbeitern und engagiert und gastfreundlich mit ihren Gästen. Das alles zu teilweise sehr »ungewöhnlichen« Zeiten und häufig für eigentlich zu wenig Geld. Trotzdem will keiner die Branche wechseln.
Enthusiasmus ist *die* treibende Kraft für den Erfolg in der Gastronomie.

3. Erfolgsfaktor: Wirtschaftlichkeit

Oft frage ich Beratungskunden, Mitarbeiter oder Kollegen, was der Hauptgrund für ihre Tätigkeit in der Gastronomie sei. Die Antworten sind so verschieden wie die Menschen selbst: Ich liebe gute Küche, ich brauche den Umgang mit Menschen, ich liebe die Atmosphäre.

Das hört sich alles schön und gut an, ist aber im Prinzip Blödsinn. Der eigentliche Grund hinter allem: Wir verdienen mit der Gastronomie unser Geld.

Denn wenn wir alle schon genug Geld hätten, würden wir einfach die gute Küche, den guten Service und die gute Atmosphäre als Gast in den schönsten Restaurants und Hotels dieser Welt genießen.

Wenn wir aber Gastronomie betreiben, um unseren Lebensunterhalt zu bestreiten, müssen wir für Wirtschaftlichkeit sorgen. Das ist die absolute und oberste Maxime.

Nur ein wirtschaftlich gesunder Betrieb ernährt Mitarbeiter und Inhaber, ermöglicht Investitionen und Expansion. Alles, was dieser Wirtschaftlichkeit im Weg steht, muss weg. Sinnlose Abläufe, unwirtschaftlich kalkulierte Angebote oder laxe Mitarbeiter gehören nicht in unsere Betriebe. Oberstes Ziel all Ihres Tuns ist also der gesunde Betrieb mit hohem Profit.

4. Erfolgsfaktor: Den Bedarf treffen

Sie haben Glück, wenn sich Ihre Vorstellungen von dem, was Sie tun möchten, mit den Bedürfnissen des Marktes decken. Dann können Sie Ihren gastronomischen »Traum« auch verwirklichen. Ansonsten lassen Sie lieber die Finger davon.

Nur wenn es einen eindeutig definierten Bedarf für Ihr Angebot und Ihre Dienstleistung gibt, haben Sie überhaupt eine Chance. Sie alle kennen sicher die langen Listen gescheiterter Existenzen, die sich nicht am Bedarf, sondern an ihren Vorlieben und Hobbys orientiert haben: die exklusive Modeboutique in einer kaufkraftarmen Gegend, das vierte Sonnenstudio in einem Randbezirk oder das portugiesische Spezialitätenrestaurant in der konservativen Kleinstadt – der Betreiber fuhr so gerne nach Lissabon!

Der Markt gehorcht ganz klaren Gesetzen. Realisieren Sie nur Konzepte, mit denen Sie die Bedürfnisse einer ausreichend großen, an Ihrem Standort anzutreffenden Zielgruppe erfüllen. Mit allen anderen Vorstellungen machen Sie sich nur das Leben schwer: Sie gefährden die Verwirklichung Ihres Traums – und »verbrennen« Geld!

»Ja, aber ...«, werden Sie vielleicht jetzt sagen. Natürlich gibt es Ausnahmen. Jeder kennt irgendein Spezialitäten-Restaurant oder eine ganz besondere Bar, die funktioniert, obwohl sie scheinbar allen Marktgesetzen trotzt. Aber zu welchem Preis? Meist ist der Werbeaufwand erheblich höher als eigentlich angemessen, und Sie müssen immer wieder Überzeugungsarbeit leisten und Ihre Gäste durch die dauernde Präsenz des Wirtes locken oder einen überhöhten Personalaufwand betreiben. Auch ich habe schon Objekte am falschen Ort zur falschen Zeit gemacht und den Laden voll bekommen. Gäste und Kollegen haben gestaunt, wie ich das hingekriegt habe; unterm Strich ist aber trotzdem kein Geld übriggeblieben. Und das macht auf Dauer keinen Spaß. Gute Konzepte brauchen gute Gewinne! Bedarfsdeckung und Wirtschaftlichkeit gehen also Hand in Hand.

Informieren Sie sich genau, welche Angebote gerade nachgefragt werden – und welche nicht. Sehen Sie sich die Konkurrenz an, und berücksichtigen Sie aktuelle und zukünftige Trends. Prüfen Sie, ob Sie für Ihr Angebot das richtige Einzugsgebiet haben und die richtige Lage.

5. Erfolgsfaktor: Der zukunftsträchtige Trend

Das Wort »Trend« ist fast schon zum Modewort verkommen. Dabei ist seine Bedeutung ganz unmodisch und einfach: Ein Trend ist eine Richtung von A nach B mit der Möglichkeit (über B hinaus) Prognosen für C (also die Zukunft) zu treffen.

Wenn Sie Dinge tun, die sich gegen den Trend wenden, werden Sie im Normalfall keinen Erfolg haben.

Für das Setzen von neuen Trends gilt: Sie können als einzelner Unternehmer keinen Trend machen. Vielmehr gilt es, die großen Trends der Freizeitkultur zu analysieren und rechtzeitig auf den Zug aufzuspringen. Wenn Sie Ihr Objekt planen, sollten Sie auf einen relativ neuen, zukunftsträchtigen Trend setzen, der wahrscheinlich einige Jahre aktuell sein wird und nicht auf einen kurzfristig angelegten Hype. Schließlich haben Sie einen langfristigen Mietvertrag, wollen auf Dauer Geld verdienen und vielleicht sogar Ihr Konzept multiplizieren.

6. Erfolgsfaktor: Die Lage

Die richtige Lage Ihres Objektes ist die Basis Ihres gastronomischen Erfolges. Wenn Ihr Einzugsgebiet nicht genügend Gästepotential hergibt, sind Sie mit Ihrer Idee am falschen Ort gelandet, wie wir schon beim Erfolgsfaktor »Bedarfsdeckung« gesehen haben.

Natürlich brauchen Sie für ein Nischenkonzept einen größeren Einzugsbereich als für ein Massenprodukt. Außerdem verhalten sich Menschen überall anders: Sie haben unterschiedliche Geschmäcker, ein anderes Mobilitätsmuster, eine mehr oder weniger große Offenheit neuen Ideen gegenüber und ein differenziertes Ausgehverhalten.

Genauso wichtig für den Erfolg Ihres Projekts ist die sogenannte »Kleinlage«: 2a Lage oder 2b? Das kommt ganz auf Ihr Vorhaben an: Für ein Fast-Casual-Konzept (die Definition finden Sie im Kasten auf Seite 49) können schon wenige Meter abseits der Lauflage tödlich sein. Haben Sie eine breite Straßenfront oder ist Ihr Objekt ein schmaler Schlauch? Haben Sie eine für Ihre Brasserie typische ideale Ecklage? Sind Sie mit Ihrem Objekt in der Nähe einer frequenzstarken Haltestelle oder U-Bahn-Station? Oder verfügen

Sie eine tolle Außenterrasse, die aber – wie Sie erst im Sommer feststellen – die meiste Zeit des Tages im Schatten liegt? Verderben Sie sich nicht den Spaß, indem Sie sich zehn Jahre an das falsche Objekt binden. Sehen Sie genau hin – vorher!

7. Erfolgsfaktor: Guter Service

»No Service – no Sales – no Business.« Diese Binsenweisheit gilt heute mehr denn je. Serviceorientierung – das können angeblich alle anderen Branchen von der Hotellerie und Gastronomie lernen. Ist das wirklich so? Oder sollten wir inzwischen von den anderen lernen? Viele Branchen entdecken jetzt erst ihre Dienstleistungsorientierung – und geben richtig Vollgas.
Wir in der Gastronomie sind oft »nur« freundlich. Guter Service beinhaltet aber mehr. Höflichkeit und Herzlichkeit sind viel wichtiger als die klassisch angelernte Freundlichkeit in vielen Betrieben. Gäste erwarten, dass man sie mit einem kleinen Extra im Service überrascht. Und dass wir ihre Wünsche kennen – auch die, von denen sie nicht einmal selbst wissen. Das ist unsere Chance für die Zukunft!

8. Erfolgsfaktor: Die richtigen Mitarbeiter

Sie brauchen die richtigen Mitarbeiter – und die den richtigen Chef. Sie brauchen die richtigen Gäste – und zwar möglichst viele. Klingt ganz einfach. Ist aber die größte Herausforderung. Viele Chefs in der ganzen Wirtschaft – insbesondere in der Gastronomie klagen über »schlechte Mitarbeiter«. Das heißt aber eigentlich nur, dass sie selbst schlechte Chefs sind. Es liegt in Ihrer Hand, sich genügend Mühe und Zeit zu nehmen, die richtigen Mitarbeiter auszusuchen. Und es ist Ihre Aufgabe, sich um diese Mitarbeiter zu kümmern.
Wenn Sie schlecht gelaunt durch Ihren Betrieb rasen, werden auch Ihre Manager schlecht gelaunt sein. Ihre Servicemitarbeiter können nicht besser drauf sein als ihr direktes Vorbild – und sie geben das, was ihnen vorgelebt wird, an die Gäste weiter. Arbeiten sie widerwillig, dann geht natürlich der Umsatz runter, und der Chef wird noch missmutiger.
Sehen Sie zu, dass Sie erst gar nicht in diesen Teufelskreis geraten. Seien Sie positiv, motivierend und stets gut gelaunt – lassen Sie sich den Ärger, den es natürlich immer einmal wieder gibt, zumindest nach außen hin nicht anmerken.
Sie allein sind für das positive Klima, für die Führung und den Unternehmensstil verantwortlich. Es ist Ihre wichtigste Aufgabe, Ihre Führungskräfte und Mitarbeiter zu inspirieren und gut zu führen. Nur so können Sie mit einem guten Betriebsklima hohe Umsätze erzielen – auch wenn Sie selbst einmal nicht präsent sind.

Den Themen Führung, Management und Personal nehmen in diesem Buch viel Raum ein, weil sie so wichtig sind. Eine stimmige Unternehmensvision stellt die Menschen in den Mittelpunkt: Ihre Mitarbeiter, Ihre Geschäftspartner, Ihre Lieferanten – vor allem aber Ihre Gäste.

9. Erfolgsfaktor: Klare Führung

Mittlerweile gibt es Führungsmodelle, die Ihnen wirklich das Führen und Vorleben erleichtern. Auf diese gehen wir im Einzelnen später ausführlich ein.
In jedem Unternehmen muss eine klare Führung erkennbar sein. Hinter großen Unternehmenserfolgen stehen immer Unternehmer mit einem eindeutigen und meist charismatischen Führungsstil. Gute Führung bezieht stets andere mit ein. So bauen Sie Führungskräfte auf, die auch in Ihrer Abwesenheit Ihr Unternehmen leiten können und die Basis für Ihre Expansion bilden.
Klare Führung beinhaltet auch immer eine gute Kommunikation innerhalb des Betriebs: Teilen Sie Ihre Vision mit Ihren Mitarbeitern, und halten Sie sie über neue Entwicklungen auf dem Laufenden. Eine funktionierende innerbetriebliche Kommunikation ist der wichtigste Gute-Laune-Faktor – und eine wichtige Voraussetzung dafür, dass Sie irgendwann einmal weniger arbeiten können, wenn Sie das wollen.

10. Erfolgsfaktor: Das richtige Managementkonzept

Die richtigen Dinge tun – und die Dinge möglichst auch richtig tun. Darauf kommt es an. Sie müssen Ihr Unternehmen mit klaren Zielen und Regeln managen. Sie müssen eine Unternehmensvision haben – und diese transparent machen. Sie müssen andere motivieren, den Weg mit Ihnen zu gehen, und Sie müssen Entscheidungen treffen. Die Managementtheorien für große Unternehmen und der Betriebswirtschaftler sind oft praxisfremd. Erfolgreiche Unternehmer, auch Neuunternehmer mit kometenhaftem Aufstieg, handeln häufig anders als die Theorie vorgibt. Die brauchbarsten Managementregeln für die gastronomische Praxis haben wir für Sie aus dem riesigen Angebot ausgewählt und zusammengefasst – und natürlich auf ihre Praxistauglichkeit überprüft.

11. Erfolgsfaktor: Zielgerichtetes Marketing

Für ein erfolgreiches Marketing braucht man kein Studium, sondern ein gutes Gespür für seine Gäste. Für die, die man halten will, und für die, die man neu gewinnen will. Viele Menschen in der Hospitality-Industrie haben dieses Gespür intuitiv, weil sie den Umgang mit Menschen lieben. Zusätzlich brauchen Sie jedoch eine Marketingstrategie, um langfristig Ihren Erfolg zu sichern. Diese Strategie muss gastronomie- und standortgerecht sein. Das geht unserer Erfahrung nach am Besten mit dem sogenannten Guerilla-Marketing.

Guerilla-Marketing bedeutet nichts anderes, als mit originellen Ideen und kleinem Budget gegen die großen Mitbewerber anzustinken.

12. Erfolgsfaktor: Ökonomische Arbeitsorganisation

Natürlich müssen Sie auch die Grundlagen Ihres Jobs beherrschen. In den vielen gastronomischen Berufsbereichen lernt man, wie man richtig kocht, serviert, wie man das Controlling organisiert und ein Hotel managt. Viele dieser Abläufe müssen aber heute überdacht und neu gestaltet werden. Wie man Dinge anders, einfach und effektiv tut, zeigen uns häufig Quereinsteiger in der Branche. Oder amerikanische Gastronomie-Unternehmer, die Abläufe einfach neu »erfinden«, ohne Vorwissen. Warum das so wichtig ist? Jeder falsche Arbeitsschritt kostet Zeit und Energie – und entfernt uns von dem obersten Prinzip der Wirtschaftlichkeit.

Hinterfragen Sie alle Arbeitsschritte und Prozesse in Ihrem Betrieb – und tun Sie es rechtzeitig: In der Planungs- und Bauphase haben Sie die größten Chance zur Optimierung der Abläufe. Ihre Mitarbeiter haben viel Wissen in diesen Dingen – Sie müssen sie nur fragen, sich Zeit für ihre Antworten nehmen und wirklich zuhören.

13. Erfolgsfaktor: Die Qualität

Viele Gastronomen glauben, dass sie mit guter Qualität Gäste gewinnen können. Das ist falsch. Gäste gewinnen Sie durch ein gutes Konzept, durch gutes Marketing, engagierte Mitarbeiter und marktgerechte Angebote. Qualität dagegen wird erwartet. Mit Qualität *halten* Sie Gäste.

Qualität in der Gastronomie definiert eine dauerhaft gute Leistung. Und zwar im Bereich Food und Beverage, im Service, in der Atmosphäre, aber auch in der Sauberkeit. Dort müssen Sie Standards entsprechend Ihrem Konzept setzen, Regeln festlegen und für deren Einhaltung sorgen.

Machen Sie Qualität »messbar«. Das geht sogar für den scheinbar schwammigen Punkt Atmosphäre: Legen Sie zum Beispiel fest, welche Musik in welcher Lautstärke Sie wann erwarten. Bestimmen Sie die Lichtstimmung für unterschiedliche Zeiten.

Vieles, was im Bereich Qualitätssicherung getan werden muss gehört eindeutig zum Basiswissen der Gastronomie. Entweder haben Sie es, oder Sie besorgen es sich über Mitarbeiter oder Berater. Sorgen Sie dafür, dass die Qualität aller Bereiche regelmäßig überwacht wird, und Sie sich selbst möglichst wenig darum kümmern müssen. Verantwortlich dafür bleiben aber letztendlich immer Sie. Denn ohne durchgehende Qualität werden Sie nur kurzfristig Erfolg haben. Das dürfen Sie nie vergessen.

14. Erfolgsfaktor: Konsequenz

Dass Sie sich und Ihrem Konzept treu bleiben müssen, versteht sich fast von selbst. Und doch werden viele Gastronomen schon nach kurzer Zeit nachlässig: Wichtige Details des Konzepts geraten aus dem Blick, die klare Linie wird verwässert, die Qualität lässt nach, die Vision wird nicht gelebt.
Wenn Sie nicht wirklich zu Ihrem Konzept stehen, wie sollen Ihre Mitarbeiter Ihnen folgen können? Wie sollen Gäste Ihr Konzept verstehen und lieben lernen, wenn Sie vielleicht aus einer Unsicherheit heraus dauernd herumexperimentierten?
Natürlich müssen Sie dauernd an Ihrem Konzept arbeiten und die betrieblichen Abläufe optimieren. Aber das sollten Sie wohlüberlegt tun. Übertriebene Aktivität und ständige Veränderungen sind der Killer für jedes gute Betriebsklima. Außerdem werden die Gäste Ihr Konzept und Ihr Unternehmensprofil nicht einordnen und verstehen können. Vertrauensverlust ist die Folge. So gewinnen Sie keine Stammgäste.
Ein neues Objekt lockt immer viele Neugierige, aber nach einigen Wochen ist der Hype vorbei. Das ist normal und kein Grund zur Sorge. Erst nach dieser Phase gewinnen Sie wirkliche Stammgäste und arbeiten an Ihrem guten Ruf. Regelmäßige Gäste kommen nicht jeden zweiten Tag, sondern nur alle zwei Wochen oder einmal im Monat – dafür aber oft jahrelang. Wenn sie dann bei jedem Besuch auf ein verändertes Konzept und neue Mitarbeiter treffen, werden Sie sie bald wieder verlieren.
Natürlich gibt es, wenn ein Konzept gar nicht funktioniert, einen Zeitpunkt, an dem man über Änderungen, ein neues Konzept oder, bei ungeeignetem Standort, sogar über Schließung nachdenken muss. Diese Entscheidungen zu treffen ist unglaublich schwer. Das geht meist nicht ohne Hilfe durch Freunde, Kollegen oder professionelle Berater. In diesem Stadium können Sie nur durch klare Entscheidungen und Konsequenz die Situation ändern und den Schaden begrenzen.
Wie Sie die Mitte zwischen konsequenter Konzepttreue und notwendigen Anpassungen finden, sagen wir Ihnen natürlich auch – ab Seite 28.

15. Erfolgsfaktor: Spaß haben

Sie müssen Spaß haben an dem, was Sie machen: als Unternehmer, als Gastronom, als Chef und als Gastgeber. Wolfgang Sperger führt mit seinem Bruder Michael das berühmteste und wohl auch umsatzstärkste Wirtshaus der Welt: das *Hofbräuhaus* am Platzl in München. Ich habe ihn einmal gefragt, was für ihn Glück, Erfolg und Reichtum bedeuteten. Seine Antwort war ebenso einfach wie einleuchtend: »Des´d mit dem, wos´d duast, aa a Freud host.« (Das du mit dem, was du tust, auch Freude hast.)

Spaß haben und Spaß vermitteln, den Gästen und den Mitarbeitern, ist sicherlich ganz entscheidend für Ihr Vorwärtskommen – und ganz entscheidend für Ihr Wohlbefinden und Ihr Glück. Alle großen und erfolgreichen Unternehmer – nicht nur in der Gastronomie – haben schon immer den materiellen Gewinn eher als angenehme und notwendige Nebenerscheinung betrachtet. Immobilienmogul Donald Trump aus New York wurde einst gefragt, ob Geld für ihn das Wichtigste im Geschäftsleben sei: Nein, antwortete er, er liebe es Geschäfte zu machen. Ein gutes Geschäft abzuwickeln, das sei seine Motivation. Geld spiele dabei nur eine (allerdings wichtige) Nebenrolle.

Also: Haben Sie Spaß an dem, was Sie tun, reißen Sie alle mit Ihrer Einstellung und Ihrem Spaß an der Sache mit – und verdienen Sie viel Geld dabei.

Hofbräuhaus, München

Das Hofbräuhaus am Platzl, München: Traditionsgastronomie mit klarem Profil, konsequenter Vermarktung und enorm hohem Qualitätsanspruch.
Sicherlich das erfolgreichste Wirtshaus der Welt.

DER WEG ZUM EIGENEN KONZEPT

Fantasie ist wichtiger als Wissen. Wissen ist begrenzt, Fantasie aber umfasst die ganze Welt.

Albert Einstein.

GUTE KONZEPTE FALLEN NICHT VOM HIMMEL

Ein Konzept ist die strategische Planung für einen dauerhaften Erfolg. Es ist Ihre zu Papier gebrachte Vision und die Anleitung zur Umsetzung. Per Definition ist eine Konzeption die Zusammenstellung umfangreicher Informationen und Begründungszusammenhänge für ein größeres Vorhaben.

Ohne gutes Gesamtkonzept wird Ihr Objekt nie »rund« laufen – das kostet Gäste und führt zu lästigen und oft erfolglosen Nachbesserungen. Und beides mindert Ihre Einnahmen.

> Wenn Sie gut verdienen wollen, brauchen Sie ein gutes Konzept mit einer zukunftsfähigen Strategie.

Schließen Sie die Augen, und stellen Sie sich vor, wie Ihr Restaurant aussehen wird. Die ansprechende Aufmachung, das Design, die Speisen, die Gäste, die Stimmung. Spüren Sie Ihrer Vision nach, schaffen Sie sich ein realistisches Bild in leuchtenden Farben. Ein Bild, das reich an Möglichkeiten und an Zutaten ist.

Man kann die raffiniertesten Computer der Welt benutzen und alle Diagramme und Zahlen parat haben, aber am Ende muss man alle Informationen auf einen Nenner bringen, muss einen Zeitplan machen und muss handeln.
Lee Iacocca

Wenn Sie dann die Augen öffnen, beginnen Sie mit der Arbeit: Das Finden und Sammeln aller notwendigen Informationen und Fakten, die Planung bis ins Detail. Sie überlassen nichts dem Zufall.

Das farbenfrohe Bild aus Ihrer Fantasie ist Ihre Vision. Die Details sind alle im Vorfeld abzuklärenden Faktoren. Dazu gehören zum Beispiel solche Dinge wie Bedarf, Standort, Mitbewerber, Personal, Gäste, Produkte und Preise.

Haben Sie schon Antworten auf grundlegende weiterführende Fragen: Liegen Sie mit Ihrer Idee goldrichtig auf einem Trend mit Zukunftspotential? Was ist mit Marketing und Kommunikation? Nein? Nicht so tragisch, dazu kommen wir später noch einmal.

Eigentlich ist es wie beim Kochen: Ihre Idee und die Qualität Ihrer Produkte mag noch so gut sein – eine unzureichende Vorbereitung kann dazu führen, dass das Gericht missrät. Gut steht dann der da, der Vorsorge getroffen hat.

Bewerten Sie also alle Faktoren, planen Sie langfristig, und halten Sie sich Optionen für Veränderungen offen, die ohne zu großen Aufwand realisiert werden können.

> Der ultimative Prüfstein für alle Planungen ist die Wirtschaftlichkeit, denn langfristig machen nur wirtschaftlich erfolgreiche Betriebe Spaß!

Wenn Sie kein neues Objekt planen, können Sie auch ein Konzept für Ihr bestehendes Objekt machen. Sie machen quasi eine »Soll-Planung«, die Sie im Anschluss mit dem »Ist-Zustand«, also der Wirklichkeit, vergleichen. Oft sieht man so sein Konzept viel klarer, als aus einer anderen Perspektive. Dann können Sie natürlich Korrekturen durchführen und wieder eine Linie in Ihr Unternehmen hineinbringen. Oft werden Konzepte mit den Jahren verwässert und/oder zu kompliziert. Dann versteht Sie der Gast nicht mehr, Sie können Ihre eigentliche Idee nicht mehr vermarkten und natürlich auch Ihr Betriebsergebnis nicht verbessern.

Die sechs Kernelemente

Ein schlüssiges Konzept sowohl für neue als auch für bestehende Betriebe, bei denen ein Relaunch durchgeführt wird, beinhaltet immer sechs Kernelemente:

- Ihre Idee/Vision
- Ihre Authentizität und Ihren Enthusiasmus
- Die Ausrichtung auf den jeweiligen Bedarf
- Das geeignete Objekt am richtigen Ort
- Die richtigen Menschen (Gäste, Mitarbeiter, Lieferanten)
- Qualität und Konstanz

Darum kann auch kein anderer als Sie selbst oder ein Berater, der Sie und Ihre Vorstellungen sehr gut versteht, das Konzept planen. Auf keinen Fall ist das der Architekt. Er ist nur für das Raumdesign verantwortlich. Das Raumdesign ist am Ende eines von vielen Elementen – Essen, Getränke, Menschen, Corporate Design, Musik, Licht usw. –, die das Konzept als Ganzes stimmig und rund machen.

Ihre Vision ist die Seele des Konzepts. Manchmal genügen schon kleine Details, um aus einer klassischen Idee ein tolles eigenes Konzept zu machen; manchmal müssen Sie auch alles anders machen als die Mitbewerber und das Rad sozusagen neu erfinden. Wenn Sie viele völlig neue und ungewöhnliche Ideen einbringen, haben Sie natürlich große Chancen auf einen vielbeachteten Erfolg – oder auf ein spektakuläres Scheitern. Dessen sollten Sie sich immer bewusst sein.

Wie lange diese Phase der Konzeptentwicklung dauert, dafür gibt es keine Regel. Manche Ideen habe ich jahrelang mit mir herumgetragen, bis ich durch Zufall auf ein passendes Objekt gestoßen bin oder das Gefühl hatte, die Zeit sei reif dafür.

> Lassen Sie sich Zeit! Und zwar in allen Phasen der Konzeptentwicklung.

Manchmal will man am Anfang zu viel und packt zu viel in ein Konzept hinein. Das werden Sie ganz schnell merken, wenn Sie das Konzept einige Tage in der Schublade haben ruhen lassen. Oft besteht die Kunst im Weglassen. Ein klares Profil zu haben heißt nicht nur Dinge zu tun, sondern auch Dinge sein zu lassen.

EIN KONZEPT ENTWICKELN

Von der Suche nach einer zündenden Idee und der Geburtsstunde einer Vision bis zu seiner Realisierung durchläuft ein Projekt fünf Phasen:

- Impulsphase
  Eine Idee wird geboren. Der zündende Funke springt über.
- Inkubationsphase
  Die Phase, in der die Basisidee in Ihnen wirkt und sich weiterentwickelt. Jetzt wird Material gesammelt und geordnet, werden Ideen notiert. Alle Sinne sind darauf ausgerichtet, die Idee zu verifizieren und zu ergänzen.
- Illumination
  Die Erkenntnisphase – Sie sind sicher, dass Ihre Idee die richtige ist.
- Verifikation
  Macht das Konzept Sinn? Ist die Idee mittel- und langfristig erfolgreich? Funktioniert sie auch wirtschaftlich? Kritisches Hinterfragen und Ausleuchten der Idee, auch durch Dritte, ist in dieser Phase angesagt.
- Realisation
  Wie setze ich die Idee um? Was und wen brauche ich dazu? Wie mache ich die Planung dafür?

In jeder dieser Phasen wird Ihr Konzept sich weiterentwickeln. Neue Informationen und Situationen erfordern von Ihnen die Anpassung des Konzeptes. Auch wenn sich Details verändern, die Ausrichtung Ihres Vorhabens bleibt gleich: Die oberste Prämisse ist Ihr wirtschaftlicher Erfolg.

Wirtschaftlichkeit als oberstes Gebot

Sie müssen in jeder Phase der Konzeptentwicklung und der Umsetzung daran denken, was Sie eigentlich wollen: Geld verdienen. Wenn bereits in der Konzeptphase zu viele Kompromisse gemacht werden, wird sich das früher oder später rächen. Wenn Ihr Konzept nicht den Markt trifft, wenn Ihre Investition zu hoch ist, wenn die laufenden Kosten aufgrund von Planungsmängeln aus dem Ruder laufen, wenn Sie eine schlecht Lage mit einem hohen Marketingaufwand ausgleichen müssen, werden Sie irgendwann pleite sein. Dann nützt Ihnen Ihre Begeisterung und Ihre grandiose Vision nichts mehr. Deswegen ist es sehr wichtig, in der Planungsphase wirklich ehrlich zu sich selbst zu sein und sich nicht zu belügen, nur weil Sie sich in ein Objekt verliebt oder in eine Idee verrannt haben. Machen Sie zwei Listen, eine mit den Vorteilen, eine mit den Nachteilen Ihres Konzepts, und diskutieren Sie die Punkte mit möglichst neutralen Personen. Dabei ist es fast egal, ob es Branchenfremde sind: Guter Menschenverstand und wirtschaftliches Basiswissen reichen völlig aus. Der strenge Blick von außen kann Sie vor großen Fehlern mit langfristigen Konsequenzen bewahren.

> *Die Menschen verstehen nicht, welch große Einnahmequelle in der Sparsamkeit liegt.*
> Marcus Tullius Cicero

Von der Stoffsammlung zur Detailplanung

Um in den verschiedenen Phasen des kreativen Entwicklungsprozesses etwas Schriftliches als Gedächtnisstütze in Griffweite zu haben, ist eine Art von gegliederter Stoffsammlung ein guter Zwischenschritt. Dort sind die eigentliche Idee und einige grundlegende Anforderungen an Standort, Objekt, Bedarf und Angebot bereits zu erkennen. So haben Sie immer eine gute und überzeugend wirkende Grundlage für Gespräche mit Kreditgebern, Vermietern, dem Architekten oder auch potentiellen Mitarbeitern zur Hand. Diese Stoffsammlung sollte aber nicht zu viel preisgeben: Sie wollen schließlich nicht, dass der Makler mit Ihrem Konzept in der Tasche einem anderen Interessenten den Zuschlag gibt – und der setzt dann um, was Sie sich ausgedacht haben. Drei bis vier Seiten Umfang sind in der Regel dafür ausreichend.

> *Der Zauber steckt immer im Detail.*
> Theodor Fontane

Danach kümmern Sie sich um das eigentliche Konzept. Dieses muss auf jeden Fall schriftlich ausgearbeitet werden. Meiner Erfahrung nach genügen dafür etwas acht bis fünfzehn Seiten. Dieses Papier ist Arbeitsbasis für Sie und Ihre wichtigsten Durchführungspartner wie die Werbeagentur, der Architekt und Ihre führenden Mitarbeiter. Dort berücksichtigen Sie wirklich alle relevanten Punkte relativ ausführlich.

Mit dem Konzept in der Hand sollte ein Dritter in der Lage sein sich ein voll-

> Wenn Sie Ihr Konzept aus den Händen geben müssen, lassen Sie sich immer eine Vertraulichkeitserklärung unterschreiben.

ständiges Bild von Ihrem Geschäft zu machen. Dieses Konzept ist auch Bestandteil und Ausgangspunkt des Businessplans, den Sie zusammen mit Ihrem Steuerberater oder einem Finanzberater (z.B. einem Spezialisten für öffentliche Fördergelder) entwerfen. Diesen Businessplan brauchen Sie sowieso für Ihre Bank und andere Geldgeber.

Nicht mit Erfindungen, sondern mit Verbesserungen macht man Vermögen.
Henry Ford

Es kann im Einzelfall sinnvoll sein, das Konzept bzw. den Businessplan individuell auf den jeweiligen Gesprächspartner »anzupassen«.

Dem Konzept folgt im letzten Stadium die Detailplanung: Das ist quasi Ihre »Betriebsanleitung«. Darin wird wirklich alles berücksichtigt: Details der Speise- und Getränkekarte, Anweisungen über Musik und Licht, die einzelnen Lieferanten und so weiter. Ich habe allerdings sehr oft all diese Details dem eigentlichen Konzept in einer Art Anhang beigelegt. Dadurch wird das eigentliche Konzept nicht aufgebläht, und Sie sparen sich eine Menge Arbeit.

Wer glaubt, jedes neue Konzept müsse durch und durch innovativ sein und etwas bis dato nie Gesehenes darstellen, den kann ich beruhigen. Innovation ist erstrebenswert. Aber auch das Aufgreifen einer markt- und trendkonformen Idee, die mit individuellen Elementen zu etwas Authentischem und Eigenständigem mit neuem Profil wird, hat Aussicht auf Erfolg.

> Der optimale Mix für ein Konzept: ein Drittel eigene Idee, ein Drittel Tradition und ein Drittel »geklaut«.

Beim Wildern in fremden Gärten brauchen Sie kein schlechtes Gewissen zu bekommen: Wenn Sie Ihre Vorstellungen umgesetzt haben und Ihr Unternehmen gut läuft, werden andere von Ihnen abkupfern. Betrachten Sie das dann als Kompliment – und entwickeln Sie neue Projekte anstatt sich zu ärgern. Allerdings: Natürlich dürfen Sie keine geschützten Ideen oder Namen verwenden. Damit verstoßen Sie gegen den Urheberschutz und machen sich strafbar. Konzept und Name unserer *CuBaR* waren leider so beliebt, dass wir an die zehn Mal unseren Anwalt deswegen bemühen mussten – und in allen Fällen recht bekamen. Ein teurer Spaß für die Nutzer. Also: Haben Sie einen originellen Namen für Ihr Konzept und Ihr Restaurant gefunden, ist es ratsam, diesen schützen zu lassen. Aber prüfen Sie vorher genau, ob er nicht bereits existiert.

Mindmap mit den wichtigsten Themen für Ihr Gastronomie-Konzept

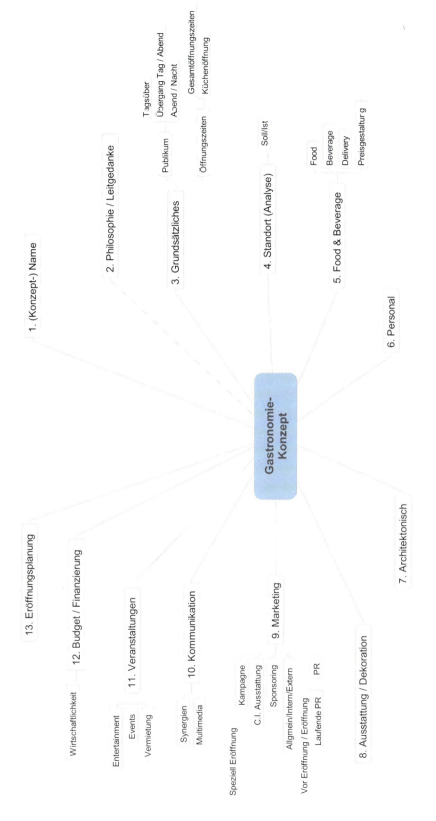

Mehr zum Thema Mindmaps ab Seite 86.

GLAUBEN SIE AN IHR KONZEPT

Jedes Konzept ist nur so gut, wie es zu Ihnen passt. Ohne Authentizität und Enthusiasmus fehlt der zündende Funke. Nur wenn Sie selbst voll und ganz hinter Ihrem Projekt stehen, erreicht die Welle Ihrer Begeisterung auch Ihre Mitarbeiter und die Gäste. Zusammengewürfelte Konzepte, denen Profil und Leidenschaft fehlen, fallen auf Dauer immer durch.
Dies widerspricht nicht der Notwendigkeit zu strategischem Vorausdenken und Planen. Es muss klar sein, dass das Konzept für die nächsten Jahre wirtschaftlich gesund geführt werden kann. Der Enthusiast und der kühle Rechner – beide Seelen in Ihrer Brust sollten in der Planungsphase zu Wort kommen.
Wem nützt es denn, dass Sie Portugal lieben und deshalb ein portugiesisches Spezialitätenrestaurant in einer Kleinstadt aufmachen möchten, in die besser eine gut gemachte Brasserie für eine breite Zielgruppe passen würde?

> Bleiben Sie Ihrer Leidenschaft treu, aber machen Sie sie nicht zum Beruf. Fahren Sie lieber dreimal im Jahr mit dem verdienten Geld zum Urlaubmachen in Ihr persönliches Paradies.

Natürlich gibt es auch in unserer Branche Leute mit exaltierten Ideen, die sie mit Leidenschaft erfolgreich verwirklicht habe. Diese Selbstverwirklichung hat jedoch immer ihren Preis, wie zum Beispiel einen sehr hohen Marketingaufwand, die Bindung an einen einzigen Standort oder einen begrenzten Lebenszyklus.

Ein paar praktische Überlegungen

Ob nun schräge Idee oder globale Vision – Ihre Mitarbeiter und Gäste müssen sie nachvollziehen können. Schließlich planen Sie ein Lokal von Menschen, mit Menschen, für Menschen! Überprüfen Sie deshalb beim Gespräch mit Gästen immer wieder, ob Ihre Botschaft auch so ankommt, wie sie gemeint ist.
Bei der Einführung von globalen Ideen auf einem lokalen Markt ist darauf zu achten, dass sie nicht einfach eins zu eins übernommen werden, sondern ein lokaler Bezug hergestellt wird. Auch das Stadt-Land-Gefälle ist zu berücksichtigen.
Der große, etwas erhöht stehende Gruppentisch (community table) für zehn bis zwölf Gäste wird in Großstädten sehr gut angenommen. Ob die Idee dahinter in ländlichen Gebieten verstanden wird, sei dahingestellt.

Bei den Speisen muss eine Adaption an lokale Essgewohnheiten vorgenommen werden – aus verschiedenen Gründen. Die mexikanische Küche zum Beispiel schmeckt in Mitteleuropa so, wie sie bei den Gästen gut ankommt – und hat eigentlich mit der Originalküche Mexikos wenig bis gar nichts zu tun. Gastronomenträume von einem Restaurant mit kalifornischer Küche funktionieren hervorragend an der amerikanischen Westküste, aber hierzulande scheitern diese ambitionierten Pläne am Fehlen des passenden Küchenchefs und der richtigen Produkten in der entsprechender Qualität, wie zum Beispiel die dicken Tomaten und der Hummer zum kleinen Preis. Und ein deutsches Restaurant in Kalifornien ist sicher ebenfalls schwer zu realisieren.

Es muss nicht immer Hamburger sein: Auch Austern sind Fastfood!
Christoph Wagner

Entschließen Sie sich dennoch zu diesem Schritt, muss er wohl durchdacht sein und wirtschaftlich Sinn ergeben. Produktbewusstsein ist neben Durchführbarkeit, Glaubwürdigkeit und Enthusiasmus die vierte Säule der Basisidee, denn die Produkte werden immer wichtiger. Bei erfolgreichen Konzepten wie der asiatischen Nudelbar *MoschMosch*, die es mittlerweile in viele Städten Deutschlands gibt, oder der *Schnitzelei* in Berlin ist das Produkt Idee und kommunizierbares Profil zugleich. Und dass bei der Gastwirtschaft *Zum Hirschen* Wildspezialitäten auf der Karte stehen, kann als eine Selbstverständlichkeit vorausgesetzt werden.

Die Zeit der Themenrestaurants dagegen scheint vorüber zu sein. Ein typisches Beispiel ist der *Planet Hollywood* der 1990er-Jahre, wo der Fan zwar zwischen Memorabilien der Filmwelt flanieren durfte, die Qualität der Produkte, also der Speisen, der Getränkeauswahl, des Service, so schwach war, dass die Menschen den Restaurants den Rücken zuwandten, nachdem die Idee sich abgenutzt hatte.

Einzelstück, Kleinserie oder Massenprodukt?

Wenn Sie in Ihre Idee soweit konkretisiert haben, ist der richtige Zeitpunkt für eine wichtige Weichenstellung gekommen: Die Frage der Multiplikation. Soll das Konzept ein Einzelstück bleiben, oder planen Sie die Expansion?

In der Regel werden Sie zuerst einen einzelnen Betrieb planen. Läuft dieser gut, dann denken Sie über einen zweiten, dritten und über weitere Betriebe nach. Die Expansion vollzieht sich meist als natürliche Entwicklung. Sie können diese Ausweitung aber auch strategisch planen. Wenn Ihr Objekt kein architektonisches Einzelstück ist und sich auf andere Objekte, Standorte und Märkte übertragen lässt, sollten Sie in Ihre Überlegungen diese Multiplizierbarkeit einbeziehen.

Das Wichtigste für die Expansion ist natürlich, dass das Konzept von vorneherein nicht personengebunden ist. An jedem Ort sind dann Konzept und

MoschMosch

Asiatisch ist Trend!
MoschMosch von Tobias Jäkel und
Matthias Schönberger: Asiatisch, einfach,
klar, trendy, gesund und stylisch.

Schnitzelei

Tradition ist auch Trend!
Die Schnitzelei von Stefan Schneck glänzt
mit deutschen Tapas und der Neuent-
deckung des Schnitzels.

Team die Stars. Sie selbst (und Ihre eventuellen Partner) stehen im Hintergrund, und weder Sie noch Ihr Star in der Küche dürfen die Rolle einer Leitfigur einnehmen, deren Abwesenheit von den Gästen mit Bedauern wahrgenommen wird – eventuell mit Konsequenzen für den nächsten Besuch.

Achten Sie schon jetzt darauf, ob alle wichtigen Alleinstellungsmerkmale übertragbar sind. Denken Sie an ein universell anpassbares Design. Benutzen Sie Produkte, die überall verfügbar sind? Trifft Ihr Konzept auch den Geschmack in anderen Regionen? Sorgen Sie für ausbaubare Mitarbeiterstrukturen und für organisierte Trainingsmaßnahmen.

Alle Aspekte der Multiplikation einzubeziehen, sprengt sicher den Rahmen dieses Buches; aber je kritischer und strategischer Sie Ihr Erstobjekt konzipieren, umso leichter haben Sie es beim zweiten und allen folgenden.

Bei einem Wunsch nach baldiger Expansion sollte das Konzept auch architektonisch problemlos auf unterschiedliche bauliche Vorgaben angepasst werden können und dabei trotzdem seine Identität behalten. *Sausalitos*, *Vapiano*, *MoschMosch* und *Cafe Extrablatt* machen zum Beispiel vor, wie das funktioniert.

Auf der anderen Seite gibt es sehr erfolgreiche Konzepte, die von ihrer Einzigartigkeit und dem markenbildenden Standort geprägt sind, wie zum Beispiel das *Holbein´s* im Frankfurter Messeturm, das *Olives* im Düsseldorfer Stilwerk, das *Brenner* im Marstall in München, das *Kaufleuten* in Zürich oder das *Steirereck* in Wien.

FINDEN SIE IHR PUBLIKUM

Die wichtigste Frage, die Sie sich stellen müssen, lautet ohne Zweifel: Gibt es überhaupt Bedarf für mein Konzept? Besteht Nachfrage nach meiner Idee, meinen Produkten, meiner Dienstleistung? Bin ich zur rechten Zeit am richtigen Ort? Entspricht mein Konzept aktuellen und kommenden Trends?

Man muss das Unmögliche versuchen, um das Mögliche zu erreichen.
Hermann Hesse

Der Bedarf ist deswegen natürlich auch ein K.O.-Kriterium, wenn Sie nach Standorten für Ihr Konzept Ausschau halten. Ist es das richtige Konzept für diesen Standort? Ist dort genügend Nachfrage für meine Idee vorhanden? Ist es eine Wohn- oder eher Bürogegend? Oder ein Mischgebiet? Wie sind die Passantenfrequenzen zu welchen Zeiten? Die allergrößte Falle ist, sich in ein Objekt zu verlieben, alles durch die rosarote Brille zu sehen und mögliche Schwachstellen und mangelnde Nachfrage zu ignorieren.

Brechen Sie Ihr Konzept auf seine Einzelkomponenten herunter: Welche Zielgruppen wollen Sie mit Ihrer Idee ansprechen? In welcher Kategorie wollen Sie sich bewegen? Überprüfen Sie dann den Standort und das Einzugsgebiet auf die Nachfrage und die Bedürfnisse. Welchen Lebensrhythmus haben diese Menschen, d.h. wann konsumieren sie bei Ihnen, wie viel Zeit und wie viel Budget bringen sie mit? Welche Erwartungen haben diese Gäste in Bezug auf Design, Angebot und Preis? Gibt es Mitbewerber?

Im Grunde tun Sie nichts anderes, als eine kleine Marktanalyse durchzuführen. Dazu müssen Sie kein Unternehmen beauftragen. Erstellen Sie eine detaillierte Checkliste, und gehen Sie einfach mehrfach an verschiedenen Tagen und zu unterschiedlichen Zeiten an den Standort. Befragen Sie Anwohner und Menschen, die dort arbeiten. Reden Sie mit Gästen und Mitarbeitern Ihrer zukünftigen Mitbewerber. Die Chance, so viele Informationen zu bekommen, haben Sie später, wenn man weiß, wer Sie sind, nie wieder! Beobachten Sie den Geschäftsverlauf der anderen Lokale am Standort. Denken Sie langfristig und recherchieren Sie, ob die Stadtplanung entscheidende Veränderungen für dieses Gebiet vorsieht. So haben Sie rasch umfangreiches Datenmaterial gesammelt, das Ihnen bei der Bewertung und damit der Entscheidung für oder gegen einen Standort bzw. ein Objekt hilft.

Die Wahl des Standorts

Der gewählte Standort und die damit verbundene Grundfrequenz müssen mit Ihrem Konzept in Einklang stehen. Es kann sich durchaus rechnen, eine sehr gute Lage mit starker Frequenz aber mit den damit einhergehenden hohen Mietpreisen in Kauf zu nehmen, anstatt sich in einer Nebenstraße anzusiedeln, die vom Mietspiegel her deutlich günstiger ist, wo aber die Menschen aus der Zielgruppe nicht oder nur mittels intensiver Marketingaktivitäten hinkommen.

Für ein Quick-Service-Konzept in der Versorgungsgastronomie brauchen Sie hohe Frequenzen, wie sie in Bahnhöfen, zentralen U-Bahn-Stationen und Haupteinkaufsstraßen herrschen. Bereits zwanzig Meter außerhalb der besten Frequenzlage zu liegen bedeutet wahrscheinlich eine günstigere Miete, aber auch weniger Geschäft.

> Denken Sie bei der Suche nach Ihrem Publikum daran, dass es aufgrund der Bevölkerungsentwicklung immer weniger Gäste im Alter von unter 25 Jahren geben wird. Das hat Auswirkungen auf alle Komponenten Ihres Konzepts!

Haben Sie dagegen ein stark spezialisiertes Konzept in der Tasche, können Sie damit auch in die Außenbezirke gehen, weil die Gäste ein sogenanntes »Destination-Restaurant« um seiner selbst willen aufsuchen werden.

Die Lage in einer Bürogegend bringt eine hohe Frequenz tagsüber während der Woche, vor allem rund um die Mittagszeit, mit sich, und die Bedürfnisse der Gäste werden sich von »à la carte« bis »to go« bewegen.

In einer Gegend mit einem Mix aus Anwohnern und kleinen Büros ist eine Brasserie eine gute Lösung, die wie ein wandelbares Chamäleon zu unterschiedlichen Tageszeiten unterschiedliche Zielgruppen als Gäste haben kann.

Nicht zu vernachlässigen ist der Aspekt der Ganzjahrestauglichkeit. Die *Gerbermühle*, eines der attraktivsten Ausflugslokale in Frankfurt mit einem 550 Sitzplätze großen Außengarten direkt am Main, hatte stets das Problem der Wintersaison. Mit neuen Betreibern und einem dreigeteilten Konzept – Sommergarten, anspruchsvolle Restauration und Hotel – will man nun die *Gerbermühle* ganzjährig etablieren.

VERLIEREN SIE DIE ZUKUNFT NIE AUS DEN AUGEN

»Wer die Konsumenten ernst nimmt, wird nicht mehr an ihnen vorbeiproduzieren, wird Unzufriedenheiten schneller aufspüren und beseitigen können, wird sein Angebot effizienter optimieren können. Das Unternehmen von morgen hilft den Kunden, ihre Wünsche zu entdecken, indem es sie auf positive Art auf eine Entdeckungsreise begleitet. Sinnlose und unausgereifte Neuerungen verkommen zur Ausnahme.« Das sagt David Bosshart, Schweizer Konsumforscher und Leiter des Gottlieb-Duttweiler-Instituts für Wirtschaft und Gesellschaft (GDI), Zürich, in seiner Vierteljahresschrift »GDI Impuls«.

Ein Konzept existiert nicht losgelöst in seiner eigenen Galaxis. Es unterliegt den Veränderungen der Gesellschaft, des Marktes und den aktuellen Trendentwicklungen. Beobachten Sie daher nicht nur aus persönlichem Interesse, was aus den großen internationalen Metropolen zu uns herüberschwappt und Nachahmer findet: meist zuerst in den großen Städten, später dann auch auf dem flachen Land.

Analysieren Sie genau, welche dieser Entwicklungen für Ihren Betrieb relevant sein könnte. Trends sind Ausdruck von Wünschen und Bedürfnissen der Menschen. Etwas Neues muss auf eine Sehnsucht stoßen, nur so kann es zum Trend werden: Sog statt Druck.

Abenteuer Frankfurter Bierhaus

Zum Thema Standort ein Beispiel aus meiner eigenen Erfahrung. Vor fast zwanzig Jahren habe ich einmal ein großes Bierlokal eröffnet: das Frankfurter Bierhaus mit 44 Sorten Bier. Die Lage: Ein großer attraktiver Gewölbekeller etwas abseits der Innenstadt. Dank intensiven Marketings lief der Laden ganz ordentlich.

Dasselbe Konzept, nur 1500 Meter weiter Richtung Stadtzentrum verwirklicht, hätte zwar eine höhere Miete gekostet, aber auch viel niedrigere Marketingkosten bei einem höheren Umsatz und einem doppelt so hohen Gewinn gehabt. Es wäre für mich einfach das bessere Geschäft gewesen.

Frankfurt, 26. Juni 1986 • BILD • Seite

Pierre schenkt jetzt 44 Sorten Bier aus

Privat trinkt **Pierre Nierhaus** (29) am liebsten Alt. In seinem „**Frankfurter Bierhaus**" (Schützenstraße) bietet er seit gestern statt 15 sogar 44 Biersorten an, probierte alle: „Ich muß doch wissen, wie's schmeckt". Vor einem Jahr eröffnete er das Bier-Spezial-Lokal, machte außerdem in Bockenheim das „**Café Olé**" auf. Aber: Hauptberuflich bleibt er PR-Berater für Film-Firmen.   **Foto: Brunner**

Die Menschen an diesem Punkt abzuholen, heißt einen Trend für den eigenen Betrieb nutzen. Je früher, desto besser. Dass Trends nie genau vorausgesagt werden können, liegt in ihrer Natur und macht sie so spannend.

Trend ist nicht gleich Trend

Die gesellschaftlichen Veränderungen und die daraus resultierenden großen Trends mit einer Gültigkeitsdauer von über zehn Jahren werden »Megatrends« genannt.

Zu den aktuellen Megatrends gehören zum Beispiel Individualität, Lebensqualität, Gesundheit und Wellness. Gastronomisch interpretiert drücken sich diese Trends aus in Wohlfühlessen (leicht und gesund), Essen mit Zusatznutzen (Functionfood) sowie unkompliziertem Essen mit Spaß und Kommunikation (Fingerfood). Den Megatrends folgen die für uns wichtigsten mittelfristigen Trends wie zum Beispiel die Sehnsucht nach Exotik und Geborgenheit. All diese über einen längeren Zeitraum laufenden Trends haben für uns Gastronomen die höchste Relevanz.

Trends lassen sich – wie Pferde – leichter in jene Richtung lenken, in die sie sich ohnehin bewegen.
John Naisbitt

Modetrends dagegen beeinflussen den Geschmack der Gäste in Bezug auf bestimmte Getränke oder Speisen nur für kurze Zeit. Hier können kleine flexible Betriebe punkten. Ohne hohen finanziellen Aufwand können sie spezielle Angebote machen, thematisch neu dekorieren und ähnliches mehr.

Auf der anderen Seite bestimmt das Nutzwertdenken die Welt des Gastes: Nutzen in Hinblick auf Geld (value for money) und Zeit (value for time), in der Erwartung von Bequemlichkeit, Kommunikation und Emotionalität. Auch das muss natürlich in Ihre Überlegungen mit einbezogen werden.

Da die Trendentwicklungen immer schneller werden, verkürzen sich die Verwertungszyklen für gastronomische Konzepte rapide. Heute gilt für die meisten mittelfristigen Trends ein Zyklus von fünf bis sechs Jahren, bei Modetrends verkürzt sich diese Zeitspanne weiter. Je kürzer also der Trend ist, in dessen Gewässern Ihr Konzept segelt, desto häufiger müssen Sie mit Relaunches rechnen.

Bei diesem Auffrischen Ihres Konzepts werden einzelne oder mehrere wesentliche Konzeptelemente verändert: Speisen- und Getränkeauswahl (oder Teile davon), Servicekonzept und Raumgestaltung.

Foodtrends für die nächsten Jahre

Im Foodbereich sind drei Mainstreamtrends die Favoriten der nächsten Jahre: traditionell, mediterran, asiatisch.

Das Comeback von traditioneller Küche entspricht dem Retrotrend in Mode und Design. Klassische und regionale Gerichte wie Schnitzel, Rouladen,

Züricher Geschnetzeltes und Tafelspitz sind wieder in, viele Gerichte werden leicht und anders als zu Großmutters Zeiten zubereitet. Junge Gastronomen beschreiten in den letzten Jahren häufig diesen Weg im Zusammenhang mit dem Generationswechsel in einem Restaurant oder einer Traditionsgaststätte und sind damit sehr erfolgreich.

Nicht wegzudenken aus unseren Restaurants ist die mediterrane Küche. Hierzu zählen alle Küchenstile rund ums Mittelmeer. In diesem großen bunten Korb findet jeder und alle Altersgruppen etwas nach seinem Geschmack. Dazu ist diese Küche gesund durch die Verwendung hochwertiger Öle. Die lebenslustige Stimmung in den Restaurants ist bereits Legende.

Asien ist das dritte große Thema. Die Vielfalt der verschiedenen Länderküchen bietet ein unerschöpfliches Ideenreservoir und erlaubt jedem Gastronomen, seinen eigenen Mix anzubieten. Die derzeit wichtigsten Einflüsse kommen aus Vietnam, China, Thailand, Japan und Malaysia. Die frische Zubereitung im Wok und ein hoher Gemüseanteil kommen dem Wunsch nach leichtem Genuss entgegen. Indien boomt ebenfalls – nicht nur als neue Wirtschaftsmacht, sondern auch als Trendlieferant für neue Foodkonzepte.

Trendkonzeptionen

Bei den Konzepttypen werden Casual- und Fast-Casual-Dining sowie Snack-Gastronomie ihre Marktanteile weiter erhöhen. Casual-Dining bezeichnet das Restaurant für jeden Tag. Dazu gehören Beispiele wie *Alex, Cafe Extrablatt* und *Bolero*.

Mit frischer Zubereitung, guten Preisen und Schnelligkeit durch Teilservice trumpfen Fast-Casual-Konzepte wie *Vapiano* und *MoschMosch* auf.

Den Snackmarkt teilen sich die Gastronomen mit diversen Anbietern von der Bäckerei über Metzgerei und Imbissbude bis hin zur Tankstelle.

Gastronomie für eine sich wandelnde Gesellschaft

Die veränderten gesellschaftlichen Rahmenbedingungen haben andere Strukturen und neue Konsumenten mit neuen Erwartungen hervorgebracht. Um mit Ihrer Idee erfolgreich zu sein, müssen Sie daher die großen Branchentrends und die Veränderungen in der Gesellschaft berücksichtigen: die zunehmende Zahl von Single-Haushalten, die verstärkte Erwerbstätigkeit der Frauen, die Mobilität und der wachsende Anteil aktiver älterer Menschen. Menschen arbeiten zu unterschiedlichen Zeiten, teilweise in mehreren Jobs.

Nouvelle cuisine heißt gewöhnlich: zu wenig auf dem Teller und zu viel auf der Rechnung.
Paul Bocuse

In deutlich stärkerem Maße als früher gehört dadurch der Restaurantbesuch zum Lebensrhythmus der Menschen, insbesondere in Städten. Zu-Hause-Kochen wird zum »Luxus am Wochenende« oder zur »Inszenierung mit Freunden«. Bereits die Kinder entwickeln viel früher Gastronomieerfahrung durch Besuche zum Beispiel bei McDonald's oder in der Pizzeria.

Der Trend zu häufigerem Ausgehen bedeutet jedoch nicht, dass das Budget für das Essen außer Haus erhöht wurde. Der Anteil bleibt gleich, allerdings verteilt auf mehr Einheiten als zuvor. Die Gäste kommen also häufiger, achten jedoch auf ein stimmiges Preis-Leistungs-Verhältnis.

Zugleich wünschen sich die Menschen die Verbindung mehrerer Bedürfnisse, also Nutzen und Zusatznutzen wie bei Konzepten, die Ausgehen, Shoppen und Entertainment kombinieren. Aber die Menschen haben nur einen Magen: Wer zwischendurch snackt – beim Bäcker, am Brezelstand, an der Foodtheke im Supermarkt – geht der klassischen Gastronomie an diesem Tag meist verloren.

Gastronomie ist also Teil des Lifestyles. Dort kann der Gast für kurze Zeit in eine Welt eintauchen, die er sich eigentlich nicht leisten kann. Alle Lifestyle-Vorbilder aus Show, Musik und Film lassen sich in der Gastronomie feiern (und fotografieren). Diesen Glanz müssen wir ebenfalls nutzen. Wir geben damit normalen Menschen die Chance teilzuhaben an einem größeren Ganzen. Wir verhelfen ihnen zu ihrem Auftritt.

Trends aufspüren

Einen Betrieb erfolgreich zu führen bedeutet auch, sein geistiges Reservoir ständig mit neuem Wissen zu füllen. Zum Beispiel über Trends. In der Presse, auf Reisen, in Seminaren und in Gesprächen mit Kollegen – in jedem Moment erhalten Sie Anregungen und Impulse für Ihre Vorhaben.

Als besonders intensive Form des Lernens empfinde ich persönlich die Reisen mit Workshop-Charakter, die ich und Jean-Georges Ploner mehrmals im Jahr mit kleinen Gruppen in die führenden Gastro-Metropolen der Welt unternehmen. Es ist das Erlebnis von Ess- und Ausgehkultur in fremden Städten, der persönliche Eindruck von Konzepten und der intensive Austausch im Kollegenkreis, der diese Reisen in mehrfacher Hinsicht enorm befruchtend macht.

Wenn Sie solche Reisen nicht machen wollen oder können, ist der regelmäßige Austausch mit Kollegen in der eigenen Stadt oder – weil es da weniger Konkurrenzvorbehalte gibt – in der Nachbarstadt genauso wichtig wie die Offenheit gegenüber den Wünschen und Ideen von Gästen.

> Netzwerke sind in unserer Zeit die Basis für eine erfolgreiche Zukunft. Sie wissen nie, welche Kooperationen und neuen Geschäfte aus einer Begegnung entstehen können.

DIE HAUPTZUTATEN FÜR EIN FUNKTIONIERENDES KONZEPT

Die Idee ist der rote Faden, der sich durch ein Konzept zieht. Ausformuliert beinhaltet die Idee all die Besonderheiten, die Ihr Konzept einzigartig machen. Behalten Sie diesen roten Faden stets in der Hand, werden Sie keine Probleme damit haben, aus Ihrer Idee ein Projekt werden zu lassen.

Alleinstellungsmerkmale Ihrer Idee

Die Alleinstellungsmerkmale eines Konzepts werden auch als USPs (unique selling propositions) bezeichnet. Aus ihnen wird ein klares, kommunizierbares Profil entwickelt als Basis für die »Story«, die Geschichte hinter Ihrem Konzept. Mit der Story wird den Gästen, den Medien und den Mitarbeitern die Idee nahegebracht. Im Idealfall erweckt die Story Emotionen, Neugierde und den Wunsch, das neue Lokal kennenzulernen.
Beides, Idee und Story, müssen glaubhaft und schlüssig sein und zum Betreiber passen. Ein Beispiel für eine solche Idee ist das *Brenner* in München. Ein XXL-Restaurant in einem historischen Gebäude mit drei Bereichen: Café/Bar, Pasta-Bereich und der zentrale Grillplatz mit großen offenen Feuerstellen, an denen Fisch, Fleisch und Gemüse frisch und komplett ohne Soßen zubereitet werden. Das Profil erfüllt alle wesentlichen Anforderungen: Es ist klar, einfach, authentisch und zukunftsstark.
Im Falle des *Brenner* sorgt der Name, Schriftzug und Logo zugleich, für Klarheit und Orientierungshilfe: Brenner Grill Pasta Bar. Sofort hat der potentielle Gast eine Vorstellung, was ihn im *Brenner* erwartet von der Atmosphäre her, der Art des Services, des Speisenangebots bis hin zu den anderen Gästen. Der Konzeptmacher hat sich also klar für einen Typus von Restaurant zu entschieden und dieses Profil deutlich kommuniziert. So soll es auch sein!
Mein früherer Partner Gerd Schüler, der sehr erfolgreich im Diskotheken- und Entertainmentgeschäft war, legte ebenfalls immer größten Wert auf die deutliche Herausstellung der USPs. Schülers Motto: Jedes USP muss zu 150 Prozent ausgeprägt sein, damit es wirkt. Fünf bis sechs USPs sind nach seiner Auffassung erforderlich, um die Botschaft zu transportieren. Damit bleibt genügend Luft, wenn ein oder zwei Elemente nicht funktionieren.
Ende der 1990er-Jahre, als die Karibik absolut angesagt war, eröffneten wir zusammen die *CuBaR* in Frankfurt. Zu dieser Zeit waren Zigarren ein großer Trend, lateinamerikanische Musik wurde zum Mainstream, Cocktails hatten ihre Hoch-Zeit, der Neue Markt und die Börse boomten, und die Menschen in den Städten sehnten sich inmitten von Arbeit und Stress nach einem Kurzurlaub. All diese Trends und Wünsche hat das *CuBaR*-Konzept befriedigt. Für die Authentizität hatten wir eine besonders starke Säule: Den leider bereits

verstorbenen Musiker Captain Jack alias Frankie Gee. Er stammte aus Havanna und hatte in uns die Begeisterung für Kuba entfacht. Als gebürtiger Kubaner und Anteilseigner war er die perfekte Identifikationsfigur und *der* Werbeträger für die *CuBaR*.

Wenn Sie Ihre Idee fest im Griff und alle USPs deutlich herausgearbeitet haben, machen Sie einen Testlauf: Sprechen Sie mit Freunden, Familie und mit Ihrem Team darüber. Hören Sie genau zu. Gerade anfangs ist Feedback wichtig, um sich nicht zu verrennen. Aber Vorsicht: Tarnen Sie Ihre Fragen, und schützen Sie Ihre Idee – in dieser Vorphase sollte nicht jeder erkennen, dass es sich um eine konkrete Planung für Ihren nächsten großen Wurf handelt. Wenn das passiert, können Sie die Kommunikation nicht mehr steuern – Ihr Marketingpotential verpufft, bevor Sie eröffnet haben. Außerdem sollten Ihr Mitbewerber möglichst lange ahnungslos bleiben.

Das Objekt

Weitere elementare Einflussfaktoren für ein rentables Betriebskonzept sind, wie wir schon kurz angesprochen haben, die Wahl von Standort und Objekt.

Bei geplanten Neueröffnungen hilft eine Checkliste, rasch die Spreu vom Weizen zu trennen und eine sinnvolle, objektive Vorauswahl zu treffen. Die Anforderung an Bauweise und Raumaufteilung müssen auf jeden Fall vor Beginn der Suche festgelegt werden. Legen Sie sich also eine Liste an, die alle wichtigen Elemente enthält. Anhand dieser können Sie dann immer überprüfen, inwieweit Sie Kompromisse machen, die von den Ursprungswünschen abweichen und die eventuell die Wirtschaftlichkeit beeinträchtigen.

Eine Checkliste ist aber auch ein hervorragendes Briefing für alle »Mitsucher«, wie zum Beispiel Brauereien und Makler. Je treffsicherer Ihre Checkliste ist, desto eher bekommen Sie geeignete Objekte angeboten – und nicht jeden ungeeigneten Mist, der gerade auf dem Markt ist.

Die Art der Räumlichkeit hängt natürlich immer ganz besonders von der Idee ab. Deswegen gibt es wenig Allgemeingültiges dazu zu sagen. Ein paar Beispiele geben Ihnen aber Hinweise, worauf Sie achten sollten.

Ist die Multiplikation Ihr Ziel, also die Verwirklichung der Idee an mehreren Standorten, ist ein universell nutzbarer Raum der beste Ausgangspunkt. In diese Art Architektur lassen sich die für das Konzept wesentlichen Elemente am leichtesten integrieren.

Es kann aber auch sein, dass das Konzept trotz Multiplikationsabsicht einige signifikante Anforderungen an die Bauweise vorgibt, damit ein Standort und ein Objekt überhaupt in Frage kommen. Typisches Beispiel dafür ist das *Cafe Extrablatt*: Große, meist raumhohe Fensterfronten und dazu möglichst eine Ecklage. Beides ist angelehnt an das Vorbild der französischen Bistros.

> Prüfen Sie die USPs Ihres Projekts anhand der vorhandenen Mitbewerber aus der Gastronomie, aber gegen die bereits bestehenden Angebote des Lebensmitteleinzelhandels (Bäcker, Metzger etc.) wegen des Mittagsgeschäfts. Hebt sich Ihr Konzept wirklich von allen anderen ab? Erlangen Sie eine Alleinstellungsposition?

Für das Konzept einer Weinbar wird häufig ein Gewölbekeller als Objekt gewählt. Das mag förderlich für Atmosphäre und Stimmung sein, hat allerdings den Nachteil geringer Flexibilität: Mit solch speziellen Räumen werden Sie wenig anderes anfangen können.
Bei der Objektauswahl lohnt es sich also, die Hardware-Elemente Küche, Bar und Belüftung auch unter dem Aspekt möglicher zukünftiger Veränderungen zu betrachten.

Der vorhandene Bedarf

Mit der Auswahl von Standort und Objekt ist eine Bedarfsanalyse verbunden. Welche Bedürfnisse und Erwartungen haben die Menschen, die sich an diesem Standort aufhalten? Auch bei bestehenden Betrieben, die ihr Konzept modifizieren wollen, empfiehlt sich eine solche Analyse.
Weniger notwendig ist sie für den Fall des Spezialisten, der sich bewusst seine Gäste mittels verschiedener Marketingmaßnahmen aus einem weiteren Umkreis holt und der von seinem Publikum ganz gezielt aufgesucht wird.
Um den Bedarf für die von Ihnen zukünftig angebotene Dienstleistung zu ermitteln, müssen Sie zwei Faktoren im Auge haben: den bereits zitierten Trend und die gastronomische »Gattung«, der Ihr Lokal zugeordnet werden kann. Wenn der Gast Sie nicht richtig zuordnen kann, wird er auch Ihr Konzept schwer verstehen und akzeptieren können.

Unterschiedliches Niveau heißt nicht, dass Sie etwas besser oder schlechter machen, sondern dass Sie sich zu einem bestimmten Publikum bekennen und für dessen Bedürfnisbefriedigung sorgen. So manche gute Pizzeria »für alle Tage«

Es ist wichtig, Menschen in ihrer eigenen Sprache anzusprechen.
Lee Iacocca

macht erheblich mehr Profit als das gehobene italienische »Ristorante«. Auch gut geführte Traditionsgaststätten verdienen oft besseres Geld als viel gelobte Sterne-Restaurants.
Aber auch die Gastronomie-Typen passen sich Zeittrends an. Neues wird von den Gästen schnell aufgenommen und nachgefragt. So sind Casual-Dining und Fast-Casual-Dining im Moment sicherlich zu den Erfolgskategorien zu zählen.

CuBaR

Auch ein »Ethno-Konzept« benötigt Klarheit – selbst wenn es auf den ersten Blick gemütlich romantisch wirkt, brauchen Sie genügend USPs, ein klares Profil und eine starke CI.

"Wohl das Schönste, was menschliche Augen je erblickt haben."
(Kolumbus bei der Entdeckung Kubas 1492)

Öffnungszeiten:
Mo.-Do. 11.30-1.00 Uhr
Fr.+Sa. 11.30-3.00 Uhr

Entdecken Sie
CuBaR
Bar-Restaurant
"Con sabor y mas"

Cuban Kitchen
Restaurant mit Innenhof
Havana Drinks & Cocktails
Bar mit Terrasse
Cuban Cigars

Unterschätzen Sie keinesfalls Vorurteile und Klischees in den Köpfen der Menschen, die diese teilweise bereits in der Kindheit aufgenommen haben. Dann macht es im Kopf »klick«, wenn ein bestimmter Begriffe auftaucht: Sie machen sich alle Mühe mit einem tollen »Restaurant im Hotel«, und Ihre Gäste hören nur »Hotelrestaurant«.

Die Menschen und Ihr Führungsstil

Die Menschen – Gäste, Mitarbeiter, Lieferanten und Geschäftspartner – stehen im Mittelpunkt jedes Konzepts. Um sie dreht sich alles, für sie und mit ihnen leben Ihre Ideen.

Danny Meyer, eine Ikone der amerikanischen Gastronomie, geht in diesem Punkt sogar so weit, dass er seine Mitarbeiter an die erste, die Gäste erst an die zweite Stelle seiner Prioritätenliste setzt. Die Mitarbeiter spüren dies natürlich. Nicht nur im legendären *Union Square Cafe* in New York City, das Danny Meyer 1986 eröffnete und das seither jedes Jahr durch die Tester des *Zagat* zum beliebtesten Restaurants New Yorks gewählt wird. Auch in den zahlreichen anderen Betrieben, die er seither eröffnet hat, gelang es ihm den »Danny-Meyer-Spirit« zu etablieren. Selbst wenn er selbst nicht da ist, seine Einstellung und seine positive Ausstrahlung auf die Mitarbeiter sind für den Gast stets spürbar.

Etwas Besseres für seine Gäste kann also ein Gastronom nicht tun, als sich wirklich bis ins Detail um seine Mitarbeiter zu kümmern. Die Basis für mein

Ein paar Beispiele für Betriebstypen

Die ersten fünf Konzepttypen gehören in den speisenorientierten Bereich, die beiden letzten sind eher getränkeorientiert. Neben diesen wenigen Beispielen gibt es natürlich weitere Konzeptformen wie zum Beispiel das klassische Café.

- Quick-Service: Selbstbedienungsrestaurant, Burger-Restaurant, Deli nach amerikanischem Vorbild
- Fast-Casual-Dining: Restaurant mit Teil-Service, meist frischer Zubereitung vor den Auges des Gastes, trotzdem schnelle, oft individuelle und freundliche Abwicklung (z.B. *Vapiano*)
- Casual-Dining: Restaurant für jeden Tag mit vollem Service
- Klassisches gehobenes Restaurant
- Bar und Lounge
- Club und Diskothek

erstes Mitarbeiter-Handbuch war ein Manual von Danny Mayer, das ich vor 15 Jahren durch Zufall in die Finger bekam.

Dieses Beispiel zeigt deutlich, dass nur Sie allein als Führungskraft für einen positiven Unternehmensstil verantwortlich sind. Verstehen Sie sich als Dienstleister für Ihre Mitarbeiter: Geben Sie Ihnen ein festes Regelwerk an die Hand, in dem Sie Standards und Abläufe festlegen. Veranstalten Sie Trainings und regelmäßige Briefings. Seien Sie Vorbild in jeder Situation. Innerhalb des vorgegebenen Rahmens können sich Ihre Mitarbeiter kreativ entfalten, um Serviceorientierung und die Unternehmensphilosophie wirklich zu leben. Schaffen Sie es nicht, Ihre Mitarbeiter gut auf Ihr Konzept einzustimmen, wird Ihr Konzept nicht funktionieren – was im schlimmsten Fall ein Scheitern des ganzen Projekts nach sich zieht. Auswahl und Training der Mitarbeiter ist daher eine Ihrer wichtigsten Aufgaben. Die Chance, engagierte und loyale Kräfte zu finden, ist mittlerweile viel besser, als noch vor einigen Jahren. Wenn Sie schließlich die Mitarbeiter gefunden haben, die Sie für Ihr Konzept brauchen, dann müssen Sie ihnen nur noch vorleben, was Sie von ihnen erwarten ...

Ahnungslose Köche und andere Pannen

Die folgende Geschichte habe ich tatsächlich in einer deutschen Großstadt erlebt – in einem Hilton Hotel, einer Kette, die ich ansonsten sehr schätze. Sie zeigt, was passiert, wenn der Ausbildung und Einbindung der Mitarbeiter nicht genug Aufmerksamkeit gewidmet wird.

Der bestellte »Caesar's Salad« war nicht wie erwartet: Falsche Salatblätter, auch die Soße stimmte nicht. Auf die Nachfrage bei der Servicemitarbeiterin kam der Koch an den Tisch. Dies war an und für sich gut. Seine Erklärung allerdings weniger. Die bestand nur aus der Begründung, dass das Dressing so aus der Zentralküche käme und deshalb korrekt sei. Damit war jegliche Illusion rund um das Produkt und die Kompetenz der Küche dahin: Das Produkt war weder frisch noch authentisch, nicht vor Ort gemacht und im Grunde wusste der Koch gar nichts über das Produkt »Caesar's Salad«.

Wie geschickt wäre es gewesen, mir eine Geschichte von einer eigenen, aus den Staaten mitgebrachten Rezeptur zu erzählen und mich in eine kleine Fachsimpelei über die Variationsbreite der Zubereitung und die »geheimen« Zutaten der Soße zu verwickeln. Diese Chance war vertan und für mich sowie für alle, denen ich diese Geschichte erzählen werde – Schneeballeffekt! – hat das Image des Hotels und seiner Restaurants Schaden genommen. Immerhin hat die Servicemitarbeiterin mit einem Extra-Espresso gepunktet.

> Ein gutes, einfach zubereitetes Produkt ist immer besser, als ein mittelmäßiges Produkt, das aufwändig verarbeitet wird.

Die Produkte

Die Produkte müssen zum Konzept passen und durch Qualität überzeugen. Allerdings gewinnen Sie mit Qualität allein keine neuen Gäste. Qualität ist eine Selbstverständlichkeit! Jedoch – und deshalb ist sie so wichtig – ist sie die Grundvoraussetzung dafür, dass die Gäste wiederkommen.

Alain Ducasse kommentierte einst dieses Thema mit einem schönen Bild: Er tendiere zu der Meinung, dass ein Steinbutt ohne ein Genie (am Herd) mehr wert sei, als ein Genie ohne einen Steinbutt.

Bei bestimmten Konzepten kann die Qualität Bestandteil der den Gästen kommunizierten Hintergrundgeschichte sein, zum Beispiel bei einem Fisch- oder Seafood-Restaurant. Dabei ist für den Erfolg des Konzepts entscheidend, dass der Betreiber dem Gast unbedingtes Vertrauen in die Frische und Zubereitung der Waren vermitteln kann.

Der Weg von der Vision zur Aktion endet bei den einzelnen Mitarbeitern, die sich konkret mit einer Aufgabe zu befassen haben.
Rolf Stomberg

Produkte sind heute profilbestimmend für ein Unternehmen. Der Gastronom Stefan Schneck zum Beispiel führte in Berlin zehn Jahre mit großem Erfolg das australische Restaurant *Woolloomooloo*.

Dann entschloss er sich zu einem radikalen Wechsel in der Ausrichtung mit dem Ziel, mit einem neuen Konzept ein breiteres Publikum anzusprechen. Dies gelang ihm dann mit der *Schnitzelei*. Im Mittelpunkt dieses Konzepts stehen Schnitzel, ein sehr typisches Gericht für den deutschsprachigen Raum, allerdings leichter zubereitet und in vielen Variationen präsentiert. Daneben gibt es »deutsche Tapas« (kleine Kalbsfleischbuletten, Matjes-Häckerle, Eiersalat etc.) in unterschiedlichen Portionsgrößen. Das alles sind Basisgerichte, die jeder mag, kombiniert mit neuen frischen Ideen. Mit der *Schnitzelei* hat Schneck in Angebot und Design ein deutsches Konzept auf neue, moderne Art realisiert, das Gästezielgruppen von 25 Jahren an aufwärts anspricht. Idee, Konzept, Profil und Produkt hängen dabei direkt zusammen. Zugleich wird der Megatrend Wohlfühlen sowie der Retroaspekt berücksichtigt.

Beschaffung und Handhabung der Produkte sollten möglichst einfach sein, sonst werden Sie mehr Zeit auf der Suche verbringen als mit Ihrer eigentlichen Arbeit. Die Speisekarte muss natürlich genau auf Ihren gewählten Betriebstyp und das Umfeld abgestimmt sein.

Bei einem kalifornischen Restaurant ist zum Beispiel im Vorfeld zu klären, wo, wie und zu welchem Preis Waren gekauft werden können, die der Konzeptidee und den Erwartungen der Gäste entsprechen. Ist das Konzept auf ein schnelles Mittagsgeschäft ausgelegt, muss auch die Karte entsprechend gestaltet und klein sein. Steaks mit ihrer höchst individuellen Zubereitung wären dabei zum Beispiel völlig fehl am Platze.

Bei der *CuBaR* in Frankfurt mussten wir die Erfahrung machen, dass die original kubanische Küche bei den Gästen nicht so gut ankam. Diese Küche besteht hauptsächlich aus schwarzen Bohnen, Huhn, Schweinefleisch und Reis. Sie ist schmackhaft, aber schwer. Insbesondere unsere weiblichen Gäste wünschten sich aber leichte Gerichte. Als Folge wurde die Karte mit Fischgerichten und Salaten aus dem karibischen Raum ergänzt, ohne dass sich an der Konzeptidee – ein Restaurant mit kubanischem Flair und Lebensfreude – etwas verändert hat.

Grundsätzlich können Sie bei der Angebotsgestaltung zwei Wege gehen: Vielfalt oder Reduktion. Vielfalt ist die Stärke der französischen Bistros und der amerikanischen Diners mit ihren nahezu 24-Stunden-Konzepten. Der gegenwärtige Trend geht eindeutig in die andere Richtung: Reduktion und Konzentration. Ein klares Profil bekommt Ihr Angebot auch durch Weglassen und die Beschränkung auf einen speziellen Bereich, indem Sie nur bestimmte Dinge – aber diese ganz besonders aufgemacht – anbieten.

Ein Riesengeschäft macht zum Beispiel seit Jahren der Besitzer einer Pommesbude in der Hohe Straße in Köln. Er verkauft nur Pommes Frites – wahlweise in der Tüte oder Schale, mit Ketchup, Mayo oder Senf. Seine Pommes sind die besten in Köln und das Geschäft brummt. Im *N.Y.C. Bar und Restaurant* in Frankfurt, seit Jahren eines der authentischsten amerikanischen Restaurants in Deutschland, beschränken wir uns auf wenige Grundprodukte: Burger, Salate, zwei Fleischgerichte, ein Fischgericht, dazu eine begrenzte Auswahl an Beilagen und amerikanische Desserts nach Originalrezepturen, wie zum Beispiel den besten New Yorker Käsekuchen in Frankfurt.

Angebotsgestaltung und Preispolitik stehen in unmittelbarem Bezug zueinander. Die Mehrzahl der Konsumenten – das betrifft alle Schichten! – ist durchaus preisbewusst und reagiert sensibel auf ein unausgewogenes Preis-Leistungs-Verhältnis. Dies wird noch verstärkt durch den Trend zu häufigeren Restaurantbesuchen bei gleichbleibendem Budget. Glücklicherweise hat die Gastronomie viele Möglichkeiten, den Gästen auf intelligente Art und Weise Preisvorteile anzubieten, ohne den Grundpreis zu verändern. Jede Sonderpreisaktion muss in jedem Fall die Möglichkeit offen lassen, zum ursprünglichen Preis zurückzukehren. Sonst beginnt die Spirale nach unten und dem Preisverfall sind Tür und Tor geöffnet. Und bei allem, was Sie in diesem Bereich planen, sollten Sie daran denken: Durch den Preis allein binden Sie keinen Gast, das funktioniert nur über die Qualität – der Produkte und der Mitarbeiter.

DESIGN BESTIMMT DAS SEIN

Gastronomie verkauft mehr als Essen und Trinken. Gastronomie verkauft Lebensgefühl – und genau dafür brauchen Sie das passende Design. Deswegen ist es ein sehr wichtiger Bestandteil Ihres Konzepts.
Erfolgreiches Gastronomie-Design repräsentiert einen bestimmten Lebensstil für die Gäste, indem es eine Geschichte über das Lokal erzählt. So sieht das auch der Chicagoer Stardesigners Jordan Mozer: »Ein guter Designer ist ein Künstler, der einem Kunden [dem Gastronomen] hilft, seine Möglichkeiten zu finden und seine Kunden [die Gäste] an die Marke [das Lokal] zu binden«. Design ist deswegen nicht nur äußerer Ausdruck des Konzepts, sondern geht auch immer Hand in Hand mit dem Marketing.

Die Idee als Richtschnur

Wer sich in Stil- und Geschmacksfragen sehr sicher fühlt, kann Designerarbeiten in eigener Regie ausführen. Häufig sind hier die Frauen im Vorteil, die intuitiv ein viel besseres Gespür für Farben, Licht, Stimmungen und Atmosphäre haben.
Jordan Mozer und mein frühere Partner Gerd Schüler sind die beiden Personen, von denen ich persönlich in Sachen Design am meisten gelernt habe. Dabei habe ich erkannt, dass mein Talent darin liegt, konzeptionell und strategisch zu arbeiten – weniger in der Auswahl von Farben und Materialien. Hierfür hole ich mir immer Profis ins Team – das sollten Sie auch tun.
Richtschnur für das Design ist Ihre Idee: Was habe ich für ein Restaurant? Was ist die Botschaft? Welche Atmosphäre will ich schaffen? Welche Menschen will ich anziehen? Jedes Detail ist dabei wichtig.
Für das Konzept der *N.Y.C. Bar und Restaurant* in Frankfurt-Sachsenhausen zum Beispiel wollten Gerd Schüler und ich damals einen Touch von »Altbauatmosphäre«. Warum? Weil New York viel alte Bausubstanz hat und viele Lokale, die ihr Charisma aus dieser alten Substanz beziehen.
Um dieses Flair in unserem neuen Lokal nachzuempfinden, wurde die Decke bewusst dunkel gehalten und das Parkett gegen den Widerstand der Parkettleger nicht versiegelt. Gerd Schüler bestand darauf, es erst nach einigen Wochen und nur mit Fett zu pflegen, und damit den gewünschten Anschein der Abnutzung zu erzeugen.

> Gerade beim Design ganz wichtig: Machen Sie nur das selbst, was Sie wirklich gut können. Für alles andere brauchen Sie professionelle Partner!

Diese Planung bis ins Detail kennzeichnet auch die Arbeit von Jordan Mozer. Jedes seiner Objekte ist maßgeschneidert. Standardlösungen sind ihm verhasst. Für Mozer drückt Design die Seele des Konzeptes aus, ist überraschend, verlockend und multi-dimensional.

Gleichzeitig sorgt es dafür, dass die Atmosphäre sich richtig anfühlt, vertraut und behaglich ist. Und jedes Design ist einzigartig: Im Kontext der Umgebung, der Stadt, in den Köpfen der Gästen, innerhalb der Branche. Trotzdem gilt für ihn eine Grundregel: Jedes von ihm betreute Objekt ist funktional, wirtschaftlich sicher und die Ausführung hält sich an vorgegebene Zeit- und Budgetrahmen.

Gutes Design nach Jordan Mozer

Die Entwicklung eines Mozer-Designs folgt einem definierten Prozess. Die erste Frage, die Jordan Mozer stellt, ist die nach dem Konzept, dem strategischen Plan. Und damit nach der angestrebten Wirtschaftlichkeit. Dieses Gesamtkonzept ist die Richtschnur durch alle Phasen des Planungsprozesses hindurch. Analog dazu wird das Design entwickelt.

Das zeitlose Restaurantkonzept von *Scoozi!* in Chicago zum Beispiel, das seit über zwanzig Jahren nahezu unverändert existiert, erhielt ein Design mit dauerhaften, leicht zu reinigenden Materialien, die mit zunehmendem Alter und Patina an Schönheit gewinnen.

Das Design sollte das Produkt sozusagen zum Sprechen bringen.
Dieter Rams

Mozer geht soweit, bestimmte Details selbst zu erfinden und zu entwerfen. Diese Details können sich verändern, können im Spiel von Licht und Schatten neue Akzente gewinnen. Möglich ist bei seinen Designs ein kompletter Austausch nach vier bis fünf Jahren, um den Gästen immer wieder neue Anregungen und damit Grund für das Wiederkommen zu geben: »Restaurants und Hotels sind für wiederkehrende Gäste gebaut. Das Design sollte Brüche, Widersprüche und die Komplexität eines Menschen besitzen: mit Schichten, die allmählich entdeckt werden.«

Mozer beobachtete sehr genau den in Deutschland in den 1990er-Jahren vorherrschenden Trend zu sterilem, kaltem und minimalistischem Design.

Gutes Design für die Gastronomie und Hotellerie erfüllt nach Mozer drei Anforderungen:

- Der Gast fühlt sich wohl.
- Der Gast wird durch liebevolle Details stimuliert.
- Der Gast verspürt den Wunsch wiederzukommen.

Die Rückkehr zu emotionalem Design führt er auf den Anschlag vom 11. September 2001 und die daraus resultierenden wirtschaftlichen Probleme zurück: Die gesellschaftliche Situation weckte den Wunsch nach Geborgenheit und Sicherheit.
Im Jahr 2004 realisierte er nach Ideen von Christof Stenger, Marc Junis und Roland Koch dann ein Aufsehen erregendes Projekt in Hamburg: das *east*, ein in Deutschland völlig neues Konzept aus Restaurantlandschaft mit dazu gehörendem Design-Hotel. Im *east* tauchen die Gäste in eine andere Welt ein: Es bietet Abkehr vom Alltag, Wärme und Kommunikation in einer einzigartigen Gastro-Welt.

Die Rolle von Licht und Musik

Licht und Akustik, sprich Musik, beeinflussen maßgeblich die Atmosphäre eines Lokals und gehören genauso zum Design wie Tische, Stühle und Dekoration. Beide schaffen Emotionen und sind zugleich Informationsträger über die Art des Lokals. Gute Licht- und Musikkonzepte signalisieren den Anspruch des Gastronomen und werten Räume auf.
Beim Eintritt in ein Lokal sollte der Gast den Raum überblicken und sich grob orientieren können. Das geht nicht, wenn es zu dunkel ist oder er von grellen Spots geblendet wird. Je nach Konzept sollten Sie eine Grundbeleuchtung anstreben, die von der Tageszeit abhängig regulierbar ist. Einzelne, gut platzierte Spots sorgen dann für Tiefe und Highlights. Das dritte Element sind dekorative Lampen oder andere Lichtelemente, die Licht in Szene setzen – als Stimulation der Sinne und Auslöser für Kommunikation.
Bewusster als Licht nehmen Gäste häufig die Musik wahr. Zu laut, zu leise, hohe Frequenzen, dröhnende Bässe – um die richtige Einstellung zu bekommen, sollten Sie Profis ans Werk lassen und bei der Musikanlage nicht sparen.
Bei Bars und Lounges ist Fingerspitzengefühl notwendig, damit die Gäste sich bei vollem Laden und trotz heißer Musik noch unterhalten können.
Manche Betriebe setzen »ihre« Musik sogar als Marketinginstrument ein und bringen eigene CDs heraus. Vorbild sind die Soundtracks der *Buddha Bar* in Paris.

> Gute Berater für Lichtdesign sind leider selten: Oft wissen sogar Architekten zu diesem Thema wenig. Wichtig: Lassen Sie sich nicht entmutigen, und denken Sie bei der Planung erst an Licht – dann an Lampen!

east, Hamburg

Die Bars und Restaurants im »east« beweisen, dass Hotel-Gastronomie extrem erfolgreich sein kann.

Jordan Mozer
Design: east, canter's, WOW BAO

Bilder: Doug Snower, Chicago

canter's, Las Vegas und WOW BAO, Chicago

DER GAST IM SCHEINWERFERLICHT

Wenn Ihre Gäste nur zum Essen kommen, dürfen Sie sich nicht wundern, wenn deren Zahl beständig sinkt und irgendwann kein Mensch mehr Ihr Lokal betritt. Denn trinken, essen und satt werden – das können die Leute auch zu Hause. Das ist also nicht Ihr Thema als Gastronom. Es geht vielmehr um das Drumherum, die Inszenierung, die emotionale Aufladung.

Hip-Lokale machen aus dem Lokal selbst die Show und verdichten damit Ereignis und gastronomisches Umfeld an einem einzigen Ort.
Dr. Christian Mikunda

Der moderne Konsument verknüpft mit dem Ausgehen eine Vielzahl von Erwartungen. Wie diese auch immer aussehen, sie haben stets mit Emotionen zu tun – und mit Begegnungen.

Das Restaurant als Erlebniswelt

Als Gastronom müssen Sie bei der Entwicklung und Umsetzung Ihrer Konzepte über den Tellerrand von Gastro-Szene und betriebswirtschaftlicher Kostenrechnung hinausblicken. Die Inszenierung des Restaurantbesuchs, die gekonnte und vom Gast gewünschte Verführung wird zum Beispiel am besten mit den Mitteln der strategischen Dramaturgie erreicht.

Der wichtigste Kopf im deutschsprachigen Raum ist auf diesem Gebiet derzeit Dr. Christian Mikunda. Der in Wien lebende Film- und Fernsehdramaturg berät als Vordenker neuer Erlebniswelten die europäische Wirtschaft. Und seine Frau, Denise Mikunda-Schulz, hat mit wissenschaftlichen Methoden untersucht, wie Lokale zur Bühne werden und dabei zentrale Begriffe aus der Arbeit von Dr. Mikuda auf die Restaurantwelt heruntergebrochen. Beide haben freundlicherweise zugestimmt, dass an dieser Stelle aus ihren Werken zitiert und auf ihre Theorien zurückgegriffen werden darf.

Der gesamte Aufenthalt in einem Lokal sollte also durchgängig geplant sein und einem wohl konstruierten Spannungsbogen folgen. Vertraute Rituale wechseln dabei mit Überraschungen, Sprünge und Abweichungen vom üblichen Ablauf sorgen für Stimulation und damit für Aufwertung. Schließlich gibt es innerhalb der Inszenierung bewusste Leerstellen, die individuell aufgefüllt werden können.

Mikunda nennt diese Rituale »brain scripts«: Drehbücher im Kopf. Sie helfen uns zu verstehen, was gespielt wird. Brain Scripts resultieren aus Erfah-

> Erfüllen Sie die Wünsche Ihres Gastes nach Gefühl und Kommunikation. Laden Sie ihn in Ihre gastronomische Erlebniswelt ein, bieten Sie ihm eine Show, in der er der Mittelpunkt ist.

> Entspricht ein Ablauf im Lokal nicht dem inneren Drehbuch des Gastes, sind die Menschen enttäuscht und verunsichert. Das Eintreten dieses Zustands sollten Sie unbedingt vermeiden.

rungen und werden jeweils von bestimmten Schlüsselsignalen abgerufen. Sie vereinfachen unser Leben, indem sie uns helfen, sich schnell auf Situationen einzustellen. Dies setzt allerdings voraus, dass ein im Brain Script gespeicherter Ablauf auch genauso passiert.

So gehört zu einem guten Restaurant in den Köpfen der Menschen folgendes Handlungsmuster beim Empfang: Der Ober begrüßt sehr freundlich ein Paar, hilft bei der Garderobe und führt es zum Platz. Auf dem schön eingedeckten Tisch stehen Kerzen, die der Kellner anzündet, bevor er jedem der beiden Gäste eine Karte überreicht. Wird dieses Muster variiert – der Kellner zündet die Kerzen nicht an, überreicht nur einem von beiden die Karte – entsteht Verwirrung, Unsicherheit bis hin zur Verstimmung kommt auf. Andere Länder, andere Rituale: Beim Asiaten schätzt und erwartet man das heiße Handtuch als Willkommensgeste, an der Bar wird stets die Schale mit frischen Knabbereien aufgetischt.

> *Die erfolgreichen Erlebniskonzepte der Gegenwart verbinden die Sehnsucht nach dem Entertainment mit ehrlichen, großen Gefühlen, mit echten Materialien und Design, mit Lebenshilfe im Alltag, mit der Seelenmassage zwischendurch für den gestressten Kunden.*
> Dr. Christian Mikunda

Die Inszenierung des großen Auftritts

Empfang und Ende sind besonders sensible Phasen beim Restaurantbesuch. Vergleiche mit dem ersten Auftritt und der Schlussszene beim Theater sind sehr zutreffend.

Wie im Theater geben Sie Ihren Gästen die Chance zum großen Auftritt, zum Beispiel durch eine spektakuläre Treppe wie in der Pariser *Buddha Bar*, und bereiten ihnen einen positiven Abgang. Der italienische Wirt macht dies mit großer Abschiedsgeste und vielen Worten, der Grieche spendiert den Ouzo. Es können aber auch visuelle Elemente sein, Hingucker, die den Gast mit einem guten Gefühl in die Welt draußen entlassen. Am besten rechts platziert, denn die meisten Menschen schauen beim Verlassen des Restaurants auf die rechte Seite.

Auch für die Zeit des Aufenthaltes können Sie zum Wohle Ihrer Gäste auf Dramaturgieelemente aus der Bühnenwelt zurückgreifen. Veränderungen im Licht und der Akustik kündigen dort zum Beispiel eine neue Vorstellung oder einen neuen Akt an.

Der gesamte Aufenthalt des Gastes kann nach diesen Mustern untersucht und dramaturgisch gestaltet werden. Die Dramaturgie folgt dabei immer einem roten Faden. Veränderungen in bestimmten Zeitabständen sollen und müssen sogar geplant werden, damit das Konzept lebendig bleibt und der wiederkehrende Gast beim nächsten Besuch Neues entdecken kann. Dies können Details im Design oder neue Produkte im Angebot sein.

Die Gestaltung der Erlebniswelt zielt darauf ab, dass der Gast sich bewegt und den Ort flanierend entdeckt. Der Gang zum Clubraum, zur Toilette, zur Garderobe – all diese Wege können mit Erlebnissen und Emotionen gefüllt werden. Warum, glauben Sie wohl, investieren erfolgreiche Gastronomen bewusst in die Ausstattung der Toiletten? Je phantasievoller, witziger, verrückter, umso besser geeignet für Gesprächsstoff.

Gleichzeitig liefern sie einen guten Vorwand, um sich im Lokal umzusehen. Auf diese Art und Weise verschaffen sich die Gäste einen räumlichen Überblick als Grundlage für die sogenannte kognitive Landkarte, ein inneres Bild von einem Ort.

Ermuntern Sie Ihre Gäste dazu »eine Runde zu drehen«, und geben Sie ihnen Orientierungshilfen: durch eine unterschiedliche Atmosphäre in verschiedenen Räumen, durch das Spiel mit Design, Licht und Musik oder durch herausragende Objekte wie zum Beispiel das XXL-Ledersofa ganz in Weiß vor dem Kamin in der Lounge des Boutiquehotels *Murano Urban Resort* in Paris. Optimal ist, wenn die Gäste sich beim Eintritt mit wenigen Blicken grundsätzlich orientieren können. Vorbild sind in dieser Beziehung Freizeitparks und Einkaufscenter mit ihren Plänen am Eingang. Im Restaurant kann diese Funktion der freundliche Mitarbeiter am Empfang übernehmen.

Eine der von Denise Mikunda-Schulz aufgeführten »Binsenweisheiten« in der Dramaturgie für Restaurants lautet: »Wenn man dem Gast nicht das bietet, wofür er in erster Linie gekommen ist, nämlich ein kulinarisches Erlebnis, dann nützt auch keine aufwändige Gestaltung.«

Inhabern von eher kleinen Lokalen empfiehlt sie eine besonders intensive Planung: »Wer ein Schmuckkästchen sein eigen nennt, die Inszenierung des Lokals sich also auf wenigen Quadratmetern komprimieren muss, sollte sich bewusst sein, dass jeder auch noch so kleine Fehler im Detail im geschlossenen Mikrokosmos umso größere Auswirkungen hat. Dies betrifft die Qualität des verwendeten Materials, das Licht, Events und Personal, Tische, Stühle, die Musik.«

> Dramaturgie kann nur erfolgreich sein, wenn das Basisangebot von hoher Qualität ist. Weder Design noch Dramatik vermögen über schlechtes Essen, mangelnden Service oder fehlende Hygiene hinwegzutäuschen.

Die Inszenierung zielt nicht nur auf anwesende Gäste. Sie ist zugleich Botschaft, wirkt als Mund-zu-Mund-Propaganda und kann für PR-Zwecke eingesetzt werden. Sie will die Menschen neugierig machen und dem Restaurant einen starken Auftritt verschaffen. Wenn Ihre Gäste sagen »Das muss man gesehen haben!« ist Ihre Dramaturgie gelungen.

So lässt sich zum Beispiel am Eingangsbereich der Chicagoer *Cheesecake Factory* die ganze Idee, das gesamte Konzept, also all das erkennen, was den Gast im Inneren erwartet.

DAS RESTAURANT ALS MARKE

»Wie?«, werden Sie jetzt vielleicht denken. »Mein Lokal ist doch kein Auto!« Nein, das ist es sicher nicht. Trotzdem ist das Schaffen von wiedererkennbaren Marken für die Gastronomie genauso wichtig wie für die Automobilindustrie. Denn die Marke und ihr guter Ruf sind das wichtigste Kapital für ein Unternehmen. Die Marke ist wie ein Gesicht: unverwechselbar und mit vielen Details. Für die Gastronomie sind Marken wie geschaffen, unterstützen sie doch auf unverzichtbare Weise die Multiplikation. Mit jedem weiteren Baustein in der Multiplikationskette wird die Marke stärker.

Eine Marke ist eine unverwechselbare Vorstellung im Kopf des (potentiellen) Konsumenten von einem Produkt oder einer Dienstleistung. Sie basiert auf Vertrauen, sorgt für Wiedererkennbarkeit, bietet Orientierung, Identifikation und emotionalen Mehrwert. Eine Marke kann zum Statussymbol werden und die Zugehörigkeit zu einer gesellschaftlichen Gruppe signalisieren.

A brand is a customer's idea of a product. – Eine Marke entspricht der Vorstellung des Kunden von einem Produkt.
David Ogilvy

Man kann auch sagen: Eine Marke ist ein Versprechen in Bezug auf Qualität, Image und bestimmten Eigenschaften des Produktes. Werden diese Erwartungen erfüllt, steht der Entwicklung von Markentreue nichts entgegen.

Markenname und Corporate Identity

Hauptbestandteil der Marke für ein Gastronomieobjekt ist zum einen der Name und zum anderen die sogenannte Corporate Identity, die den gesamten Außenauftritt Ihres Unternehmens bestimmt. Beides muss die Grundidee Ihres Konzepts auf einen Blick vermitteln.

Je klarer also das Profil eines Unternehmens ist, desto klarer kommt die Botschaft rüber. Und wird damit transparent und erlebbar für den Gast. In

»bathrooms«

Goldmann, Frankfurt

Paramount, New York

Urinalmontage nach deutscher Bauvorschrift

N.Y.C, Essen

Paramount, New York

Sage Club, Berlin

Felix, Hong Kong

Flava, Bangkok

Perfektion umgesetzt wird dies zum Beispiel bei *Figlmüller*. Seine Botschaft lautet: Wiens berühmtestes Schnitzelrestaurant. Tagtäglich kommen Touristen und Einheimische dorthin, um Wiens berühmtestes Schnitzel zu essen. *Figlmüller* hat seine Botschaft auf den Punkt gebracht, hat sie erlebbar gemacht und ist damit auf dem lokalen Markt zur Marke geworden.

In der sogenannten Corporate Identity, dem nach außen einheitlichen und geschlossenen Auftreten eines Unternehmens, wird die gesamte gelebte Marke des Restaurants zusammengefasst. Sie besteht im Wesentlichen aus drei Teilen: Der grafische Teil aus Logo, Schriften, Symbolen und Farben ist im Corporate Design gebündelt. Daneben gibt es einen Bildteil (Gestaltung des Lokals) und einen Sprachteil (frech und modern; gesetzt und traditionell).

Unverzichtbarer und wesentlicher Bestandteil der Marke ist der Name. Daher ist der erste Schritt die gründliche Prüfung, ob der Wunschname verfügbar ist: In Restaurantsuchmaschinen wie *Marcellino* oder *ZAGAT*, durch Suche im Handelsregister oder Recherche beim Patentamt finden Sie heraus, ob der von Ihnen gewählte Name von keinem anderen für sein Projekt gewählt wurde. (Für den deutschsprachigen Raum können Sie beim Deutschen Patentamt www.dpma.de, beim Österreichischen Patentamt www.patentamt.at oder beim Eidgenössischen Institut für Geistiges Eigentum www.ige.ch recherchieren.)

Eine Restaurantmarke gibt Sicherheit.
Eine Restaurantmarke spart Geld –
vor allem für den Betreiber.
Prof. Chris Muller

Haben Sie ein globales Konzept für das internationale Publikum entwickelt, lohnt sich der Blick in die Gastro-Szene der Trendmetropolen. Dort werden Sie ganz schnell entdecken, welche Namen international verstanden, das heißt richtig zugeordnet, werden.

Einheitlichkeit in der Außenwirkung

Was ist das Besondere an Ihrem Konzept, was sind Ihre Stärken, was hebt Ihren Betrieb von den Mitbewerbern ab? In eine einfach zu verstehende Botschaft gepackt und konsequent kommuniziert, wird damit die angestrebte Zielgruppe aufmerksam und neugierig gemacht.

Der Betrieb und die Botschaft, also das Gesamtbild, müssen übereinstimmen. Dabei ist jedes Detail wichtig. Diese Corporate Identity, sprich das Konzept und die Inszenierung, ist die Richtlinie für das das Corporate Design, das sich durchgängig von den Speise- und Visitenkarten, über die Anzeigen bis zur Website durchziehen sollte.

Im *Nola's am Weinberg* in Berlin ist zum Beispiel alles Gedruckte und sind alle Werbeartikel mit dem plakativen Logo – weißes Kreuz auf rotem Grund – versehen. Diese visuelle Botschaft signalisiert dem Gast sofort, wo er sich befindet: in einem Schweizer Bergrestaurant direkt in Berlin-Mitte.

Kommuniziert wird Ihre Botschaft zum einen nach draußen, zum andern aber auch innerhalb des Betriebes. Im Idealfall haben die Mitarbeiter Konzeptidee und Botschaft wie selbstverständlich verinnerlicht, ohne dass es aufgezwungen und aufgesetzt wirkt. Dazu muss es keine Pin-am-Revers-Pflicht geben. Wenn Mitarbeiter die Idee mögen und sie »mitleben«, werden sie dieses Gefühl gerne an den Gast weitergeben und mit ihm teilen. Die Mitarbeiter einzubeziehen und durch Ihre Idee und Vision zu motivieren ist eine Ihrer wichtigsten Aufgaben als Führungskraft in Ihrem Unternehmen.

Kreative Problemlösungen

Manchmal stören Einflüsse der »Außenwelt« die reibungslose Übermittlung Ihrer Kernbotschaft an die Kunden. Die Hände über dem Kopf zusammenzuschlagen wird Ihnen dann nicht weiterhelfen. Suchen Sie nach einer konzeptverträglichen Lösung.

Dazu ein Beispiel aus dem USA: Bei einem amerikanischen Restaurant sah sich der Manager mit der Situation konfrontiert, dass Jugendliche seinen Parkplatz als Treffpunkt nutzten. Gäste, die in Erwartung eines gepflegten Restaurants dort ankamen, sahen sich zuallererst mit einer Schar herumtobender Halbwüchsiger konfrontiert. Gleich der erste Eindruck war damit falsch, Botschaft und Realität stimmten nicht überein. Enttäuschte Erwartungen waren die Folge, und die Gäste blieben schließlich aus. Was tat der Boss, um das Problem zu lösen? Er ließ einen Monat lang den Parkplatz mit klassischer Musik beschallen und das Problem war gelöst.

Richard Melman – der »Konzeptpapst«

Richard Melman ist einer der weltweit erfolgreichsten Konzeptmacher der Restaurantbranche. Seine Firma »Let us entertain you« (kurz: leye – www.leye.com) und seine Partner betreiben mehr als 70 Objekte in den Vereinigten Staaten, hauptsächlich in Chicago und Las Vegas. Daneben wurden viele Konzepte von ihm an große amerikanische Restaurantketten verkauft und multipliziert. Richard Melman weiß, wie man die richtigen Dinge zum richtigen Konzept im richtigen Moment zusammenfügt und die Objekte langfristig für Gäste attraktiv macht.

Das Augenmerk auf den Bereich Food zu richten ist das Rückgrat all seiner Konzepte, wobei er sehr großen Wert auf Details legt. Er findet und unterstützt Partner und Angestellte, die seine Leidenschaft für die Gastronomie teilen, und schafft es, dass diese Authentizität und Leidenschaft auch seine Gäste erreicht.

PN: Wie entwickelt Richard Melman seine Konzeptideen?
RM: Als Allererstes bin ich immer offen für jede Art von neuen Ideen. Zuerst entwickele ich eine Idee für mich selbst, und dann rede ich mit den Partnern, mit denen ich zusammenarbeite über die Idee. Mittlerweile erlaubt mir meine gute Partnerschaft, der »Tagträumer« der Firma zu sein. In unserer Firma haben wir viele gut funktionierende Strukturen entwickelt, die mir meine Freiheiten ermöglichen. Ein Teil von mir ist zu jeder Zeit kreativ und arbeitet dauernd an der Weiterentwicklung von Ideen.

PN: Was sind die Hauptzutaten für ein erfolgreiches gastronomisches Konzept?
RM: Achtzig Prozent des Erfolges wird bereits festgelegt, bevor man die Türen des Lokals öffnet. Genauso wichtig wie die richtige Idee zur richtigen Zeit sind die richtige Location, eine angemessene Miete und die richtigen Mitarbeiter. Dann muss man natürlich die Mitarbeiter richtig trainieren und sicherstellen, dass vor allem das Food-Konzept funktioniert.

PN: Wie schaffen Sie es, dass Ihre Konzepte über so lange Zeitabschnitte hinweg frisch und funktionell sind, und wie halten Sie dauernd Ihren hohen Qualitätsstandard?
RM: Der Schlüssel ist Flexibilität. Dinge ändern sich schnell. Man muss auf der einen Seite seinem Konzept treu bleiben und anderer-

von links: Richard Melman, Pierre Nierhaus, Jordan Mozer

seits regelmäßig kleine Veränderungen vornehmen. Trotzdem muss aber Kontinuität gewährleistet sein. Das ist die Basis unserer Firmenphilosophie.
Ich überprüfe dauernd unsere Produkte und sehe mir die Verkaufszahlen an. Wenn man nur jeden Monat ein schwaches Gericht herausnimmt und ein neues dafür hinzufügt, haben wir am Ende des Jahres die bestmögliche Menükarte in jedem Objekt.

PN: Wann ist der Zeitpunkt gekommen, an dem Sie ein Konzept radikal ändern?
RM: Das ist wie bei einem guten Buch. Nur weil es gut ist, heißt es nicht, dass die Menschen es mögen und kaufen. Unsere Gäste definieren den Erfolg. Wenn ich nach einer konsequent geplanten Startphase merke, dass das Konzept grundsätzlich nicht akzeptiert wird, ändere ich es oder mache ein neues Konzept für die gleiche Location.

PN: Wie finden Sie Partner in den Restaurants, und wie halten Sie sie so lange motiviert und inspiriert?
RM: Das wichtigste ist die Einstellung, die man zu seinen Partnern hat – ich glaube einfach an meine Partner!
Als Chef solch eines Unternehmens ist es meine wichtigste Aufgabe, andere Menschen glücklich und erfolgreich zu machen.

PN: Wie schafft man es, ein Überblick über so viele Konzepte zu behalten und die Betriebe so konsequent zu führen?
RM: Das Geheimnis ist Einfachheit. Man muss Dinge immer einfach machen. Man muss ein einfacheres Leben haben. Konzepte müssen leicht erklärbar sein. Das Allerwichtigste in der Firma ist Training, Unterstützung und Entwicklung der Mitarbeiter – damit wird man auch niemals fertig. Als Chef einer Firma hat man eine ähnliche Rolle wie Eltern: Es gibt immer neue Dinge, die man jemanden beibringen muss und bei denen Hilfe benötigt wird. Ich habe eine positive Grundeinstellung: zu meinen Partnern, meinen Kunden und meinen Mitarbeitern – es gibt einfach kein Unternehmen ohne Menschen.

PN: Was ist der herausragende Aspekt in Ihrem Leben und für Ihren Erfolg?
RM: Prinzipiell muss alles im Gleichgewicht sein. Das betrifft auch die Effektivität in einem Restaurant. Das Essen, die Präsentation und die Kosten müssen genauso stimmen wie der Wert, den alles für den Kunden hat. Das Ganze trifft aber auch für das gastronomische Konzept an sich zu, genauso wie auf das eigene Leben. Dinge funktionieren dann nicht, wenn sie nicht im Gleichgewicht sind – meistens, weil wichtige Teile fehlen.

Das Interview führte Pierre Nierhaus mit Richard Melman im Mai 2004 in Chicago.

DIE 15 MEILENSTEINE DER KONZEPTENTWICKLUNG

Nun haben Sie viel darüber erfahren, wie Sie zu Ihrem Konzept kommen und was bei seiner Planung alles zu berücksichtigen ist. Als kleines Bonbon zum Schluss habe ich Ihnen 15 kurze, aber wirklich grundlegende Tipps zusammengefasst, die Meilensteine für jede Konzeptentwicklung sind:

1. Machen Sie Ihr Konzept für Ihre Kunden, nicht für sich selbst.
2. Keep it simple. (Halten Sie Ihr Konzept einfach.)
3. Ignorieren Sie nie den regionalen Markt.
4. Bringen Sie Ihr Konzept dahin, wo Ihre Kunden sind.
5. Sorgen Sie für Stammgäste.
6. Kinder, ältere Menschen und Familien sind die wichtigsten Umsatzbringer der Zukunft.
7. Mit dem aktuellen Massentrend verdienen Sie Geld.
8. Sorgen Sie für einen guten ersten Eindruck.
9. Kümmern Sie sich um eine perfekte Atmosphäre.
10. Wenn Essen Bestandteil Ihres Konzeptes ist, muss es immer gut sein.
11. Machen Sie Ihr Konzept attraktiv für die besten Mitarbeiter.
12. Behandeln Sie alle Menschen anständig.
13. Ignorieren Sie Nörgler, Pessimisten und Querulanten.
14. Halten Sie durch.
15. Aber: Ändern Sie Ihr Konzept konsequent, wenn es nicht funktioniert.

Das Wichtigste aber bleibt: Sie müssen Ihr Konzept lieben! Ihre Begeisterung wird Ihre Mitarbeiter mitreißen und Ihre Gäste anstecken. Sie und Ihre Mitarbeiter müssen das Konzept leben. Das betrifft das große Ganze ebenso wie die Details.

BAUSTEINE FÜR ERFOLG-REICHES SELBSTMANAGEMENT

Es stecken keine Geheimnisse hinter dem Erfolg. Er ist das Ergebnis guter Vorbereitungen, harter Arbeit und des Lernens aus Fehlschlägen.

Colin L. Powell

DIE WICHTIGSTE VORAUSSETZUNG FÜR ERFOLG

Wenn Sie Ihr Konzept oder Ihr Unternehmen managen wollen, sollten Sie vorher eines im Griff haben: sich selbst. Sie sollten wissen, wer Sie sind, welche Ziele Sie haben – und zwar ebenso im privaten Bereich wie in Ihrer Firma – und Sie sollten Ihr Potential optimal nutzen.

Vor das Thema Management habe ich deswegen das Thema Selbstmanagement gestellt. Es wird Ihnen Basiswissen darüber vermittelt, wie Sie mit sich selbst umgehen sollten, um auch mit den Menschen in Ihrer Firma richtig umgehen zu können.

Ob du nun denkst, du kannst es oder du kannst es nicht – du wirst in jedem Fall recht behalten.
Henry Ford

Ihre eigenen Prinzipien sind die wichtigste Basis – nicht nur für Ihren Erfolg, sondern auch dafür, dass Sie Ihren Erfolg glücklich und im Zusammenklang mit Ihren privaten Wünschen genießen können.

Sie werden entdecken, dass das Management Ihres Geschäftes viele Parallelen zu Ihrem persönlichen Management hat. Prinzipien und Techniken, die Sie in diesem Kapitel kennenlernen, sind auch im Management Ihres Unternehmens anwendbar – und umgekehrt. Wenn Sie sich selbst nicht managen können, werden Sie auch Ihr Geschäft nicht in den Griff bekommen. Und dann verdienen Sie langfristig kein Geld. Vergessen Sie eines nie: Sie sind als Unternehmer oder Führungskraft mit Ihrem Handeln, auch im persönlichen Bereich, Vorbild für alle Ihre Mitarbeiter. Und glauben Sie mir, Sie werden unbewusst genauer beobachtet (und kopiert), als Sie denken.

Nicht weil es schwer ist, wagen wir es nicht, sondern weil wir es nicht wagen, ist es schwer.
Seneca

POSITIV DENKEN

Die Basis zum Erfolg ist der Glaube an den Erfolg. Ohne dass Sie an Ihren eigenen Erfolg glauben, werden Sie auf Dauer kein erfolgreiches Geschäft führen und keine Menschen begeistern können. Dieser Glaube an den Erfolg ist eng verknüpft mit positivem Denken.

Die Welt ist nicht gut oder schlecht, sondern so, wie wir sie sehen.
Pierre Nierhaus

Positives Denken hat nichts mit träumerischem Optimismus zu tun. Es ist gleichermaßen wichtig, eine Vision mit großen Zielen zu haben und mit beiden Beinen fest auf dem Boden zu stehen. Und positives Denken hat ganz praktische Auswirkungen auf Ihren Alltag.

Stellen Sie sich vor, Sie kommen schlecht gelaunt in Ihren Betrieb. Natürlich sind dann auch Ihre Führungskräfte nicht mehr so gut drauf. Dies erkennen die Mitarbeiter und werden kaum wirklich freundlich zu den Gästen sein. Das Resultat: Schlechte Umsätze. Und davon wird Ihre Laune sicherlich noch schlechter.

> *Gute Gelegenheiten kommen oft verkleidet als Misserfolg oder vorübergehende Niederlage.*
> Napoleon Hill

Jetzt denken Sie sich diese Geschichte umgekehrt: Sie »zwingen« sich zu guter Laune, schaffen es, Ihre Mitarbeiter zu motivieren und wie jeden Tag zu begeistern. Sicherlich erreichen Sie so bessere Umsätze – und die sorgen dann für »echte« gute Laune – auch bei Ihnen.

Das Umschalten geht nicht so einfach, meinen Sie? Probieren Sie einmal Folgendes: Sie gehen ein paar Meter und versuchen, richtig schlecht gelaunt zu sein. Denken Sie zum Beispiel an die Schikanen Ihrer Bank und einen katastrophalen Umsatzeinbruch. Dann werfen Sie gleichzeitig fröhlich die Arme in die Luft. Sie werden sehen, das geht nicht. Es sei denn, Sie geben Ihre schlechte Laune auf und der besseren Laune nach.

Als Unternehmer werden Sie dauernd an Ihrem Erfolg gemessen. Banken machen gern Geschäfte mit erfolgreichen Unternehmerpersönlichkeiten; Ihre Gäste kommen, weil Sie erfolgreich sind und Ihr Betrieb ihnen gut gefällt. Mitarbeiter arbeiten gerne da, wo ein gutes Betriebsklima herrscht und ihre Vorgesetzten sie motivieren.

> Sie allein sind für Ihre Stimmung (und damit die Ihrer Mitarbeiter) verantwortlich.

Ein paar einfache Grundsätze

Es gibt ein paar ganz einfache Grundsätze für positives Denken, die Ihnen rasch zu einem spürbaren Erfolg verhelfen werden, wenn Sie sich daran halten:

- Glauben Sie an sich, und zeigen Sie das nach außen.
- Leben Sie jeden Tag bewusst.
- Respektieren Sie sich selbst.
- Trauen Sie sich, so individuell zu sein, wie es Ihnen gefällt.
- Handeln Sie, sonst wird nichts passieren.

> *Misserfolg ist lediglich eine Gelegenheit, mit neuen Einsichten noch einmal zu beginnen.*
> Henry Ford

- Seien Sie pro-aktiv, und bestimmen Sie Ihren Weg selbst.
- Beginnen Sie jetzt mit allem, was Sie sich vorgenommen haben. Verschieben bringt nichts.
- Schließen Sie alle Angelegenheiten ab, die vergangen und beendet sind oder die Sie nicht beeinflussen können.
- Sagen Sie ganz klar, was Sie wollen.
- Lernen Sie deutlich, nein zu sagen.
- Lernen Sie aus der Vergangenheit, aber befassen Sie sich mit der Zukunft.
- Lernen Sie aus Misserfolgen, aber ärgern Sie sich nicht.
- Hören Sie auf, sich Sorgen über Dinge zu machen, die Sie nicht beeinflussen können.
- Sich zu ärgern oder schlecht gelaunt zu sein ist genauso anstrengend, wie gut gelaunt zu sein. Nutzen Sie Ihre Energie also lieber für Dinge, die Sie ändern können und die wiederum Ihren Zielen nutzen.
- Nicht die anderen sind entscheidend für Ihr Empfinden, sondern Ihre Einstellung zu den anderen.
- Zeigen Sie aufrichtige Anerkennung für die Leistungen anderer.
- Nehmen Sie stolz und aufrecht Lob von anderen an.
- Seien Sie hartnäckig, wenn es Ihnen wichtig ist.
- Lernen Sie, sich über Kleinigkeiten zu freuen.
- Visualisieren Sie Ihre Ziele in allen Details und immer wieder.
- Strahlen Sie die Menschen an, sie werden zurücklächeln.

Wenn Sie den Leuten nicht von Ihrem Erfolg erzählen, werden diese vermutlich nie davon erfahren.
Donald Trump

PRO-AKTIV HANDELN

Um glücklich und erfolgreich zu sein müssen Sie die Dinge selbst in die Hand nehmen. Hört sich ganz einfach an, ist es aber nicht.
Durchleuchten Sie Ihren Arbeitsalltag: Wie viele Dinge passieren vermeintlich ganz plötzlich, ohne dass Sie ein Möglichkeit haben, auf diese Entwicklung Einfluss zu nehmen. Und Sie reagieren darauf – scheinbar ohne die Situation inhaltlich und zeitlich beeinflussen zu können.

Agieren, nicht reagieren

Jede neue Reaktion auf ein Ereignis – ein plötzliches technisches Problem, Reklamationen eines Gastes, ein Mitarbeiterproblem – schiebt Ihre eigenen

Tagespläne immer weiter in den Hintergrund. Resultat am Ende des Tages: Wie ein Feuerwehrmann haben Sie beherzt alle Brände gelöscht und sind nicht zu Ihren eigentlichen Vorhaben gekommen. Darüber sind Sie nicht glücklich und werden mit jedem weiteren Tag frustrierter und gereizter.

Sie sollten sich aber eigentlich eher wie ein Branddirektor benehmen und sich sozusagen um den vorbeugenden Brandschutz kümmern. Sorgen Sie also dafür, dass es für alle wichtigen Ereignisse Ablaufroutinen gibt, die Ihnen Arbeit und die Beantwortung von Fragen abnehmen. Denken Sie vorbeugend darüber nach, was passieren könnte, und treffen Sie vorbeugende Maßnahmen.

> *Einen großen Vorsprung im Leben hat, wer da schon handelt, wo die anderen noch reden.*
> John F. Kennedy

Stellen Sie Regeln auf, zum Beispiel dafür, wann man Sie stören darf. Ermächtigen Sie Ihre Mitarbeiter, bis zu einer von Ihnen (nicht zu eng!) festgelegten Grenze, selbst Entscheidungen zu treffen.

Das Entscheidende ist, dass Sie auch im Geschäftsleben die Verantwortung für Ihre Handlungen übernehmen. Sie allein setzen sich Ihre Ziele und gestalten Ihre Werte. Danach müssen Sie Ihr ganzes Tun ausrichten.

Nur so haben Sie die Möglichkeit, überlegte Entscheidungen zu treffen. Nebenbei vermeiden Sie das unangenehme und beklemmende Gefühl des Drucks von außen – und mindern damit den Stress.

Pro-Aktiv handeln heißt also, rechtzeitig die Dinge in die Hand zu nehmen, zu planen, strategisch richtige Entscheidungen zu treffen und die Initiative zu ergreifen.

Auch von Gefühlen und Stimmungen sollten Sie sich nicht antreiben lassen. Machen Sie sich klar, dass allein Sie selbst Ihre eigenen Stimmungen produzieren, und übernehmen Sie auch dafür Verantwortung. Nur Sie selbst haben die Möglichkeit, Ihre eigene Situation zu verändern.

Ergreifen Sie die Initiative, und handeln Sie – und zwar rechtzeitig und zielgerichtet. Wenn Sie warten, kommt irgendwann der Zeitpunkt, an dem Sie nur noch reagieren können. Dann bestimmen die eingetretene Situation oder andere Menschen Ihr Handeln!

ZIELE ERREICHEN

Obwohl wir über weiche Sachverhalte (Softfacts) reden, ist das mit den Zielen eine harte Sache. Häufig hört man Leute erzählen, was sie alles machen möchten und welche großen Ziele sie haben. Aber das Darüber-Reden wird niemanden zu seinem Ziel bringen.

Dem weht kein Wind, der keinen Hafen hat, nach dem er segelt.
Michel de Montaigne

Sie müssen sich genau überlegen, was Sie wann wollen – und anschließend natürlich, wie Sie Ihr Ziel erreichen. Dazu nehmen Sie am besten ein Blatt Papier oder Ihren PC und machen sich eine Liste. Unterteilen Sie Ihre Ziele nach dem Zeithorizont, der für deren Erreichung maßgeblich ist:
- Kurzfristige Ziele erreichen Sie innerhalb eines Jahres.
- Mittelfristige Ziele erreichen Sie innerhalb von etwa fünf Jahren.
- Langfristige Ziele erreichen Sie innerhalb von 8 bis 15 Jahren.

Alle anderen Dinge, die Sie in kürzerer Zeit erreichen wollen, sind eigentlich nur Projekte. Alle Ziele, Projekte und natürlich auch Ihre tägliche Arbeit sollten sich den langfristigen Zielen unterordnen.

Konkret werden

Also setzen Sie sich hin, denken Sie über Ihre Ziele nach und schreiben Sie diese auf. Am besten fangen Sie mit den langfristigen Zielen an, dann ergeben sich die kurzfristigen ganz von selbst.

Sie müssen gerade bei langfristigen Zielen Ihre beruflichen Wünsche genauso wie Ihr Privatleben berücksichtigen. Versuchen Sie Abstand zu Ihrer heutigen Situation zu bekommen. Stellen Sie sich zum Beispiel vor, dass Sie sich mit einem Fernglas von einer Raumstation aus beobachten. Alltägliche Dinge werden dann zu Nebensächlichkeiten. Und darum geht es: Versuchen Sie das Gesamtbild zu sehen, einen Überblick zu bekommen.

Was ist das, was Sie im Leben wirklich erreichen wollen? Wie möchten Sie später einmal von Ihren Kindern, Ihrem Lebenspartner, von Ihren Freunden und Mitarbeitern gesehen werden? Was soll man über Sie sagen?

Ohne Ziel ist auch der Weg egal.
Anonym

Und egal, wie viel und wie hart Sie im Moment an Ihren Zielen arbeiten, wenn alle über Sie nur sagen können: Er/Sie hat jede Stunde nur gearbeitet und sein/ihr ganzes Leben im Betrieb und im Büro verbracht – dann haben Sie sicher etwas falsch gemacht.

Wenn Sie mit einem gewissen Abstand – von der Raumstation aus – auf Ihr Leben blicken, werden Ihnen Ihre Ziele sicher bald klar vor Augen stehen. Aber: Seien Sie ehrlich zu sich selbst!

> Es nützt Ihnen nichts, wenn Sie das aufschreiben, was vielleicht andere von Ihnen erwarten, und nicht das, was Sie selbst wollen.

Legen Sie drei Listen an für kurz-, mittel- und langfristige Ziele, schreiben Sie das Datum darunter und unterschreiben Sie die Listen. Das sind jetzt Ihre Leitlinien und Ihre Selbstverpflichtung: Alle täglichen und wöchentlichen Arbeiten sollten sich an diesen Zielen orientieren.

Jetzt müssen Sie natürlich danach leben und die Dinge tun, die Sie sich vorgenommen haben. Und Sie müssen sich Ihre Ziele immer wieder ansehen, am besten einmal in der Woche, wenn Sie Ihr Wochenresümee machen: Was haben Sie gut gemacht, was schlecht und was können Sie in der nächsten Woche besser machen?

Manchmal werden Sie Ihre Ziele auch ändern müssen: Wir leben in Zeiten großer Umbrüche, und wenn sich die Umstände oder Ihre Wünsche ändern, ändern sich auch Ihre Ziele. Keine Angst, das ist normal. Aber schreiben Sie auch diese Änderungen auf – und richten Sie sich danach.

> *Plane das Schwierige da, wo es noch leicht ist! Tue das Große da, wo es noch klein ist!*
> *Laotse*

SICH AUFS WESENTLICHE KONZENTRIEREN

Das Entscheidende bei allem, was Sie anpacken, ist, sich auf das Wesentliche zu fokussieren und – natürlich – Prioritäten zu setzen. Viele Menschen neigen dazu, ihre »Liste« (Ziele, Projekte, Tätigkeiten) von oben nach unten abzuarbeiten und einen Bogen um die zeitaufwändigeren, größeren Aufgaben zu machen. Aber diese Aufgaben sind es, die Veränderungen in unseren Unternehmen bewirken und die den Betrieb zukunftssicher machen. Diese unumstößliche Tatsache möchte ich Ihnen mit ein paar Beispielen illustrieren.

> *An den kleinen Dingen muss man sich nicht stoßen, wenn man zu den großen auf dem Weg ist.*
> *Friedrich Hebbel*

Rolf Hiltl ist einer der angesehendsten und erfolgreichsten Gastronomen in der Schweiz. Er betreibt mit dem Restaurant *Hiltl* in Zürich sicher das innovativste vegetarische Restaurant der Welt. Mit seinen Ideen und seinem Wissen über Essen hat er zusammen mit Reto, Daniel und Christian Frei das Konzept *tibits* entwickelt: mittlerweile eine kleine Restaurantkette, spezialisiert auf vegetarisches Essen in Selbstbedienung. Die Betriebe werden selbstständig von seinen Freunden geführt.

Ich habe ihn gefragt, warum er sein Stammhaus *Hiltl* nicht längst multipliziert hat. Er bekommt dafür Anfragen von überall aus der Welt, aus Dubai, aus USA und aus Asien, aber er will lieber sein Stammhaus richtig gut machen, anstatt dauernd in Flugzeugen zu sitzen, um Standards seiner Objekte und Kooperationen zu überwachen. Eine klare Entscheidung! Und wahrscheinlich wirtschaftlich keine schlechte, und vor allem keine schlechte für seine Familie.

> *Verbringe die Zeit nicht mit der Suche nach einem Hindernis; vielleicht ist da keines.*
> Franz Kafka

Ich selbst habe vor einigen Jahren fast ein Dutzend verschiedener Konzepte gleichzeitig betrieben, Lifestyle-Restaurants, Mexikaner, Kubaner, Coffee-Shops. Meine Erfahrung daraus ist: Jedes Konzept, das man gemacht hat und das einigermaßen erfolgreich ist, liebt man fast wie eigene Kinder. Das Resultat: Man kann sich auf keines der Objekte konzentrieren und verwischt die Profile. Das wirtschaftliche Gesamtergebnis ist o.k., aber eigentlich könnte der Profit pro Objekt viel höher sein. Wenn man auf zu vielen Hochzeiten tanzt, verliert man den Fokus und benimmt sich eigentlich wie ein Feuerwehrmann: Man wird gerufen, wenn es brennt, und löscht das Feuer. Dann hetzt man zum nächsten Einsatz und vergisst das Wichtigste: Strategisch und unternehmerisch über sein Geschäft nachzudenken und zu organisieren, so dass man wirklich Geld verdient.

> Reservieren Sie sich mindestens einmal in der Woche ein bis zwei Stunden, in denen Sie nur über sich und Ihre Ziele nachdenken.

Stellen Sie sich vor, jemand hat einen ganzen Sack voll Geld und schüttet ihn vor Ihnen aus, nimmt eine Stoppuhr und sagt: Sie haben 60 Sekunden Zeit, sammeln Sie so viele Scheine, wie Sie schaffen. Womit fangen Sie an? Mit den Zehnern und Zwanzigern? Bestimmt nicht: Sie nehmen die 500er, 200er und 100er. Genauso müssen Sie mit den Abläufen in Ihrem Unternehmen umgehen.

> *Wer den ganzen Tag arbeitet, hat keine Zeit, Geld zu verdienen.*
> John Davison Rockefeller

Um sich aufs Wesentliche konzentrieren zu können, müssen Sie natürlich Ihre Ziele kennen. Sie müssen sich angewöhnen, ständig Ihr Tun an Ihren Zielen zu messen. Bringt Sie das, was Sie tun, wirklich weiter? Bringt es Sie der Vision Ihrer Zukunft näher, klaut Ihnen jemand nur Zeit, oder lenken Sie sich mit Nebensächlichkeiten ab?

Gerade wenn Sie in den täglichen Ablauf in einem gastronomischen Betrieb eingebunden sind, können Sie sehr leicht abgelenkt werden.
Was haben Sie zur Erreichung Ihrer Ziele unternommen, was hätten Sie sein lassen können und was können Sie besser machen? So schärfen Sie Ihre Sichtweisen und werden bald nur noch die richtigen Dinge tun.

EINFACH BLEIBEN

Alles wird komplexer, alles wird schneller. Wenn Sie heute ein neues Auto kaufen, bekommen Sie zwei Bücher mit etwa 200 Seiten Umfang: eines für das Auto und eines für Ihr Radio-CD/MP3Player-Navigations-Telefon-Kombigerät. Wenn Sie den Inhalt beider Anleitungen verstanden haben, sind drei Jahre um, und Sie verkaufen das Auto wieder. Analogien gibt es auf allen Gebieten: Die Regisseure in Kinofilmen machen immer schnellere Schnitte, Firmen bringen »verbesserte« Nachfolgeprodukte in immer schnellerem Rhythmus auf den Markt. Die Informationsflut ist fast nicht mehr zu bewältigen.

*So einfach wie möglich.
Aber nicht einfacher.*
Albert Einstein

Auch deswegen sehnen sich Kunden aller Branchen nach einfachen Lösungen.
Diese Vereinfachung ist wichtiger Bestandteil des großen Erfolges von *ALDI* und *Lidl*, aber auch von *Vapiano*, *Burger King* und *Chipotle*. Und genauso hat ein Traditionsbetrieb wie das *Hofbräuhaus* in München mit seinem gigantischen Umsatz eine einfache, verlässliche Karte mit wenigen traditionellen Produkten.
Auch für uns selbst müssen wir die Dinge vereinfachen, sonst können wir unsere Firma und unser privates Leben nicht mehr managen. Bevor Sie also die Organisation Ihres Betriebs vereinfachen, müssen Sie sich selbst vereinfachen. Die Methoden dafür sind privat wie geschäftlich fast identisch.
Hier sehen Sie übrigens ganz deutlich, wie sich der Kreis schließt: Zuerst muss ich wissen, was ich will (klare Ziele). Dann

*Man muss die Dinge so tief sehen,
dass sie einfach werden.*
Konrad Adenauer

muss ich mich auf deren Durchsetzung beschränken (ans Wesentliche denken). Und zum Schluss muss ich den richtigen (einfachen) Weg wählen, der mir genügend Zeit für die richtigen Dinge (meine Ziele) lässt.
Zum Vereinfachen brauchen Sie Mut und Konsequenz. Was Sie nicht brauchen sind zehn Ratgeber, die Ihr Leben weiter verkomplizieren. Wenn Sie

Hiltl, Zürich

Das Restaurant Hiltl in Zürich ist sicher das innovativste vegetarische Restaurant der Welt. Modernes Design und ultimative vegetarische Küche auf Weltstadtniveau. Rolf Hiltl ist unbestritten einer der angesehendsten Gastronomen der Schweiz.

Bilder: Felix Frei, Zürich

tiefer in diese Materie eindringen wollen reicht ein gutes Buch, zum Beispiel vom Zeit- und Vereinfachungsspezialisten Lothar Seiwert (Buchempfehlungen finden Sie im Anhang).

Einfach werden

Die meisten von uns haben gelernt, alles vollständig, ordentlich und in der »richtigen« (gelernten) Reihenfolge zu machen. Natürlich bringt es nichts, »halbe Sachen« zu machen – aber Perfektionismus behindert erfahrungsgemäß oft mehr als er nützt. Deshalb werden wir im Leben manchmal überholt von pragmatischen, überhaupt nicht perfekten Menschen – die einfach schneller sind. Sie schnappen uns ein gutes Objekt vor der Nase weg, das wir noch in allen Details prüfen wollten. Oder sie ändern ihre Verkaufsstrategie, weil sich die Situation ändert, ohne lange Recherche.

Der Chef von Starbucks Deutschland, Cornelius Everke, hat mir einmal eines der Starbucks-Prinzipien erklärt: »Fast – not perfect!« Manchmal dreht es sich eben genau darum.

Was können Sie also tun, um einfacher, schneller und effektiver zu werden? Fragen Sie sich, was wirklich das Wesentliche

Einfachheit ist das Resultat von Reife.
Friedrich Schiller

(für Ihren Erfolg, für Ihre Ziele) ist – streichen Sie alles andere! Die folgenden Tipps geben Ihnen eine kleine Leitlinie für die Vereinfachungsmöglichkeiten:

- Legen Sie Ihre Ziele fest (privat und geschäftlich – für alle unterschiedlichen »Rollen«, die Sie im Leben ausfüllen).
- Konzentrieren Sie sich auf diese Ziele und Ihren Erfolg. Unterlassen Sie Tätigkeiten, die Sie ihnen nicht näher bringen.
- Aufgaben, die Sie nicht unbedingt selbst erledigen müssen, delegieren Sie sofort.
- Überprüfen Sie in regelmäßigen Abstand Ihre Tätigkeiten und die Dinge, mit denen Sie arbeiten. Überflüssiges und Unnötiges sollten Sie aus Ihrem Arbeitsbereich entfernen. Sie lenken nur vom Wesentlichen ab.
- Nehmen Sie sich Ihren Schreibtisch/Arbeitsplatz vor: Räumen Sie alles aus – und dann neu ein. Stellen Sie sich bei jeder Akte, jedem Vorgang, jedem Blatt, jeder Notiz die Frage, ob der Vorgang wichtig ist, aufgehoben oder noch bearbeitet werden muss. Können Sie eine liegengebliebene

Die Menschen verlieren die meiste Zeit damit, dass sie Zeit gewinnen wollen.
John Steinbeck

Sache in weniger als 5 Minuten erledigen, dann tun Sie es; können Sie die Erledigung delegieren, dann delegieren Sie. Liegt der Vorgang schon seit Monaten auf Ihrem Tisch – dann ist er wohl nicht wichtig. Sortieren

> Alles, was Sie als »unerledigt« herumliegen und gespeichert haben, blockiert Ihren Kopf, Ihren Schreibtisch und damit das Erreichen Ihrer Ziele.

Sie alles so thematisch, das Sie es gut abarbeiten können. Unwichtige Dinge schmeißen Sie gleich weg. Alles, was Sie als unerledigt in Ihrem Umfeld wahrnehmen belastet Sie und hat Auswirkungen auf Ihre Psyche; es ist wie ein voller Arbeitsspeicher bei Ihrem Computer – Sie werden immer langsamer. Sie glauben nicht, wie befriedigend es ist, an einem aufgeräumten, organisierten Schreibtisch zu sitzen – und sich um die wirklich wichtigen Ziele zu kümmern.

- Machen Sie das »Entrümpeln« zur wöchentlichen Routine, dann sammeln sich erst gar keine Berge an.

Manchmal hilft es die Arbeit einmal durch die Augen eines anderen zu betrachten: Arbeiten Sie wirklich effektiv und konzentriert an Ihrem Erfolg, oder halten Sie sich mit Unwesentlichem und mit Zeitfressern auf? Was passiert denn, wenn Sie etwas nicht tun? Liegen Vorgänge dann monatelang unbearbeitet herum, ohne dass das Konsequenzen hatte? Heben Sie Material auf, das Sie kaum brauchen, und mühelos, zum Beispiel über das Internet, wiederbeschaffen könnten, wenn Sie es brauchen?

Vergessen Sie aber nie, dass Ziele und Aufgaben in unterschiedlichen Lebensbereichen (»Rollen«) unterschiedlich zu bewerten sind: Effektivität als Maxime im Berufsleben ist im Privatleben oft fehl am Platz. Zeit für Ihre Familie oder Zeit für sich selbst sind Prioritäten, die Sie ganz anders bewerten müssen.

Und noch etwas: Sorgen Sie schon im Vorfeld dafür, das Ihr Leben nicht kompliziert wird. Viele Menschen saugen neue Aufgaben förmlich auf, sammeln Materialien und Informationen – weil sie irgendwann einmal interessant sein könnten, befassen sich mit Problemen – die nicht ihre sind – weil »einer sich darum kümmern muss«. Prüfen Sie alles was auf Sie zukommt, ob es Ihnen wirklich nützt.

> Nein zu sagen, durchaus höflich, und dabei zu bleiben – ist eine ganz wichtige Voraussetzung für die Vereinfachung des Lebens und das Erreichen persönlicher Ziele.

Vor langer Zeit habe ich für mich eine Regel aufgestellt: Ich will nur Dinge tun, die
- mir persönlich,
- meinen Freunden, meiner Familie oder
- meinem beruflichen/geschäftlichen Weiterkommen

etwas bringen. Diese Regel hat mich vor so manchem Ungemach bewahrt, weil ich ohne sie sicher häufiger etwas getan hätte, was ich eigentlich nicht tun wollte.

Auch wenn Sie sich an diese Regeln halten (und dabei Ihrer Vision treu bleiben!), sind Sie ein guter Mensch und Unternehmer: Sie erledigen Ihre Aufgaben, die nur Sie erledigen können, richtig und konsequent.

DENKEN SIE NACH – ABER RICHTIG!

Häufig klagen gerade vielbeschäftigte Unternehmer darüber, dass es ihnen schwerfiele, klare Gedanken zu fassen und ihre Ideen sinnvoll zu ordnen. Das soll Ihnen nicht passieren, denn es gibt ein vorzügliches Instrument, dass dem Gedankenchaos Abhilfe schaffen kann: die Mindmap.

Seit Jahren gibt es kein Konzept, keinen Vortrag und kein Consulting, das ich nicht als Mindmap vorbereitet hätte. Mindmapping ist eine Methode, Gedanken ähnlich natürlich zu ordnen, wie es das Gehirn tut. Erfunden vom britischen Psychologen Tony Buzan hilft diese Methode vielen Menschen einfacher, prägnanter und klarer komplexe Zusammenhänge darzustellen und kreativ zu sein.

Es ist manchmal besser, eine Stunde über sein Geld nachzudenken, als einen Monat dafür zu arbeiten.
Phillip de Rothschild

Klare Gedanken fassen

Mindmapping nutzt durch seine klare bildliche Darstellung beide Gehirnhälften. Anstatt, wie in der Schule gelernt, in »Listen« zu denken, gibt Tony Buzans Methode den Gedanken Raum in alle Richtungen, das sogenannte radiale Denken.

Im Zentrum einer Mindmap steht das Thema. Von ihm gehen Zweige mit den Gedanken und Aspekten ab. Zu jedem dieser Äste gehört ein Schlüsselwort, aus diesen Schlüsselwörtern verzweigt sich die Mindmap weiter. So werden Gedanken und Informationen ranggerecht dargestellt. Überall können Einfälle ergänzt und Neues hinzugefügt werden.

Jede Revolution war zuerst ein Gedanke im Kopf eines Menschen.
Ralph Waldo Emerson

Vapiano

Fast-Casual-Konzepte sind der Megatrend! Systeme wie »Vapiano oder Chipotle« expandieren explosionsartig. Ihre Merkmale sind: Extrem einfach und klares Konzept, eingeschränkter, aber freundlicher Service, kleine aber frische Produktpalette – alles individuell vor den Augen der Kunden zubereitet.

CHIPOTLE

Mit solchen Mindmaps können Sie einer kreativen Sammlung von Einfällen (brainstorming) eine erste Ordnung geben, Besprechungen mitschreiben, Veranstaltungen planen und natürlich auch ganze Konzepte erstellen.

Ich beschreibe Ihnen im Folgenden die wichtigsten Regeln, mit denen Sie, wenn Sie wollen, sofort loslegen können. Sie brauchen dazu nur Papier und einen bzw. mehrere farbige Stifte. Sollten Sie die Methode intensiv nutzen wollen, sollten Sie vielleicht über eine komfortable PC-Versionen nachdenken (zum Beispiel unter http://www.mindjet.com/de).

Große Gedanken brauchen nicht nur Flügel, sondern auch ein Fahrgestell zum Landen.
Louis Armstrong

Mindmaps erleichtern Ihnen also das kreative Denken. Durch die Offenheit und die gehirngerechte Visualisierung kommen Sie viel schneller zu neuen Ideen. Insbesondere das Querdenken, das sogenannte laterale Denken, wird gefördert. Und das brauchen Sie genauso für ein Konzept wie für Ihr Alltagsmanagement.

Mindmapping

Alles, was Sie zum Mindmapping für den Anfang brauchen, finden Sie in diesem Kasten.

So geht´s:
- Verwenden Sie Ihre DIN A4-Seite möglichst im Querformat.
- Schreiben Sie deutlich und in Druckbuchstaben.
- Formulieren Sie kurz und prägnant (möglichst nur ein Wort je Ast oder Zweig).
- Verwenden Sie eindeutige Begriffe.
- Die Linienlänge von Zweigen und Ästen entspricht der Textlänge.
- Hauptlinien (Äste) malen Sie dicker oder in einer anderen Farbe.
- Schreiben Sie das zentrale Thema in die Mitte der Seite.
- Suchen Sie nach wichtigen Schlüsselwörtern: Diese schreiben Sie dann auf die von der Mitte ausgehenden Äste.
- Ideen und Begriffe zu den einzelnen Schlüsselwörtern kommen auf die Zweige, die am Schlüsselwort-Ast hängen.
- Visualisieren Sie: Nutzen Sie Bilder, farbige Stifte, Symbole, umranden Sie Texte und Zweige.

WIE MAN MINDMAPS ERSTELLT

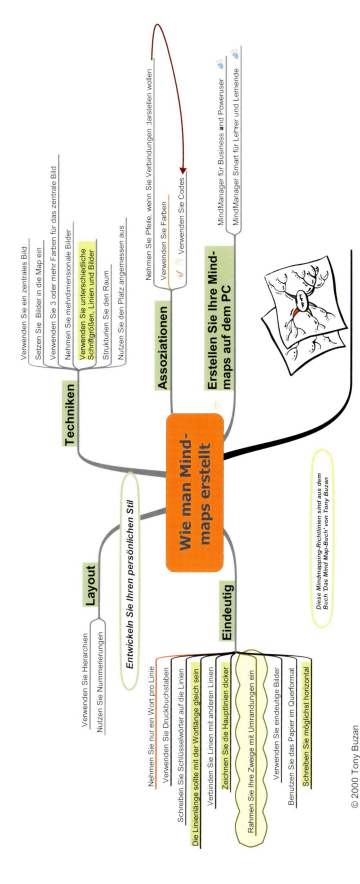

Wie man Mindmaps erstellt

Techniken
- Verwenden Sie ein zentrales Bild
- Setzen Sie Bilder in die Map ein
- Verwenden Sie 3 oder mehr Farben für das zentrale Bild
- Nehmen Sie mehrdimensionale Bilder
- Verwenden Sie unterschiedliche Schriftgrößen, Linien und Bilder
- Strukturieren Sie den Raum
- Nutzen Sie den Platz angemessen aus

Assoziationen
- Nehmen Sie Pfeile, wenn Sie Verbindungen darstellen wollen
- Verwenden Sie Farben
- Verwenden Sie Codes

Erstellen Sie Ihre Mindmaps auf dem PC
- MindManager für Business und Poweruser
- MindManager Smart für Lehrer und Lernende

Layout
Entwickeln Sie Ihren persönlichen Stil
- Verwenden Sie Hierarchien
- Nutzen Sie Nummerierungen

Eindeutig
- Nehmen Sie nur ein Wort pro Linie
- Verwenden Sie Druckbuchstaben
- Schreiben Sie Schlüsselwörter auf die Linien
- Die Linienlänge sollte mit der Wortlänge gleich sein
- Verbinden Sie Linien mit anderen Linien
- Zeichnen Sie die Hauptlinien dicker
- Rahmen Sie Ihre Zweige mit Umrandungen ein
- Verwenden Sie eindeutige Bilder
- Benutzen Sie das Papier im Querformat
- Schreiben Sie möglichst horizontal

Diese Mindmapping-Richtlinien sind aus dem Buch 'Das Mind Map-Buch' von Tony Buzan

© 2000 Tony Buzan
Copyright 2001 Mindjet GmbH European Headquarters info@mindjet.de

Beispiel-Mindmap für einen Restaurant-Relaunch

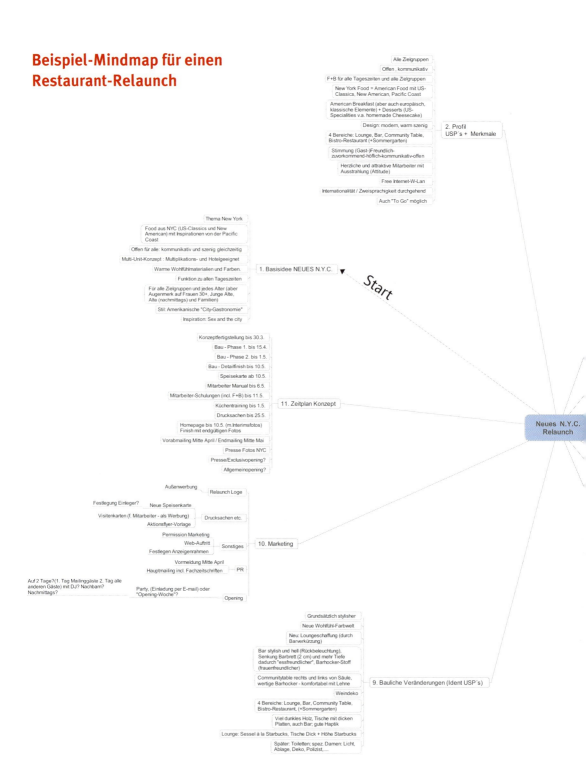

3. Zielgruppen

- Alle wie bisher
- Aber auch anspruchsvoller ("Erwachsener")
- Verstärkung: Frühstück, v.a. während der Woche
- Viel stärkeres "stylishes" Bargeschäft
- Starke Zielgruppe "After-Job"
- Neue spezielle Zielgruppen: Frauen 30 +, Junge Alte, Alte (spez. Nachmittags)
- Mehr Dinner und "Dating" Umsätze
- Zielgruppe Community/Neighbourhood à la Starbucks USA

4. Details

- **Dekorationen**
  - Grundsätzlich stylish und frisch
  - Saisonal wechselnd
  - SW Photos NYC spez. im UG
  - Blumen (Theke, Community Table, Tische)
  - Platzdeko: einfache Stoffservietten
  - Weindeko
  - Fooddeko
  - Accessoires
- Musik: Möglichkeit für DJ Pult
- Free Internet
- Accessoires
- Besteck, Teller, Gläser (neues Design)

5. Food

- Insgesamt anspruchsvoller. Frisch, leicht, zeitgemäß und sexy. Basis wie bisher, aber reduziert (US Classics mit neuem Schwerpunkt: Steaks). Dazu Pacific Coast (Mexico, Californien, Asien: leicht, gesund, Wok...) New American
- American Breakfast + deutsch/europäische Klassiker
- Desserts: US Specialities (Kernkompetenz 3-4 Homemade Cheesecakes), weitere "Renner" - Desserts.
- Gute Produkte, gute Zubereitung, gute Präsentation und Dekoration
- Frische und Einfachheit
- Gutes Brot
- Mittagskarte wöchentlich; Monatsthema in Zusammenhang mit NY´s Küchenvielfalt (Stadtteile Little Italy, China Town etc.)
- Evtl. spez. Angebote in Lounge; hier auch Kuchenvitrine,
- WE 28% Kalkulation / max 30 % real

6. Beverage

- Preise und Angebot überarbeiten: Preise ungefähr gleich, Cocktails günstiger,
- Neu: Weinkompetenz: ca. 20 Weine Schwerpunkt USA / Neue Welt, aber auch lokal: Deutschland; Weinpromos, Wineflights 50 % der Weine offen, alle auch 0.1 l
- Cocktails HH: alle 4.50 € (16.30 - 19.00 Uhr, Montags ganztags?)
- Kaffe und Teekompetenz (Darboven)

7. Mitarbeiter, Habits, Manual

- Herzliche, charismatische und attraktive Mitarbeiter mit Ausstrahlung (Attitude)
- Kriterien: Freundlichkeit, Kunde- (Gast-) Orientierung, Aufmerksamkeit, Menschlichkeit (Herzlichkeit), Kommunikativ-Offen, Kompetenz, Attraktivität.
- Enthusiasmus zum Konzept, Loyalität zur Company und Team
- Kleidung: schwarze schicke Privatkleidung (nicht zu lässsig), Schürze schwarz mit NYC Logo (+Sponsorlogo)
- Manual überarbeiten (spez. unübertroffene Gastorientierung, Höflichkeit, Aufmerksamkeit, "Betreuung"...)
- Fach-Warenkenntnis (F+B, spez. Wein, Tee etc...)

8. Atmosphäre

- Musik, ausgesucht "loungig" etc.
- 17.00 Happy Hour NY/NY-Song von Frank Sinatra
- Willkommensein; nur Personal mit entsprechender Gastgeber - Attitude
- Spaß für Gäste und Mitarbeiter
- "Guests - Needs"

Probieren Sie es einfach einmal aus: Es macht wirklich Spaß und kann Ihre Arbeit revolutionieren. Wenn Sie sich weiter informieren möchten, empfehle ich Ihnen das Buch »*MindMapping und Gedächnistraining*« von Ingemar Svantesson (siehe Anhang). Dort finden Sie alles, was Sie wissen möchten, ohne Ballast und in leicht lesbarer Form, während die Bücher von Tony Buzan sehr komplex und eher etwas für fortgeschrittene »Mindmap-Junkies« sind.

Mindmaps eignen sich natürlich auch hervorragend zur Teamarbeit: Nehmen Sie dann dafür eine Tafel oder ein Flipchart. Mit Mindmaps können Sie auch komplexe Projekte planen, Ihren Wochenplan machen oder eine umfangreiche Einkaufsliste nach Stationen ordnen.

Probieren Sie einfach aus, ob Sie mit diesem Instrument zurechtkommen, und testen Sie, wo es Ihnen die Arbeit erleichtern kann.

STÄRKEN FÖRDERN

Einer der erfolgreichsten amerikanischen Sportpromoter wurde gefragt, warum er so erfolgreich sei und so unglaublich viel Geld verdiene. Seine Antwort: »Ich lasse alles sein, von dem ich nichts verstehe.«

Es ist offensichtlich, dass die Leute mit ihren Fähigkeiten und Fertigkeiten ebenso verschieden sind wie nach Größe und Gewicht.
Cyril Northcote Parkinson

Ich glaube, es ist ein europäisches Phänomen, zu erwarten, dass »jeder alles kann«. Die Gesellschaft geht davon aus, dass jeder eine gute Allgemeinbildung anstreben, sie pflegen und ausbauen sollte. Das kostet viel Energie. Insbesondere, wenn man sich mit Dingen befassen muss, die einen nicht interessieren, die einen nicht betreffen und einem keinen Spaß machen. Wer an seine Schulzeit zurückdenkt, wird das wahrscheinlich bestätigen.

Die USA und viele außereuropäische Länder gehen mit dem Wissen und den Fähigkeiten ihrer Bürger anders um: Bildungsdünkel ist unbekannt. Dort wird viel mehr Wert auf die besonderen Fähigkeiten jedes Einzelnen gelegt. Dieser Ansatz ist für unsere Zwecke sehr erfolgversprechend: Sie müssen Ihre eige-

> Legen Sie eine Liste Ihrer Stärken an, und entwickeln Sie einen Plan, wie Sie diese erweitern können. Denken Sie darüber nach, wie Sie diese Stärken jetzt und in der Zukunft in Ihrem Geschäft einsetzen können.

nen Stärken herausfinden und fördern. Dasselbe gilt natürlich für den Umgang mit Ihren Mitarbeitern und Kollegen.

Natürlich spricht nichts gegen eine gute Allgemeinbildung, sie macht vieles leichter. Aber Sie können nicht auf jedem Gebiet Spezialist sein. Das gilt natürlich auch und vor allem für gastronomische Konzepte: Viele Betriebe bedienen nur ein kleines Segment – aber jeder Gast weiß, dass er genau dort am besten bedient wird: die kleine Pizzeria an der Ecke mit der besten Pizza; Rolf Hiltl mit seinem ausschließlich vegetarischen Restaurant in Zürich, Peter Lugers Steakhouse in New York mit Nordamerikas besten Steaks.

Finden Sie also Ihre persönlichen Stärken heraus, und verbessern Sie sich dort, wo Sie sowieso schon gut sind. Hören Sie nie auf zu lernen, bleiben Sie nie stehen – werden Sie immer besser.

Das Gegenteil der Stärkensuche müssen Sie natürlich auch leisten, indem Sie herausfinden, was Sie nicht gerne machen. Delegieren Sie diese Tätigkeiten, oder lassen Sie sie, wenn möglich, gleich außer Haus erledigen. Geht das aus betriebsspezifischen Gründen nicht, denken Sie ausgiebig darüber nach, wie Sie diese Arbeiten vereinfachen, den Zeitaufwand dafür verkürzen oder die Tätigkeit ein bisschen interessanter gestalten könnten. Oft ist ein festgelegter Arbeitsablauf, ein Arbeitsformular oder eine auch nur eine Checkliste schon eine große Hilfe.

> *Wer seine Talente als Gaben betrachtet und nicht als Aufgaben, ist ihrer nicht wert.*
> Curt Goetz

Überlegen Sie sich, wie Sie die Stärken Ihrer Mitarbeiter herausfinden und gezielt fördern können. Es geht dabei nicht nur um Talente auf bestimmten Arbeitsgebieten wie Marketing, Service und Küche, sondern um die eher verborgenen, komplexeren und emotionalen Stärken wie Herzlichkeit, Einfühlungsvermögen, Gewissenhaftigkeit, Kreativität und Führungsstärke. Denn viel vom Erfolg eines Konzepts hängt von diesen Fähigkeiten ab. Wenn Sie Hilfe dabei brauchen, empfehle ich Ihnen das DISG®-Modell. Mit diesem Modell lernen Sie, sich und Ihre Mitarbeiter besser einzuschätzen. Das Besondere an DISG®: Niemand wird wegen fehlender Stärken verurteilt, sondern das Modell zeigt immer, dass Schwächen in einem Bereich durch Stärken und Talente in einem anderen ausgeglichen werden. Ideale Hilfestellung gibt das Modell bei der Zusammenstellung von Teams und bei der Einstellung von neuen Mitarbeitern. Eine gute Praxis-Einführung in DISG® finden Sie in dem Buch »*Das neue 1x1 der Persönlichkeit*« von Lothar Seiwert und Friedbert Gay (siehe Anhang).

> *Mitarbeiter können alles: wenn man sie weiterbildet, wenn man ihnen Werkzeuge gibt, vor allem aber, wenn man es ihnen zutraut.*
> Hans-Olaf Henkel

> *Ich für meinen Teil zahle für die Fähigkeit, Menschen richtig zu behandeln, mehr als für alles andere auf der Welt.*
> John Davison Rockefeller

DIE ZEIT RICHTIG EINTEILEN

Gehen Sie richtig mit Ihrer Zeit um? Erledigen Sie wenigstens die *wichtigsten* Sachen innerhalb eines vernünftigen Zeitrahmens? Haben Sie danach genügend Zeit für die schönen Dinge des Lebens?

Ihre Termine und Aufgaben aufeinander abzustimmen und in einer angemessen Zeitspanne abzuarbeiten gehört zum Zeitmanagement.

Wenn Sie eindeutige Ziele verfolgen, sich auf die wesentlichen Dinge konzentrieren und alles möglichst einfach halten, besitzen Sie schon eine gute Basis für Ihr persönliches Zeitmanagement.

Vor einigen Jahren hat man versucht, mittels Kalendern, Prioritätenlisten und minutiösen Zeitplanungen Arbeit und Leben in den Griff zu kriegen. Überorganisation lenkt uns aber manchmal von den wirklich wichtigen Arbeiten ab.

Sie sind total beschäftigt mit dem Planen und dem Abarbeiten von Listen, verlieren sich immer mehr in Kleinigkeiten. Das »große Bild«, der Blick für das Gesamte, gerät so unter Umständen völlig ins Hintertreffen. Mittlerweile ist dieses »big picture« viel wichtiger als die Details.

Natürlich braucht man einen Terminkalender; eine klassische oder einen elektronische Planungshilfe (Outlook, PDA etc.) – je nach Geschmack.

Sie sollten Ihre wichtigen Termine eintragen, und für Ihre Tätigkeiten »to do«-Listen anlegen, möglichst geordnet nach Themenbereichen. (Diese Listen nennt man auch »Kontextlisten«). Ihre Tätigkeiten sollten also sinnvoll gebündelt werden, zum Beispiel wenn sie orts- oder personengebunden sind.

Wenn Sie zum Beispiel einen Einkauf beim Großhändler planen, planen Sie für diese Fahrt gleich alles mit ein, was Sie auf dem Weg oder in der Nähe erledigen können. Schaffen Sie diese Tour bewusst in ein Zeitfenster, in dem Sie wirkliche alle Erledigungen unterbringen und in dem der wenigste Verkehr herrscht.

Wer Tore schießen will, muss locker sein im Kopf.
Jürgen Klinsmann

Oder wenn Sie eine Besprechung mit Ihrem Küchenchef ansetzen, besprechen Sie mit ihm wirklich alles, was an Themen anliegt – von der Speiseplanung bis zum Mitarbeitereinsatz.

Am besten legen Sie sich einzelne Mappen (vorzugsweise Hängeregister) für alle in regelmäßigen Abständen stattfindenden Gespräche (mit Mitarbeitern, Lieferanten usw.) und regelmäßig wiederkehrende Tätigkeiten (Einkäufe, Controlling, Werbung usw.) an: Alle Zettel, Notizen und Unterlagen zu einem Tätigkeitsfeld legen Sie einfach dort hinein.

Beim nächsten Termin nehmen Sie die Mappe mit, haben dann wirklich alles dabei und vergessen nichts.

Was ist wichtig?

Das Wichtigste für ein erfolgreiches Zeitmanagement: Sie müssen wissen, was wichtig ist; was Sie der Erreichung Ihrer Ziele, privat wie geschäftlich, wirklich näher bringt.

Sie haben vielleicht schon einmal vom Pareto-Prinzip gehört. Das besagt, dass nur 20 Prozent Ihrer Erledigungen für 80 Prozent Ihres Erfolges in Bezug auf Ihre Ziele verantwortlich sind. Oder in anderen Worten: In 20 Prozent der Zeit erledigen Sie 80 Prozent Ihrer wichtigsten Aufgaben!

Hören Sie also auf, wirklich alles und jedes kleinste Detail perfekt zu bearbeiten, sondern kümmern Sie sich um die Dinge, die für Ihre wichtigen Ziele den größten Effekt bringen.

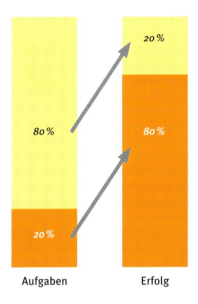

Überlegen Sie genau, was zu diesen wichtigen Punkten gehört, was Sie wirklich selbst erledigen müssen, was Sie delegieren und was Sie einfach streichen und sein lassen können.

Was Sie auch unterscheiden müssen: Wichtigkeit und Dringlichkeit. Oft bekomme ich zum Beispiel Anrufe durchgestellt, die »ganz wichtig« sind. Die Frage ist nur, für wen! Für den Anzeigenverkäufer einer Messezeitung ist eine platzierte Anzeige wichtig – aber nicht für Sie und Ihr Unternehmen.

> Sorgen Sie dafür, dass Ihre Mitarbeiter immer wissen, was für Sie wichtig ist.

Die »dringenden« Anrufe der eigenen Mitarbeitern resultieren häufig daraus, dass diese ihre Hausaufgaben nicht gemacht haben: Statt rechtzeitig für mehr Personal oder für die Ausführung notwendiger Wartungsarbeiten zu sorgen, gibt es auf einmal einen Engpass im Service oder eine übergelaufene Gästetoilette. Und Sie müssen einspringen und sich um das Problem kümmern.

Fragen Sie sich nach dem Grund der Fehlplanung, und schaffen Sie Abhilfe. Ihre Mitarbeiter können selbstständig arbeiten, wenn Sie es zulassen und ihnen richtige und klare Anweisungen geben.

Das für mich wichtigste Werkzeug in Sachen Zeitmanagement ist die Anwendung des sogenannten »Eisenhower-Prinzips«. Der Ex-US Präsident und Alliierten-General hat eine Matrix entworfen, die auch in kritischen Situationen hilft, klare Entscheidungen zu treffen, was zuerst zu tun ist. Dieses System gehört zu den Grundprinzipien in der Zeitplanung.

Arbeit dehnt sich immer so lange aus, wie Zeit vorhanden ist.

Es gibt die Achsen »wichtig« und »dringend«, die Stufen »niedrig« und »hoch«. Die für Ihre Planung entscheidenden Dinge spielen sich im Feld B ab: Dort stehen alle Angelegenheiten, die Sie selbst erledigen müssen, damit Sie sie rechtzeitig planen und terminieren können.

Dazu gehören zum Beispiel neue Investitionen in der Küche. Wenn Sie damit warten, bis mehrere Geräte defekt sind (also nach A rutschen), können Sie nur noch unter Zeitdruck reagieren: Sie müssen ohne überlegte Vergleiche

Matrix nach dem »Eisenhower-Prinzip«

	dringend	nicht dringend
wichtig	**A** akute Probleme Krisen anstehende Terminsachen	**B** Strategie und Planung persönliches Netzwerk vorbeugende Arbeiten
nicht wichtig	**C** diverse Korrespondenz diverse Anrufe diverse Störungen diverse Besprechungen	**D** unnötige Anrufer Werbepost Nebensächliches »Pausenfüller«

den erstbesten Ersatz kaufen. Das kostet Zeit, Nerven und eventuell Gäste, wenn Sie die Küche für einige Tage schließen müssen.

Tätigkeiten im Feld C (weniger wichtig – aber dringend) sollten Sie sofort an eine geeignete Person delegieren, um sich selbst Ihren wichtigen Aufgaben zu widmen.

Aufgaben, die weder dringend noch wichtig sind, sind meist völlig überflüssig. Dazu zählt zum Beispiel das Lesen von Postwurfsendungen oder das Kümmern um kleinste Details bei der Arbeitskleidung Ihres Küchenpersonals.

Die Basis einer gesunden Ordnung ist ein großer Papierkorb.
Kurt Tucholsky

Diese Aufgaben sollten Sie minimieren – oder streichen. (Damit zusammenhängendes Papier wandert sofort in den Papierkorb!)

Also: Identifizieren Sie die wichtigen Dinge im B-Feld; terminieren und erledigen Sie sie rechtzeitig – so können Sie immer agieren und kommen nicht in Zeitdruck.

Sorgen Sie dafür, dass auch Ihre Mitarbeiter diese Prinzipien verstehen und danach handeln. Übrigens ist das »Mise en Place« für einen Kellner oder Koch eine typische B-Tätigkeit: Es heißt, rechtzeitig gute Vorbereitung zu treffen, um auch bei Engpässen handlungsfähig und flexibel zu bleiben.

Gute Planung braucht Ruhe

Unabdingbar: Denken Sie morgens (oder am Vorabend) in Ruhe über Ihren Tagesplan nach. Finden Sie die ein oder zwei wichtigsten Dinge an diesem Tag für sich und Ihr Unternehmen heraus, und erledigen Sie diese zuerst. Das Abarbeiten Ihrer »Kleinkram-Liste« bringt Sie weder weiter, noch macht es Sie glücklich; Aufgaben, die Sie dauernd aufschieben, sind Ballast in Ihrem Kopf, der Sie bei allen anderen Arbeiten behindert.

Für den Tagesplan gibt es ein paar wichtige Grundregeln:
- Strukturieren Sie Ihren Tag und verteilen Sie Aufgaben und Termine sinnvoll.
- Planen Sie immer Pufferzonen ein – auch für private Dinge, die für Ihre Balance wichtig sind (Sport, Ruhepause, privater Lunch, Spielen mit den Kindern).
- Begrenzen Sie Ihre Aufgaben zeitlich. Aber: Setzen Sie keine Zeitlimits, wenn es um Gespräche »von Mensch zu Mensch« geht.
- Lassen Sie sich nicht die Terminpläne anderer Menschen aufzwingen, nur weil es für diese komfortabel ist. Gerade Vertreter schlagen gerne Termine vor, »weil ich sowieso in der Nähe bin«: Überlegen Sie, ob der Besuch für Sie Sinn macht, und machen Sie einen Terminvorschlag, der Ihnen passt.

> Die Salami-Taktik hilft bei schwierigen Problemen: Zerlegen Sie die Aufgabe in kleine überschaubare Abschnitte, notieren Sie sich die Teilaufgaben – und erledigen Sie sie Schritt für Schritt. Planen Sie dafür mehrere Tage ein, erledigen Sie jeden Tag einen Teil – die Angst vor dem Scheitern verschwindet, und Sie fühlen sich gleich besser.

- Berücksichtigen Sie Ihre Leistungskurve. Die ist bei jedem Menschen unterschiedlich. Planen Sie Ihre Termine und Arbeiten so, wie es zu Ihnen persönlich passt – nur so können Sie wirklich produktiv sein.
- Wenn Sie unkonzentriert sind, hören Sie auf und machen eine Pause, bewegen Sie sich oder tun Sie etwas anderes. Danach können Sie meist wieder gut weiterarbeiten.

Einmal in der Woche sollten Sie sich für ein bis zwei Stunden zurückziehen und das Wochenfazit ziehen – ganz ungestört und außerhalb Ihres Betriebes oder Büros. Dabei hilft Ihnen die Beantwortung folgender Fragen:

- Was hat Sie Ihren mittel- und langfristigen Zielen in dieser Woche nähergebracht?
- Womit haben Sie Zeit verschwendet?
- Welche eigenen Qualitäten könnten Sie verbessern?
- Was hätten Sie delegieren können?
- Wie hätten Sie Ihren Mitarbeitern bei deren Aufgaben und Zeitplanung helfen können?

Danach beschäftigen Sie sich mit der nächsten Woche:

- Was sind Ihre wichtigsten Aufgaben und Ziele?
- Welche neuen Chancen ergeben sich, um auch in der Zukunft erfolgreich zu sein?

Schreiben Sie sich alle Punkte auf (maximal eine Seite), und richten Sie Ihre Planung in der nächsten Woche danach aus. Die Wochenplanung hilft Ihnen das »big picture«, das große Ganze, nicht aus den Augen zu verlieren. Der Abstand vom Tagesgeschäft bringt Ihnen mehr Überblick und Gelassenheit, weil Sie über einen größeren Zeitraum nachdenken.

Eine Reise von 1000 Meilen beginnt mit dem ersten Schritt.
Chinesische Weisheit

Mit Ihrer Planung für die nächste Woche schließen Sie die laufende Arbeit mit einem aufgeräumten, guten Gefühl ab – und freuen sich auf große Taten in der nächsten Woche.

NETZWERKE BILDEN

Wenn Sie wirklich Erfolg haben wollen, brauchen Sie ein starkes Netzwerk. Ich habe im Laufe der Jahre Kontakte zu über 4000 Menschen aufgebaut. Meine Adressdatenbank enthält über 8000 Namen. Natürlich kann ich mir nicht alle Einzelheiten merken: Also mache ich mir Notizen direkt auf der Visitenkarte, solange die Person, die sie mir gegeben hat, noch vor meinem inneren Auge präsent ist.

Ich notiere dort Dinge, die mir wichtig erschienen oder die der andere erzählt hat, oder auch, auf welchem Gebiet wir sofort oder in der Zukunft zusammenarbeiten könnten. Immer schreibe ich mir auf, wo und bei welcher Gelegenheit ich den Menschen getroffen habe, mache eventuell einige Notizen, wie er oder sie aussieht.

Der bedeutsamste Mensch in unserem Leben ist immer der, der uns gerade gegenüber steht.
Leo Tolstoi

Wichtig ist der Name. Ich glaube nicht an die Ausrede, dass man »sich schlecht Namen merken könne«. Auch ich habe dafür kein besonderes Talent. Deshalb schreibe ich mir die Namen auf. Und wenn ich meine Zettel dann ein- oder zweimal durchgeht habe, habe ich mir den Namen meist gemerkt. Das alles gebe ich in mein Outlook ein und habe es immer in der aktuellsten Version auf meinem PDA dabei. Mittels der Suchfunktion kann ich dann zum Beispiel unter dem Stichwort »Zürich« schnell Kontakte wiederfinden, die ich mit »getroffen bei Professor-Muller-Seminar in Zürich« eingegeben habe.

Kontakte pflegen

Etwas Besonderes ist meine »*Liste 250*« und meine »*Liste 500*«. Ich habe eine spezielle Kategorie in meinem PDA geschaffen für die wichtigsten 250 Menschen in meinem Leben – egal ob geschäftlich oder privat. Diese Menschen kenne ich gut, und sie sind mir wichtig und nützlich. Dazu gehören Freunde, aber auch enge Bekannte. Mit diesen Menschen habe ich die »effektivsten« Kontakte – ich bin natürlich auch gerne mit ihnen zusammen. Wenn es ernst wird kann ich mich auf sie verlassen – und sie sich auf mich.

Die Wahrheit über Menschen erfährt man in schwierigen Zeiten.
Pierre Nierhaus

Diese wichtigen Kontakte muss ich natürlich auch besonders pflegen. Ich kenne den Geburtstag und Details aus dem Berufs- und Privatleben. Diese Leute rufe ich regelmäßig an, gratuliere zum Geburtstag oder verabrede mich zum Lunch.

Die Kontakte sind überall in der Welt verstreut, sodass wir uns nur selten sehen. Da ist meine Liste nützlich, die ich ab und zu durchsehen kann. Manchmal genügt eine E-Mail mit einem persönlichen Gruß, um den Kontakt zu pflegen. Ganz klassisch und sehr persönlich ist natürlich eine handschriftliche Karte mit ein paar herzlichen Zeilen.

Meine »*Liste 500*« enthält die Menschen, die ich gerne in meine »*Liste 250*« übernehmen möchte, bei denen ich mir aber noch nicht sicher bin, wie sich der Kontakt entwickeln wird. Auch hier versuche ich, Kontakt zu halten und die Verbindung zu intensivieren. Natürlich standen zu Anfang meines Berufslebens nicht gleich 250 Personen auf meiner Liste, sondern nur einige wenige. Sie werden aber überrascht sein, wie schnell Ihr Netzwerk wächst, wenn Sie sich aktiv darum kümmern.

Zusammenkommen ist der Anfang.
Zusammenarbeiten ist der Erfolg.
Henry Ford

Nun fragen Sie sich vielleicht, wie Sie so viele nützliche Menschen überhaupt kennenlernen sollen. Ganz einfach: Als erstes ignorieren Sie die Frage der Nützlichkeit und sind einfach neugierig auf den Menschen, der gerade Ihr Gegenüber ist. Ich finde, jeder hat in seinem Leben etwas Interessantes erlebt und macht spannende Dinge. Wenn Sie nachfragen und wirklich zuhören, öffnen sich Menschen sehr schnell. Ehrliches aufrichtiges Zuhören ist ein Kompliment – und oft der Beginn einer guten Beziehung. Der Nutzen ergibt sich oft erst viel später – manchmal erst, wenn der- oder diejenige in einer ganz anderen Position oder Branche arbeitet.

Um diese ganzen Leute aber überhaupt treffen zu können, dürfen Sie nicht in Ihrem stillen Kämmerlein sitzen bleiben. Sie müssen raus, unter Menschen, mit denen Sie gemeinsame Interessen teilen: Besuchen Sie Messen, gehen Sie zu Seminaren, machen Sie Trendreisen und Workshops.

Seien Sie mutig, sprechen Sie andere Menschen an. Mit einem Lächeln geht fast alles: Meist warten die anderen auch auf eine Gelegenheit, ihr Netzwerk zu erweitern, und trauen sich nicht auf Sie zuzugehen. Ich denke, dass gerade wir in einer Dienstleistungsbranche, die so sehr von persönlichen Kontakten lebt, keine Ausrede haben. Der Umgang mit Menschen ist unsere Berufung.

People

Claudio D'Orio

von links: Klaus Wendland und Marc Manoubi

von links: Jean-Georges Ploner, Ingo Maaß (Dubai) und Pierre Nierhaus

von links: Jean-Georges Ploner, Klaus Kobjoll und Pierre Nierhaus

von links: Roland Koch, Christoph Strenger, Angela Merkel, Frank Buchheister, Michael Maasmeier und Pierre Nierhaus

PRIVATLEBEN UND BERUF IM GLEICHGEWICHT

Was hat Ihr Privatleben mit Ihrem Erfolg in der Dienstleistungsbranche zu tun? Es gibt kaum eine Branche in der Privat- und Geschäftsleben so nah beieinander liegen. Und kaum eine Branche, wo so viel Engagement und Enthusiasmus in die Arbeit investiert werden. Das birgt Gefahren: Wenn man seine Branche so sehr liebt, wie viele von uns das tun, geraten die Dinge leicht aus dem Gleichgewicht.

Sie müssen lernen, Ihre Lebensbereiche zu trennen, auch wenn Sie noch so viel Spaß bei der Arbeit haben. Wenn Sie an sechs oder gar sieben Tagen zehn bis vierzehn Stunden in Ihrem Betrieb oder am Schreibtisch verbringen, machen Sie etwas grundlegend falsch.

Karriere ist etwas Herrliches, aber man kann sich in einer kalten Nacht nicht daran wärmen.
Marilyn Monroe

Wirklich erfolgreich Menschen erledigen ihre Arbeit so effektiv, das sie auch als Selbstständige mit maximal 60 Wochenstunden auskommen. Um das für sich zu erreichen, müssen Sie – wie in den vorhergehenden Abschnitten wiederholt angesprochen – Ihre Ziele, private und geschäftliche, genau kennen, Ihre Prioritäten richtig setzen und Ihre Zeit so effektiv verplanen, dass Sie alles so schnell wie möglich erledigt bekommen.

Zeit für sich selbst haben

Nutzen Sie die so gewonnene Zeit wirklich für sich selbst. Ob Sie sich sportlich auspowern oder entspannende Meditationsübungen machen, ob Sie lesen oder ausgehen, ist dabei völlig egal. Hauptsache, Sie denken ein paar Stunden lang nicht ans Geschäft.

Natürlich können Sie nicht einfach den Schalter umlegen und von heute auf morgen ein anderes Verhalten an den Tag legen; natürlich können Sie nicht einfach dem Betrieb fernbleiben, ohne ein paar Dinge organisiert zu haben.

Auch ich bin eher ein Workaholic und muss hart daran arbeiten, mir wirklich Zeit zu nehmen und abzuschalten. Meine Frau Stephanie wird, wenn sie das liest, wahrscheinlich denken: »Tolle Sprüche! Wenn er sich nur selber immer daran halten würde ...«

Je besser Sie sich und Ihren Betrieb managen, desto eher kommt man im Betriebsalltag auch einmal ohne Sie aus. Und natürlich brauchen Sie auch private Ziele, auf die Sie sich richtig freuen und die einen Ausgleich zum beruflichen Stress schaffen. Ich zum Beispiel hatte früher einen Privatpilotenschein. Den habe ich nach zehn Jahren auslaufen lassen: Das Fliegen hat zwar viel Spaß gemacht, aber jeder Flug bedurfte so vieler Vorbereitungen und auch Konzentration, dass das sicher kein Ausgleich zu meinem Berufsleben war. Jetzt fahre ich Snowboard und Wasserski und mache Yoga; da muss ich vorher nichts lernen und bin danach wirklich total entspannt.

Sorgen Sie dafür, dass Sie regelmäßig Sport treiben. Irgendetwas, das Ihnen wirklich Spaß macht! Und lernen Sie zwei oder drei Entspannungsübungen. Ratgeber und Kurse dazu gibt es genügend. So sorgen Sie dafür, dass sich der Stress nicht aufstaut – und Sie gesund und gelassen bleiben.

Die meisten Menschen sind so glücklich, wie sie sein wollen.
Abraham Lincoln

Tun Sie etwas, das Sie wirklich ins Gleichgewicht bringt. Vergessen Sie dabei Ihre grauen Gehirnzellen nicht: Lesen Sie einen Roman, gehen Sie ins Kino und ins Theater. Fangen Sie wieder an zu »lernen«: Über unsere Branche können Sie »spielerisch« sehr viel erfahren, wenn Sie interessante Betriebe von Mitbewerbern besuchen. Lesen Sie ruhig auch Fachbücher, verbessern Sie Ihr Englisch, oder lernen Sie eine neue Fremdsprache, wenn Ihnen das Spaß macht.

Das Allerwichtigste: Nehmen Sie sich Zeit für Ihren Lebenspartner, Ihre Kinder und Ihre Freunde. Machen Sie Urlaub, und denken Sie an Ihre Gesundheit. Kümmern Sie sich also um Ihre privaten Beziehungen. Treffen Sie sich wieder mit Leuten, die Sie lange nicht gesehen haben. Hören Sie zu, was es Neues gibt. Füllen Sie Ihr »Beziehungskonto« wieder auf.

Das gilt auch für alte Freunde, vor allem, wenn diese gleichzeitig Geschäftspartner sind: Manchmal trübt sich ein Verhältnis wegen eines nichtigen Zwischenfalls ein. Man bricht Kontakte ab, die jahrelang sehr wertvoll waren. Oft wegen Dingen, die im Verhältnis zur Länge und Intensität der Freund- oder Partnerschaft, belanglos sind. Oder wegen eines Missverständnisses.

Oft bedauern beide Seiten diese Entwicklung – aber unternehmen nichts. Machen Sie den ersten Schritt. Nehmen Sie Kontakt auf, reden Sie, klären Sie das Missverständnis, verzeihen Sie, bitten Sie um

Die Langsamkeit ist das Geheimnis des Glücks.
Eric-Emmanuel Schmitt

Verzeihung. Die Hand zu reichen, obwohl man sich im Recht fühlt, beweist echte Größe. Danach fühlen Sie sich meist wieder im Reinen miteinander – und falls der Andere nicht darauf eingeht, zumindest mit sich selbst.

Und machen Sie ab und zu wirklich einmal gar nichts! (Sie glauben gar nicht, wie schwierig das sein kann.) Legen Sie sich in eine Hängematte, oder setzen Sie sich in ein Café und beobachten Menschen. Machen Sie einen Wellness-Tag in einem Day-Spa, oder schlafen Sie mal wieder so richtig aus. Entdecken Sie die Kraft der Langsamkeit. Am nächsten Tag sieht es mit Ihrer Energie, Ihrer Kreativität und vor allem mit Ihrer Gelassenheit gleich viel besser aus! Und das fördert das Betriebsklima und gute Geschäfte.

MANAGEMENT ALS ERFOLGSGRUNDLAGE

Zweck und Ziel der Organisation ist es, die Stärken der Menschen produktiv zu machen und ihre Schwächen unwesentlich.

Peter F. Drucker

EINE FRAGE DES PERSÖNLICHEN STILS

Von der Art, wie Sie Ihre Firma managen, hängt der ganze Erfolg ab. Wie gut sich Ihr Unternehmen entwickelt, wie sehr sich Mitarbeiter und Gäste wohlfühlen, wie zukunftssicher Ihre Firma ist und wie viel Geld Sie verdienen ist abhängig von Ihrem Managementstil. Natürlich müssen Sie zuerst sich selber managen!
Ob Sie einen Drei-Personen-Coffee-Shop führen, eine Abteilung mit zehn Mitarbeitern oder ein großes Hotel mit 150 Angestellten: Sie müssen sich erst einmal dessen bewusst werden, was Ihre Aufgaben als Manager sind, und zu Ihrem eigenen Stil finden.
Managen und Führen geht nicht ohne Erfahrung. Natürlich hilft es, wenn Sie viel über Management gelesen oder in Seminaren gehört haben – wichtig aber ist das theoretische Wissen mit der eigenen Erfahrung zu kombinieren und sich und seinen Stil dauernd weiterzuentwickeln. Dazu müssen Sie gut zuhören können: Sie bekommen unbewusst dauernd Feedback und Anregungen, von Mitarbeitern, Gästen, Kollegen in ähnlichen Positionen und Vorgesetzten. Großes Glück haben Sie, wenn Sie einen erfahrenen, meist älteren, Mentor finden, dessen Erfolg und Führungsstil Sie bewundern.
Nur dann, wenn Sie Ihre Vision, mit Ihren Mitarbeitern teilen können, sie mitreißen und auch für deren Erfolge sorgen, kann Ihr Unternehmen wachsen und hohe Profite bringen. Und vor allem deshalb sind wir im Geschäft!

Ihre Aufgaben als Manager

Was ist Management überhaupt? Die Managementlehre besagt, dass dazu alle Vorgänge gehören, die mit der Führung von Organisationen zusammenhängen, um durch Nutzung von vorhandenen Ressourcen geplante Ergebnisse zu erzielen.
Aus dieser Definition ergeben sich klar die Hauptaufgaben des Managers:
- Er sorgt für eine (Unternehmens-)Vision.
- Er definiert die Ziele.
- Er entwickelt eine Strategie und organisiert die Planung.
- Er stellt die Durchführung sicher.
- Er trifft Entscheidungen.
- Er ist verantwortlich für die Kontrolle.
- Er sorgt für Zukunft.

Um diese Aufgaben zu erfüllen brauchen Sie natürlich Ihre Mitarbeiter. Sie müssen ihr Anführer sein.

Moderne Managementlehren wie die von Professor Fredmund Malik basieren im Ursprung meist auf den Lehren von Peter F. Drucker, dem Vater des

> Sie als Führungspersönlichkeit mit der Kraft Ihrer Vision, aber auch mit Ihrer Persönlichkeit und Ihrem Führungsstil sorgen dafür, dass alle zusammen die gemeinsamen Ziele erreichen und das Unternehmen erfolgreich ist.

modernen Managements. Alles, was im Unternehmen, aber auch in der Wirtschaft und Gesellschaft geschieht, wird ganzheitlich betrachtet. Wenn sich Parameter in der Gesellschaft ändern, ändert sich auch die Wirtschaft. Wenn ich ein Unternehmen schlecht führe, ändert sich die Kundenzufriedenheit. Wenn ich als Führungskraft kein Vorbild bin, wird das einen negativen Einfluss auf das Betriebsklima haben. Es ist wie beim Umweltthema Ozon: Wenn ich an einem Ort auf der Welt langfristig etwas verändere, wird es Folgen an vielen weiteren Orten haben.

Der zweite wichtige Grundsatz betrifft die Menschen, mit denen Sie zu tun haben: Mitarbeiter und Kunden stehen absolut im Mittelpunkt!

Gastronomen und Hoteliers sind es gewohnt, Kunden und Mitarbeiter im Fokus zu haben – mehr als andere Branchen. Diese Basis weiterzuentwickeln ist eine gute Chance für unsere Zukunft.

> Ohne zufriedene und motivierte Mitarbeiter können Sie keine guten Produkte und Dienstleistungen anbieten. Und um zu wissen, welche Produkte in welcher Qualität und Ausführung benötigt werden, müssen Sie ein intensives Verhältnis zu Ihren Kunden und möglichen Kunden aufbauen.

Zukunftsvisionen und Werte

Vision ist ein anderer Ausdruck für ein strategisches Ziel. Es ist Ihr Bild als Unternehmer oder Führungskraft von der Zukunft Ihres Betriebs. Ihre Ideen werden zu einer Zukunftsvision, an der sich Ihre Ziele orientieren. Diese Vision treibt Sie und Ihr Unternehmen voran.

Natürlich muss Ihre Vision auch für alle anderen in Ihrem Unternehmen, Ihrer Abteilung verständlich und begreifbar sein.

> Ziehen Sie sich ein Wochenende zurück, und formulieren Sie Ihre Vision – wenn möglich als Unternehmensleitsatz.

Das Leben ist schön, Frankfurt

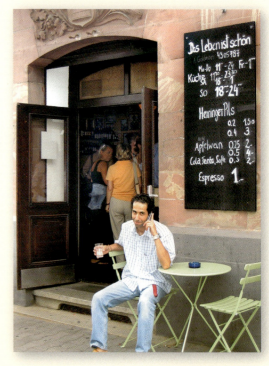

Turnhalle St. Georg, Hamburg

Eine eindeutige Vorstellung von der Zukunft Ihres Unternehmens, eine Zukunftsvision zu haben ist deswegen so wichtig, weil die besonderen Qualitätsmerkmale, die Ihre Firma nach außen vertritt, ebenso wie Ihre (Führungs-)Prinzipien daraus resultieren.

Beeindruckend vorbildlich formuliert hat ihre Vision und ihre Leitsätze die *Jumeirah* Hotelgruppe aus Dubai, die auf dem Weg ist, in relativ kurzer Zeit eine der erfolgreichsten Hotelgruppen der Welt zu werden (www.jumeirah.com).

Ihre Vision ist klar, einfach, kurz (weniger als zwei Seiten) und verbindlich. Besonders beeindruckt bin ich vom *1. Mitarbeiterleitsatz*:

> »Ich werde immer lächeln und unsere Gäste grüßen, bevor sie mich grüßen.«

Dieser Kernsatz beinhaltet eigentlich alles: die Philosophie des Unternehmens und die klar verständliche Handlungsmaxime wirklich eines jeden Mitarbeiters. Wer diesen Satz ernst nimmt und danach lebt, hat eigentlich alles verstanden. So einfach und klar müssen Leitsätze sein.

Um das noch einmal ganz klar zu machen: Die Vision ist das Ziel, die Leitsätze sind die Umsetzung des Ziels für die Mitarbeiter, sie stellen den Praxisbezug her.

Was Sie außerdem beachten sollten: Visionen sind immer zukunftsorientiert und entwicklungsfähig. Sie sollten, trotz Zukunftsorientierung aber realistisch umsetzbar sein. Alle Inhalte sollten klar, einfach und für jeden Mitarbeiter (Kunden, Lieferanten, Partner etc.) verständlich sein. Und Ihre Visionen sollten in Zusammenhang mit der strategischen Durchführung stehen.

> **Es ist unser Ziel, zu den führenden Hotelgruppen der Welt zu gehören. Wir streben die Branchenführerschaft auf all unseren Geschäftsfeldern an – aus Verpflichtung allen Kollegen, Kunden, Geschäftspartnern und Eigentümern gegenüber.**
>
> *Vision der Jumeirah Hotelgruppe, Dubai*

Vergessen Sie bei der Vision Ihre Werte nicht. Werte, die Sie persönlich haben und in Vision und Unternehmen einbringen, sind ungeheuer wertvoll und nützlich. Die richtigen Werte geben in dieser schnelllebigen und teilweise sehr anonymen Welt Halt und Orientierung. Sie erleichtern Mitarbeitern durch ein Zugehörigkeitsgefühl das Engagement für die großen Ziele. Sie garantieren Loyalität.

Für dieses öffentliche Einbringen von Werten gibt es in Österreich ein gutes Beispiel. Das *Josef* in Linz wird von dem Gastronomen Günter W. Hager mit straffer Hand geführt und ist vorbildlich organisiert. Was für ihn im Leben sonst noch wichtig ist, zeigt der Eigentümer zum Beispiel mit kleinen Aktionen, wie im Lokal durchgeführte Blutspendepartys für soziale Zwecke. Daneben nimmt er sich die Zeit, zusammen mit seinen Gästen Geld für ein Waisenhaus in Tibet zu sammeln, und schafft es sogar, dieses alle zwei Jahre selbst dort abzuliefern. Er ist erfolgreich – und bleibt seinen Wertvorstellungen treu.

> Mit der richtigen Einstellung und den richtigen Werten kommen Sie langfristig viel weiter als ohne jegliche Ethik, auch was Erfolg und Geldverdienen betrifft. Und Sie haben es als Leader einfacher, wenn man ihnen vertraut und Sie glaubwürdig wirken.

Von der Vision zur Mission

Um Ihre Vision Wirklichkeit werden zu lassen, müssen Sie daraus einen Auftrag, eine Mission für sich selbst, alle Führungskräfte und Mitarbeiter entwickeln. Während die Vision oft allein oder im kleinen Kreis, das heißt vom Firmengründer, seinen Partnern, vom Geschäftsführer etc. entwickelt wird, sollten in dieser Phase Führungskräfte und Vertraute mit einbezogen werden. Ihre Vision wird zur Mission; und damit

Meine erste Reaktion auf die Bitte eines Gastes wird nie ein Nein sein.
2. Leitsatz der Jumeirah Hotelgruppe, Dubai

das alles auch funktioniert, brauchen Sie eine Strategie mit genauer Planung. Dazu müssen Sie als Erstes Ihre konkreten Ziele, orientiert an Ihrer Vision, für verschiedene Zeiträume festlegen (siehe dazu auch Seite 76 ff.). Dann machen Sie eine Planung dafür, wie Sie diese Ziele auch erreichen können. Diese Strategie sollten Sie immer mit Ihren Führungskräften und möglichst auch den Mitarbeitern entwickeln. Natürlich kommt es darauf an, dass die Planungen auch realistisch und zeitlich aufeinander abgestimmt sind.

Die einfachste Planungsmöglichkeit sind To-Do-Listen, in denen genau festgelegt wird, wer was mit wem und bis wann erledigt. Die To-Do-Listen mehrerer Abteilungen müssen eventuell zeitlich aufeinander abgestimmt werden, insbesondere wenn diese in direkter Abhängigkeit zueinander stehen.

Bei längerfristigen Projekten sollten Sie die Aufgaben in einem Zeitraster grafisch einordnen; das macht zum Beispiel Sinn bei der Planung einer Neueröffnung (siehe Seite 236 ff.). Sie müssen darüber hin-

Ich werde alle Kollegen respektvoll und anständig behandeln.
3. Leitsatz der Jumeirah Hotelgruppe, Dubai

aus ein Informationssystem schaffen (bzw. ein elektronisches Informationssystem nutzen, sogenannte »groupware«), damit alle notwendigen Beteiligten immer auf dem neuesten Stand sind und eventuell ihre eigenen Planungen anpassen können.

> Eines ist ganz besonders wichtig: Nehmen Sie sich für die Planungen genügend Zeit. Gehen Sie ins Detail, befassen Sie sich mit jedem Wenn und Aber.

Rechnen Sie damit, dass sich im Laufe solcher Projekte durch neue Informationen und Wendungen der weitere Verlauf ändern kann. Das ergibt oft neue Chancen, denen Sie offen und flexibel gegenüberstehen müssen.

Oft lassen sich solche Vorgänge mit Methoden der Projektplanung organisieren. Hierzu finden Sie einen Büchertipp im Anhang. (Peipe, Crashkurs Projektmanagement).

So wird es zum Beispiel im japanischen Management häufig gemacht: Anfangs denkt man, es geht gar nicht voran, und dann, nach langer detaillierter Planung, wird blitzschnell umgesetzt.

> Noch eines zum Schluss: Akzeptieren Sie nie eine kurzfristige Lösung für ein langfristiges Problem.

FÜHREN DURCH ZIELE

Die sicher schwierigste Aufgabe im modernen Management ist es, gleichzeitig kurz/mittelfristig und langfristig Erfolg zu haben. Kurzfristiger Erfolg sorgt zwar für Geld in der Kasse – verhindert aber oft langfristigen. Wer zum Beispiel durch Sonderpreise seine Zahlen aufbessert, verliert Reputation und Vertrauen. Wer aus Kostengründen nicht in Mitarbeiter-Weiterbildung investiert, hat zwar Geld gespart, kann aber langfristig nicht mit seinem Unternehmen stark und erfolgreich sein.

Viele internationale, aber auch deutsche Firmen sind in den letzten Jahren verschwunden oder geschluckt worden, weil sie nicht genug in die Zukunft investiert haben.

Wenn ich mich allerdings nur um die langfristigen Erfolge kümmern möchte, verliere ich das Tagesgeschäft aus den Augen: Ohne kurzfristigen Erfolg fehlt mir natürlich das Kleingeld, eine langfristige Erfolgsstrategie durchzuführen.

Natürlich haben Sie im geschäftlichen genauso wie in Ihrem privaten Bereich (siehe vorhergehendes Kapitel) Ihre Ziele: kurz-, mittel- und langfristige.

Mittelfristige Ziele ordne ich geschäftlich einem Jahreszeitraum zu. Dazu gehören zum Beispiel Umsatz- und Kostenziele wie das Verbessern der schwachen Umsatzzeiten in einem Restaurant, aber auch organisatorische Ziele wie zum Beispiel die Umstrukturierung einer Abteilung.

Mit den langfristen Zielen legen Sie fest, wo Sie mit Ihrem Unternehmen in vier bis zehn Jahren stehen wollen. Wollen Sie umbauen, anbauen, Filialen eröffnen, Marktführer werden? Diese Unternehmensziele legen Sie (mit Ihren Partnern), eventuell mit den engsten Führungsmitarbeitern oder Ihrem Stellvertreter fest. Das Ganze natürlich immer schriftlich, aber: kurz, knapp und einfach – meist reicht eine Seite.

Genauso machen Sie es mit den (mittelfristigen) Jahreszielen. Bei deren Planung beziehen Sie alle notwendigen Personen, wie zum Beispiel Ihre Abteilungsleiter mit ein.

Vereinbaren Sie auch realistische und konkrete Ziele mit Ihren Mitarbeitern. Diese Ziele müssen auch wirklich gemeinsam vereinbart werden und nicht nur Ihre Wünsche darstellen. (Mehr dazu lesen Sie ab Seite 148.)

> Ganz wichtig ist, dass Sie sich immer auch mit dem langfristigen Erfolg Ihres Unternehmens befassen – egal, wie ertragreich das Tagesgeschäft ist.

Achten Sie auch darauf, ob es eventuell Zielkonflikte gibt: Eine Führungskraft, die bald die Abteilung wechseln wird, ist nicht unbedingt an Jahreszielen interessiert, ein »Nachtmensch« der Falsche für die Optimierung des Frühstücksgeschäftes.

Viele erfolgreiche Gastronomieunternehmer nehmen sich für diese jährliche Zielvereinbarungen ein ganzes Wochenende Zeit. Alle Führungskräfte werden an einen schönen Ort eingeladen um über das Unternehmen nachzudenken und Zukunftsstrategien zu beschließen.

Zu Hause im Betrieb müssen die Ziele dann natürlich umgesetzt werden. Dazu ist Planung und Strategie notwendig. Die Ziele werden in kleinere Häppchen aufgeteilt und mit den Mitarbeitern im Betrieb (kurzfristige Ziele) »abgearbeitet«. Jedes erfüllte »kleine Ziel« bringt Sie den Jahreszielen näher. Sie und alle Führungskräfte müssen immer wieder überprüfen, ob man durch die erreichten Teilziele wirklich das Jahresziel erreicht.

Eine überzeugende Vision kann die Bündelung des Ideenpotentials und die Freisetzung zielgerichteter Energien bewirken.
Herbert Henzler

Schöne Aussicht, Frankfurt

Mongo'S Restaurants, Düsseldorf

Club IKRA, Kiew

Seasons 52, Fresh Grill

> Natürlich müssen alle Ziele mit der Vision des Unternehmens übereinstimmen. Und sie müssen allen Mitarbeitern bekannt und allgemein verständlich sein.

Manchmal werden Sie entdecken, dass Sie bei der Festlegung Fehler gemacht haben oder dass sich die Situation verändert hat. Das ist nicht schlimm, nur dann müssen Sie Ihre Ziele ändern und die veränderte Strategie weiterverfolgen.

Ob Sie sich in ein Tagungshotel zurückziehen oder in der Firma bleiben: Eines ist ganz wichtig – nehmen Sie sich Zeit. Je genauer Sie und Ihre Crew wissen, wo Sie gemeinsam hinwollen, desto besser können Sie Ihre Strategie und Ihren Erfolg planen.

Ignorieren Sie kritische Stimmen nicht: Je mehr Bedenken Sie gemeinsam ausräumen, je mehr kritische Punkte Sie vorher kennen – desto einfacher wird die Durchführung.

Praktikable Methode

Diese zielorientierte Führungsmethode ist, richtig angewandt, sicher die beste und praktikabelste Methode für mittelgroße Unternehmen in Hotellerie und Gastronomie. Das Wichtigste dabei ist, wie schon gesagt, dass wirklich alle Mitarbeiter die Ziele kennen und auch bei der Erreichung kleinster Zwischenziele wissen, zu welchem großen Ganzen sie beitragen. Sie müssen regelmäßig informiert werden, wo das Unternehmen steht.

Was alle Erfolgreichen miteinander verbindet, ist die Fähigkeit, den Graben zwischen Entschluss und Ausführung äußerst schmal zu halten.
Peter F. Drucker

Gerade in amerikanischen Unternehmen wird das Erreichen der Ziele öffentlich gemacht, belobigt und belohnt. Alle Mitarbeiter kennen die Umsatzentwicklungen, die Kosten und auch das Unternehmensergebnis.

Wenn Sie die Erreichung der Ziele Ihrer Mitarbeiter öffentlich würdigen und wertschätzen, dass sie einen wichtigen Teil zum Ganzen beitragen, ist das

> Sie müssen sich von Ihren Mitarbeitern an Ihren Zielen und deren Erreichung messen lassen. Sie sind das Vorbild des ganzen Unternehmens!

meist wertvoller als eine rein finanzielle Belohnung. Geld allein macht aus jedem Ziel ein Geschäft für Ihre Führungskräfte und Mitarbeiter – sie verlieren die Gesamtvision aus den Augen und verlieren den Spaß an Ihrer Arbeit.

Das Gegenteil des zielorientierten Führens ist das in Deutschland in der Gastronomie vielgebrauchte »Management by Helicopter«: Chefs tauchen unverhofft und mit viel Lärm auf, machen heftigen Wind, wirbeln Staub auf und heben wieder ab. Nichts hat sich verbessert, nichts wurde geklärt, nichts ist vereinbart – wenn sich der Staub wieder gelegt hat, läuft alles einfach so unbefriedigend weiter wie zuvor.

DIE MACHT DES MACHENS

»Die Macht des Machens« war der Titel eines »Foodservice-Forums« von Gretel Weiß, der Herausgeberin von »food-service« und »FoodService International«: Wer etwas bewegen will, muss nicht nur Perspektiven haben, sondern auch für die Durchführung sorgen. Und das macht Spaß.

In fast allen erfolgreichen und innovativen Firmen steht der Mensch im Mittelpunkt – Kunde wie Mitarbeiter. Diese Zentrierung auf den Menschen läuft auch wie ein durchgehender Faden durch dieses Buch. Früher hat man etwas produziert – und sich dann überlegt, wem man was und wie verkaufen kann. Ganz anders heute: Man orientiert sich an den Bedürfnissen des Marktes (der Menschen) und produziert dann.

Wessen wir am meisten im Leben bedürfen ist jemand, der uns dazu bringt, das zu tun, wozu wir fähig sind.
Ralph W. Emerson

Produkte werden an die veränderten Bedürfnissen dauernd angepasst – oder sogar total individualisiert: der Latte Macchiato bei *Starbucks* in drei Größen, verschiedenen Geschmacksrichtungen, »für hier oder zum Mitnehmen«, beweist genau das.

Vor dem Kunden aber steht der Mitarbeiter. Wenn Sie sich optimal um ihn kümmern, dann kümmert auch er sich perfekt um Ihre Gäste.

Menschen, die sich gut fühlen, bringen gute Leistung.
Anonym

Ihr Leitbild und Ihre Vision sehen also die Bedürfnisse der Menschen im Zentrum. Dazu gehört auch, dass Sie als Arbeitgeber erste Wahl für Ihre Mitarbeiter sein müssen, dass sie sich zusammen mit Ihnen um Ihre Kunden kümmern wollen und auch sie Ihre erste Wahl sind. Alle Entwicklungen und Investitionen orientieren sich an diese Menschenzentrierung. Teilen Sie Ihre Vision mit Ihren Mitarbeitern – und leben Sie sie zusammen.

> Wenn Sie sich richtig um Ihre Mitarbeiter kümmern, können Sie Ihren Erfolg kaum noch verhindern.

Sorgen Sie dafür, dass Ihre Mitarbeiter so arbeiten, als sei es deren eigene Firma. Gebe Sie ihnen Respekt und Anerkennung, vertrauen Sie ihnen und lassen Sie sie Verantwortung tragen, so schaffen Sie ein begeisterndes und motivierendes Arbeitsumfeld. Stellen Sie nur die Mitarbeiter ein, die wirklich zu Ihnen, Ihrer Philosophie und den anderen Menschen im Team passen. Vermitteln Sie den Menschen in Ihrer Firma positive Energie und lassen Sie sie stolz sein – auf sich und die Firma, für die sie arbeiten.

Persönlichkeit und Führungsstärke

Führung bedeutet eigentlich, jemanden anzuleiten oder steuernd auf etwas einzuwirken. Der vor allem in den USA gebrauchte Begriff »Leadership« birgt da schon eine andere Vorstellung von persönlicher Größe! Menschen und Unternehmen wollen oder müssen geführt werden. Und den größten Erfolg haben nachweislich Firmen mit charismatischen Persönlichkeiten an der Spitze.

Auch und vor allem in der Gastronomie und Hotellerie sind (Führungs-)Persönlichkeiten gefragt. Ob der klassische Wirt als perfekter Gastgeber und unumstrittener Leiter seines kleinen Teams oder der Generalmanager eines exklusiven Hotels mit mehreren Hundert Mitarbeitern: Führungsstärke fasziniert und erleichtert den Unternehmeralltag enorm.

Allerdings: Sie müssen die Möglichkeit haben, Veränderungen auch durchzusetzen. Wir reden hier von Führungsstärke, von Persönlichkeit, nicht vom bloßen Ausfüllen einer Leitungsfunktion, die sich nur auf eine Position mit festgelegten Rechten und Autoritäten begründet.

Willst du den Charakter eines Menschen erkennen, so gib ihm Macht.
Abraham Lincoln

Eine Führungspersönlichkeit besitzt eine gute Ausstrahlung und oft eine natürliche Autorität, die Gäste und Mitarbeiter wie von selbst mitreißt und motiviert. Aber glauben Sie mir: Viele große und berühmte Führungspersönlichkeiten haben klein angefangen – und arbeiten regelmäßig daran, ihren Stil, ihre Qualitäten und ihre Ausstrahlung zu verbessern.

Das Zeitalter der autoritären Führung scheint vorbei. Führungshierarchien werden flacher – Teamarbeit immer wichtiger. Immer mehr Frauen übernehmen Top-Führungsaufgaben, für die sie meist mehr Qualifikationen mitbringen als ihre männlichen Kollegen.

Menschenzentriertes Management

Ein erfolgreicher Manager
- hat Ziele und Visionen, die den Menschen in den Mittelpunkt stellen;
- schafft für seine Mitarbeiter ein Arbeitsumfeld, in dem sie gern und selbstbestimmt die Unternehmensziele umsetzen können;
- weiß viel von seinen Kunden, kümmert sich um sie und kennt deswegen ihre Bedürfnisse;
- hat begriffen, das Führen, Fordern und Fördern zusammengehören;
- kommuniziert ständig mit Geschäftspartnern, Mitarbeitern und Kunden – und lässt sie wissen, wie wichtig sie ihm sind.

In der Gastronomie und Hotellerie ist aus meiner Erfahrung ein systemischer (ganzheitlicher) und situativer Führungsstil optimal. Der ganzheitliche Ansatz berücksichtigt, dass jede Veränderung weitere Veränderungen mit sich bringt. Das gilt natürlich insbesondere im Umgang mit Menschen. Die situative Führung passt den Stil dem Reifegrad und Kenntnisstand des Mitarbeiters an und entwickelt diesen so kontinuierlich weiter.

Eine Führungspersönlichkeit hat im Unternehmen eine ganze Reihe wichtiger Aufgaben. Sie zeigen Führungsstärke, wenn Sie

- Visionen entwickeln
  Sie geben die Unternehmensvision vor, leben sie vor und entwickeln sie mit Ihrem Team weiter.
- Positiv denken
  Optimismus, der mit beiden Beinen auf dem Boden steht, motiviert Mitarbeiter und inspiriert Gäste und Kunden.
- einen Beitrag zum Ganzen leisten
  Alle erreichten kleinen Ziele dienen der Sache – dem großen Ganzen, festgelegt in Ihren langfristigen Zielen.
- Vertrauen schaffen
  Sie sind für Mitarbeiter, Partner, Gäste, Lieferanten ein zuverlässiger kalkulierbarer Partner – immer!
- Ziele setzen
  Sie tragen die Verantwortung für die Ausarbeitung von Zielen und Teilzielen – und für deren Erreichung.

> *Wer seinen Willen durchsetzen will, muss leise sprechen.*
> Jean Giraudoux

- **sich aufs Wesentliche konzentrieren**
  Sie sorgen für klare Fokussierung auf die (langfristigen) Ziele und wissen auch, was Sie sein lassen müssen.
- **für Einfachheit sorgen**
  Die Menschen (Kunden, Mitarbeiter, Partner) werden durch das Leben in einer unheimlich komplexen Welt belastet und sehnen sich nach Einfachheit und Durchschaubarkeit. Dafür sind Sie zuständig.
- **die notwendigen Dinge tun**
  Sie kümmern sich darum, dass Arbeiten angepackt und erfolgreich zum Abschluss gebracht werden.
- **Entscheidungen treffen**
  Sie treffen verbindliche Entscheidungen und helfen Ihren Mitarbeitern, Entscheidungen zu treffen. Anstehende Entscheidungen geistern in den Köpfen herum und belasten Ihre aktuelle Arbeit und Ihre Zukunft. Mutige und riskante Entscheidungen sind dabei besser als gar keine.
- **für gute Kommunikation sorgen**
  Sie sorgen für klare Informationssysteme und in beiden Richtungen offene Kommunikationskanäle. Nur informierte Mitarbeiter können sinnvoll arbeiten, Visionen leben und mit Ihnen weiterentwickeln.
- **Verantwortung abgeben**
  Sie fördern Ihre Mitarbeiter und ermutigen sie dazu, Verantwortung zu übernehmen (situatives Führen). Und Sie lernen loszulassen: Nur dadurch bekommen Sie verantwortungsbewusste Mitarbeiter – und eigene Freiräume.

Diese zentralen Führungsaufgaben können Sie natürlich besonders effektiv erfüllen, wenn Sie möglichst viele der folgenden sechs, sehr persönlichen Führungseigenschaften haben – oder sich aneignen:
- **Leidenschaft und Glaubwürdigkeit**
  Ihr Enthusiasmus begeistert andere und macht Sie und Ihr Projekt glaubwürdig.
- **Proaktivität**
  Sie handeln rechtzeitig und übernehmen Verantwortung für Ihr Tun.
- **Konsequenz**
  Sie sorgen für unabwendbare Konsequenzen – insbesondere bei Querschießern und Intriganten – und kommunizieren diese Konsequenz auch. Nur so schützen Sie Ihr Team vor schlechtem Einfluss, Frust und Demotivation.
- **Balance**
  Ihr Leben befindet sich im Gleichgewicht. Privatleben und emotionaler und körperlicher Ausgleich gehören unabdingbar zu Ihrer Führungspersönlichkeit.

- Verständnis
  Sie hören genau zu – und verstehen und lernen von jedem Gesprächspartner.
- Charisma
  Zeigen Sie Ihren Standpunkt: auch durch eine entsprechende (Körper-)Haltung; seien Sie präsent (die wichtigste Person ist die, die Ihnen gegenüber steht), achten Sie auf eine positive, einfache und klare Sprache; seien Sie offen für jeden und alles, und seien Sie vor allem höflich. Halten Sie einmal am Tag »Zwiesprache mit sich selbst« und denken Sie darüber nach, wie Sie sich selbst weiter verbessern können.

Ihre Führungsqualitäten sind in hohem Maß abhängig von Ihrer Fähigkeit zur Kommunikation – auf allen Ebenen. Dazu gehört auch, dass Sie Ihre persönlichen Netzwerke hegen. Seien Sie offen zu allen Menschen und gegenüber allem Neuen. Pflegen Sie alte und neue Kontakte, denn gute Kontakte sind wertvolles Kapital.

EFFEKTIVE KOMMUNIKATION

Kommunikation heißt verstehen. Es kommt nicht darauf an, was Sie sagen oder schreiben, sondern darauf, was bei Ihrem Gegenüber ankommt. Ob er es versteht – und ob es Handlungen auslöst. Kommunikation ist also nur der Weg – nicht das Ziel. Gute Kommunikation hilft Ihnen Ihr Geschäft gut zu führen – schlechte Kommunikation und Missverständnisse kosten Sie Geld. Das Wichtigste ist, dass Sie verstehen. Gutes Zuhören muss geübt werden. Nehmen Sie sich für entscheidende Gespräche immer Zeit. Konzentrieren Sie sich auf Ihr Gegenüber; keine Störung, kein Handyklingeln, kein Signal, dass Sie auf dem Sprung sind. Der wichtigste Mensch ist immer der, der Ihnen gerade gegenübersteht.
So können Sie ihm das »Für-Sie-wichtig-Sein« am besten vermitteln:
- Hören Sie genau zu.
- Unterbrechen Sie ihn nicht mit Dingen, die Sie gerne sagen und anfügen möchten.
- Formulieren Sie das Gesagte mit Ihren Worten und fragen Sie, ob Sie es so richtig verstanden haben.
- Versuchen Sie, die Position und Sichtweise Ihres Gegenübers einzunehmen.
- Versuchen Sie, die Gefühle Ihres Gesprächspartners wahrzunehmen und zu teilen.

Give good Service

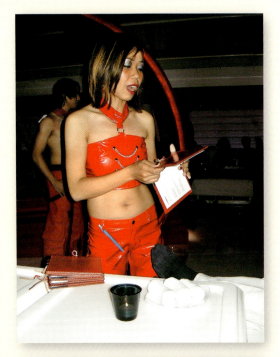

Sie glauben nicht, wie viel Sie jeden Tag dazulernen, wenn Sie richtig zuhören. Wenn Sie sich Zeit nehmen, geht es nach den ersten oberflächlichen Minuten schnell in die Tiefe. Meist erzählt Ihr Gesprächspartner automatisch viel mehr als erwartet, wenn Sie ihm Ihre ganze Aufmerksamkeit widmen und seine Gefühle teilen.

Erst verstehen – dann verstanden werden.
Stephen R. Covey, Managementguru

Wenn das Gespräch stockt, stellen Sie die richtigen Fragen. Auch das zeigt Interesse und bringt Sie viel weiter, als wenn Sie nur Ihre Aussagen loswerden wollen. Gerade von Mitarbeitern können Sie auf diese Art und Weise viel über Ihr eigenes Geschäft lernen. Von Lieferanten und Geschäftspartnern bekommen Sie umfangreiches Fachwissen geliefert. Und von Kunden erhalten Sie Anregungen für Ihre Zukunftsstrategien.

Um selber verstanden zu werden, müssen Sie sich immer um Klarheit und Einfachheit bemühen. Nicht Sie oder die Botschaft sind wichtig – sondern das, was Sie damit auslösen. Auf die Handlung kommt es an. Eigentlich »verkaufen« wir immer etwas: ein Produkt, eine Idee, eine Meinung. Ich rede nicht von plumper Manipulation, sondern vom Überzeugen und Begeistern. Sie müssen das, was Sie sagen, auch selbst glauben – und Sie müssen es leben.

Das gilt insbesondere für Sie als Führungskraft. Ihr Team kann Ihnen nur folgen, wenn es weiß, wo die Reise hingeht. Sie müssen es auf dem Laufenden halten, es immer über Neuigkeiten informieren und die Vision ständig auffrischen.

Natürlich müssen Sie Kommunikation in Ihrem Betrieb auch organisieren. Die tägliche Basiskommunikation findet bei den Schichtübergaben statt. Legen Sie fest, welche Punkte in wenigen Minuten besprochen werden (Vorkommnisse, neue Produkte, Personelles). Besonders wichtig ist, was die Morgenschicht von der Abendschicht erfährt. Oft müssen morgens Reparaturen veranlasst werden, zusätzliche Bestellungen gemacht oder Personal umbestellt werden. Am einfachsten hierzu geeignet ist ein »Logbuch«, in das die Abendschicht alles einträgt, was die Frühschicht wissen muss. (Mehr zu diesen täglichen Mitarbeiter-Briefings erfahren Sie ab Seite 154.)

Meetings und Protokolle

Die nächste Stufe ist das Meeting. In der Großhotellerie trifft man sich meist morgens an jedem Wochentag, um die aktuellen Themen mit allen Abteilungsleitern zu besprechen. So oft ist das in der normalen Gastronomie und in kleineren Hotels sicher nicht notwendig. Sinnvoll ist wahrscheinlich ein Wochenmeeting.

Einmal zu festgelegter Zeit in der Woche trifft der Inhaber/Geschäftsführer/ Betriebsleiter sich mit seinen verantwortlichen Mitarbeitern und bespricht alle wichtigen Themen. Der Zeitpunkt sollte für alle »komfortabel« sein, zum Beispiel nachmittags, bevor die Abendschicht anfängt. Natürlich nicht an einem umsatzstarken Tag oder einem Tag, an dem Störungen zu erwarten sind. Nehmen Sie sich ein bis zwei Stunden Zeit, setzen Sie sich in die ruhigste Ecke bzw. in ein Besprechungszimmer, wenn vorhanden.

Sie oder eine andere Führungskraft sollte die Gesprächsleitung übernehmen. Das Meeting wird in Stichworten protokolliert. So knapp wie möglich, aber auch so verständlich, dass Mitarbeiter die nicht teilnehmen konnten, nach dem Durchlesen sofort im Bilde sind.

Am besten legen Sie einmal eine Form für Ihr Meeting-Protokoll fest, dann haben Sie gleichzeitig eine Art Gesprächsrahmen und vergessen nichts. Es sollte enthalten:

- Betriebsname, Datum und Uhrzeit, Treffpunkt, Teilnehmer und Zeitpunkt des nächsten Meetings als Kopf.

Dazu kommen die fixen Tagesordnungspunkte:
- Aktuelles (also wichtige Vorgänge, die gleich besprochen werden müssen);
- die letze Woche (was ist wie gelaufen, woraus kann man lernen und was verbessern, was ist noch zu klären);
- die nächste Woche (Veranstaltungen, Projekte, Aktionen; wer tut was, wer hilft wem, welche zusätzlichen Chancen ergeben sich);
- Marketing (welche Aktionen laufen, was ist geplant, neue Ideen, was läuft bei den Mitbewerbern);
- Personalfragen (Veränderungen, besondere Leistungen, Planungen für die Zukunft) und
- Follow Up (alle Vorgänge aus den Vorwochen, die noch nicht abgeschlossen sind).

Natürlich gehören auch aktuelle Betriebs-Kennzahlen in das Meeting und das Protokoll, zum Beispiel Umsätze und Waren- und Personalkosten, jeweils wöchentlich oder monatlich.

Sie sollten immer so kurz wie und konkret wie möglich protokollieren. Zwei bis drei Seiten genügen.

Alle Punkte sollten möglichst mit Handlungsanweisungen verbunden werden. Da steht dann konkret, was bei jedem Punkt zu tun ist, bis wann und wer es macht.

> Wie Sie sehen ist es ganz wichtig, konkret und schriftlich zu werden. Viele Gastronomie-Mitarbeiter wehren sich gegen Schriftlichkeit – bleiben Sie hartnäckig!

> Besprechen Sie alles sorgfältig, aber vergeuden Sie keine Zeit. Denken Sie daran, in Meetings wird kein Geld verdient. Generell gilt: So wenige Meetings wie möglich, so viele wie nötig.

Natürlich können Sie generell, oder wenn es zeitweise wichtige Punkte gibt weitere Überschriften hinzufügen – aber halten Sie das Protokoll immer so einfach wie möglich.

In meinen Betrieben nehmen auch Auszubildende im dritten (oder sogar zweiten) Lehrjahr an den Meetings teil, wenn sie schon erste Führungsaufgaben übernommen haben. Gerade für Auszubildende ist das Protokoll eine gute Aufgabe, die ihnen wegen ihrer schulischen Erfahrungen leichtfällt – und so werden auch die anderen an diese schriftliche Form herangeführt.

Sorgen Sie dafür, dass Meetings immer zügig, sachlich und ergebnisorientiert durchgeführt werden. Sorgen Sie dafür, dass nur wenige, aber wichtige Punkte auf der Tagesordnung stehen. Und lassen Sie Ihr Meeting nicht durch Nebensächlichkeiten aufblähen.

Durch regelmäßige und strukturierte Meetings vermeiden Sie natürlich auch Konflikte. Je früher und offener Sie über alles reden, desto weniger Missverständnisse und Missstimmungen kommen auf. Sorgen Sie aber auch dafür, dass jeder zu Wort kommt und alle Ideen gewürdigt werden.

Wenn besondere Punkte besprochen werden, geben Sie dies vorher bekannt. So können sich alle darauf vorbereiten, was die Effektivität wesentlich erhöht. Die Tagesordnung wird auf diese Weise nicht während des Meetings aufgebläht; Selbstdarsteller und Taktiker haben weniger Chancen, den Ablauf zu stören.

Was nicht auf einer einzigen Manuskriptseite zusammengefasst werden kann, ist weder durchdacht noch entscheidungsreif
John D. Rockefeller

Sorgen Sie auch für eine störungsfreie Umgebung und untersagen Sie jegliche Unterbrechung, die nichts mit dem Meeting zu tun hat. Gestatten Sie Handytelefonate nur, wenn sie direkt mit dem Meeting zusammenhängen. Vor allem – halten Sie sich selbst an Ihre Regeln.

Sie müssen natürlich im Anschluss an die Meetings immer dafür sorgen, dass alle Aufgaben erledigt werden. Ein Meeting macht nur Sinn, wenn daraus Taten folgen. Wenn die Follow-Up-Liste mit den unerledigten Arbeit von Woche zu Woche länger wird, machen Sie als Chef etwas falsch.

Besondere Meetings, zum Beispiel für die Jahresplanung oder besonders umfangreiche Projekte, verlangen nach einem besonderen Rahmen. Mehr dazu erfahren Sie in den nächsten Kapiteln.

PlanWirtschaft, Dresden

N.Y.C., Essen

> Wenn Sie mehrere Betriebe haben, sind Meetings und Protokolle eine ideale Möglichkeit, um einmal pro Woche einen punktgenauen Überblick zu bekommen.

Nach einem großen Meeting zu einem besonderen Thema kann man dann die weitere Entwicklung der Projekte über das »normale« Meeting überwachen. Die Zielvorgaben sollten natürlich laufend mit den aktuell erreichten Ergebnissen verglichen werden, damit Sie »nachzusteuern« können.
Wenn Sie einmal nicht an einem Meeting teilnehmen können, übernimmt der Betriebsleiter Ihre Rolle, und Sie sind durch das per E-Mail verschickte Protokoll sofort auf dem Laufenden.

VERTRAUEN IST GUT, KONTROLLE IST BESSER

Überall, wo Leistungen erbracht werden, müssen diese auch kontrolliert werden. Je genauer Sie die Aktivitäten und die Zwischenschritte einer Aufgabe beschreiben, desto genauer weiß jeder Mitarbeiter, was er zu tun hat, und desto genauer können Sie die Erreichung der einzelnen Ziele kontrollieren.
Natürlich ist Vertrauen die Basis jeden Teams und jeder guten Zusammenarbeit. Aber Sie müssen genau wissen, was in Ihrem Betrieb passiert, um notfalls auch Konsequenzen zu ziehen.
Bestimmte Dinge müssen Sie regelmäßig kontrollieren: Das ist jeder Bereich, der mit Geld und Finanzen zu tun hat, wie zum Beispiel die Kassen oder die Warenbestände. Zum anderen gehören dazu die regelmäßig zu erledigenden Arbeiten zum Beispiel in Zusammenhang mit der Lebensmit-

> Sie müssen sich durch Kontrollen und Konsequenzen »vor faulen Orangen« schützen, die die ganze Kiste, sprich: das Team, verderben und alle damit zielgerichteten Aktivitäten untergraben.

telhygiene und mit der allgemeinen Sauberkeit. Je genauer Sie diese Routineaufgaben festlegen und beschreiben, je einfacher können sie abgearbeitet und überprüft werden.
Viele dieser Kontrollen können natürlich delegiert werden.

> Wichtig ist, dass Kontrollen regelmäßig (als Stichproben) und bei jedem Mitarbeiter stattfinden. Mitarbeiter müssen verstehen, dass Kontrollen kein Misstrauen sind, sondern ein unvermeidbarer, ganz normaler Geschäftsprozess.

Alles erledigt?

In jedem Fall müssen Sie alle Aufgaben kontrollieren, die Sie und Ihr Unternehmen weiterbringen – die Dinge also, die zu Erreichung Ihrer größeren Ziele beitragen. Wenn Sie diese wichtige Führungsaufgabe vernachlässigen werden, Sie nie wirklich weiterkommen und ganz bestimmt nicht viel Geld verdienen.

Dazu ein paar ganz konkrete Praxistipps:
- Machen Sie die Erledigung einer Aufgabe »messbar« (Was muss von wem und wie bis wann erreicht werden?) oder schaffen Sie Kriterien für Beurteilungsmöglichkeiten.
- Machen Sie rechtzeitig Kontrollen, also zum Beispiel »auf halbem Weg«. Dann können Sie immer noch helfend und korrigierend eingreifen.
- Beschränken Sie sich auf wenige Kontrollen.
- Machen Sie nur Stichproben: Die Informationen, die Sie daraus bekommen, reichen meist aus, um den Stand der Dinge beurteilen zu können. Komplettkontrollen stehlen Ihnen die Zeit, die Sie für Hilfe oder Problemlösung nutzen könnten.
- Die Kontrollvorgänge müssen individuell auf die Aufgaben und Vorgänge abgestimmt sein.
- Wichtige Aufgaben müssen Sie immer selbst kontrollieren. Das verschafft Ihnen ein rundes, nicht durch andere gefiltertes Bild. Sie sichern sich damit auch den Kontakt zu und die Präsenz bei Ihren Mitarbeitern.
- Kontrollieren Sie, um weiterzukommen und zu helfen. Nie um des Kontrollierens und Kritisierens willen!

Ihre Mitarbeiter, vor allem Ihre Führungskräfte, müssen verstehen, dass Kontrollen absolut notwendig, unvermeidbar und ein wichtiges und positives Instrument sind.

> Vermeiden Sie Kontrollen, die nur der Kontrolle willen gemacht werden. Unsinnige Kontrollen verderben die Stimmung und stehlen allen Beteiligten Zeit.

Im Normalfall wollen Mitarbeiter einen guten Beitrag »zum Ganzen« leisten. Wenn sie Fehler gemacht haben, lernen sie dazu, verbessern ihre Leistung und werden fürs Unternehmen immer wertvoller.

Konsequenzen ziehen

Schützen Sie sich vor Mitarbeitern, die nur ihre »eigenen Interessen« im Sinn haben: Mitarbeiter, die dauernd unpünktlich kommen; Restaurantleiter, die kein Engagement zeigen; Küchenchefs, die Ware in ihrem eigenen Kofferraum »vergessen«; Servicemitarbeiter, die Firma und Gäste übers Ohr hauen; Führungskräfte, die ihre Ziele nicht erfüllen.

Die Liste, gerade in der Hospitality-Industrie ist lang. Jeder in unserer Branche kennt solche Mitarbeiter und Vorfälle.

Deshalb müssen Sie auch für Konsequenzen sorgen.

Es ist leider so, das man insbesondere in der Gastronomie, ab und zu Exempel statuieren muss. Sie wissen wahrscheinlich aus eigener Erfahrung wie »reibungslos« dann plötzlich alles läuft. Zumindest für einige Monate. Nach

Die Konkubinen des Kaisers

Zum Stichwort Konsequenz gibt es eine schöne Geschichte aus dem Buch *Die Kunst des Krieges* des Chinesen Sunzi: Das Buch wurde um 500 v. Chr. geschrieben und gilt noch heute als aktuelles »Lehrbuch« für Strategie und Führung in der Wirtschaft.

Sunzi sollte die Armee des Königs von Wu führen. Dazu musste er erst einmal unter Beweis stellen, dass er wirkliche Führungsfähigkeiten hatte. Der König rief deshalb seine Konkubinen herbei, die an keinerlei Disziplin gewöhnt waren, und befahl Sunzi, seine Qualitäten unter Beweis zu stellen. Sunzi ließ die Konkubinen in zwei Gruppen und in Reihen antreten. Er stattete sie mit Speeren aus und gab ihnen Befehle: Nach vorne gehen, nach links drehen und so weiter. Kaum eine der jungen Frauen führte seine Anweisungen aus. Stattdessen wurde gefeixt und gelacht. Sunzi ließ daraufhin in jeder Gruppe die erste Konkubine, die rechts vorne stand, enthaupten und sagte, das er nun gerne die Übung wiederholen wolle. Sie können sich denken, was geschah!

Ablauf einer gewissen Zeit müssen Sie wahrscheinlich eine neue »Enthauptung« durchführen. Das Wissen darum, dass diese Konsequenzen unvermeidlich sind, hilft Ihnen wahrscheinlich dabei, die Zahl der Exempel möglichst gering zu halten.

Drastische Maßnahmen schützen vor allem die guten, engagierten und ehrlichen Mitarbeiter: Sie sehen, das sie es richtig machen und nicht die »Blöden« sind, die nur Nachteile gegenüber Schmarotzern und Kriminellen haben.

Ich zahle für die Fähigkeit, Menschen richtig zu behandeln, weit mehr als für jede andere Fähigkeit.
John D. Rockefeller

Führen Sie Ihre »Enthauptungen« möglichst öffentlich durch: Wenn Sie bestohlen worden sind (und dies natürlich auch beweisen können), rufen Sie den Mitarbeiter zu einer Zeit in Ihr Büro, zu der möglichst viele Mitarbeiter im Betrieb sind. Wenn Sie eine fristlose Kündigung (vorher abgesichert durch ein Gespräch mit Ihrem Anwalt) aussprechen, sorgen Sie dafür, dass der Ex-Mitarbeiter zum Spind begleitet wird, diesen sofort ausräumt und den Betrieb verlässt. Und erteilen Sie ihm Hausverbot! So erzielt ein Exempel die größtmögliche Wirkung. Außerdem vermeiden Sie, dass der Gekündigte seine Version der Geschichte (er selbst habe gekündigt, weil er doch so unzufrieden war) herumerzählt.

> Jeder Mitarbeiter muss wissen, dass das Nichterfüllen von Aufgaben und die Nichteinhaltung von Regeln Konsequenzen hat. Und er muss wissen, wie diese aussehen.

Manchmal tanzen Ihnen Mitarbeiter richtiggehend auf der Nase herum: Kommen dauernd zu spät, erledigen ihre Aufgaben nur teilweise oder stören das Betriebsklima. Sie geloben dauernd Besserung und Änderung – aber es passiert nichts. Alle im Betrieb wissen dann, dass Sie nicht konsequent sind – und deshalb verlieren Sie als Chef Respekt und

Lieber ein Ende mit Schrecken als ein Schrecken ohne Ende!
Ferdinand von Schill

Glaubwürdigkeit. Wenn Sie dann endlich durchgreifen, fühlen Sie sich gleich viel besser – auch wenn in Übergangszeiten, Engpässe entstehen. Sie werden überrascht sein, wie viel Hilfe und Engagement Sie von Ihren guten Mitarbeitern bekommen.

> Schieben Sie unangenehme Konsequenzen nie auf, sonst werden Sie selbst immer unzufriedener und uneffektiver.

People

Pierre Nierhaus mit Michael Ma, IndoChine, Singapur und Peter Messerschmidt

Prof. Chris Muller, Orlando

Jean-Georges Ploner und Pierre Nierhaus in Shanghai

Erik Aigner, Kiew

Pierre Nierhaus mit Franz Kranzfelder, Orlando

VERHANDLUNGSSACHE – IHR STANDPUNKT ZÄHLT

Eigentlich verhandeln Sie immer. Wenn Sie einen Mitarbeiter bitten, länger zu bleiben, ist das eine Verhandlung. Wenn Sie einem Mitarbeiter mitteilen, dass Lohnerhöhungen zur Zeit kein Thema sind, ist das der Beginn einer Verhandlung. Wenn ein Hotelgast eine besonders schöne Aussicht möchte, wird auch dort verhandelt.

Fairness ist die Kunst, sich in den Haaren zu liegen, ohne die Frisur zu zerstören.
Gerhard Bronner

Der Verhandlungsstil hat sich in den letzten Jahren geändert. Früher wollte man oft (einseitig betrachtet und kurzfristig) einfach einen besonders guten Abschluss erzielen. Das ist heute anders: Langfristige Partnerschaften und Geschäftsbeziehungen stehen im Vordergrund. Man kann gute Geschäfte machen, und hart verhandeln, und trotzdem seinen Werten treu bleiben – und beide Verhandlungspartner verlassen den Tisch mit einem guten Gefühl und einer guten Perspektive.

Für mich hat sich fairer Umgang langfristig immer ausgezahlt. Trotzdem muss man vorsichtig sein. Wenn das Gegenüber Fairness als Achillesverse sieht und ausnutzt, hat das fatale Folgen. Auch ich habe in solchen Fällen genügend Lehrgeld bezahlt.

Effektiv verhandeln

Die Prinzipien des fairen und auch effektiven Verhandelns sind eigentlich recht einfach. Die Harvard University hat diese Grundsätze ausgiebig untersucht und in einem Basiswerk der Verhandlungstechnik, dem Harvard-Konzept, zusammengefasst (siehe Anhang).

Wenn Sie die vier Grundprinzipien beachten, kann bei Ihren Verhandlungen auf lange Sicht eigentlich nichts schiefgehen:

- Menschen und Probleme getrennt betrachten
  Es gibt immer zwei Gesprächsebenen: den Verhandlungsgegenstand und die persönliche Beziehung. Beziehen Sie von Anfang an die persönliche Ebene mit ein. Welche Vorstellung hat Ihr Gesprächspartner von einer Sache – unabhängig vom Verhandlungsziel? Sorgen Sie für immer für eine angenehme Atmosphäre, seien Sie vorausschauend und versuchen Sie Ihren Gesprächspartner wirklich zu verstehen. Finden Sie heraus, was Ihnen wirklich wichtig ist.
- Auf Interessen konzentrieren, nicht auf Positionen
  Versuchen Sie das wirkliche Interesse und nicht die vielleicht gegensätzlichen Positionen in Einklang zu bringen. Das eigentliche Interesse Ihres

Verhandlungspartners finden Sie am besten durch sehr präzise Fragen heraus. Oft ist der anderen Seite ihr eigentliches Interesse und die Gemeinsamkeiten gar nicht bewusst. Dann sprechen Sie offen darüber; flexibel in der Lösung – aber auch mit Bestimmtheit, was Ihre zugrunde liegenden Ziele angeht.

- **Entscheidungsmöglichkeiten aufzeigen**
  Analysieren Sie gefundene Lösungsmöglichkeiten von allen Standpunkten aus. Suchen Sie alternative Ansätze. Dadurch verbreitern Sie die Basis Ihrer Wahlmöglichkeiten. Seien Sie kreativ bei neuen Lösungen. Nutzen Sie zum Beispiel Brainstorming-Runden oder die Sichtweise von völlig Außenstehenden. Bieten Sie Lösungen an, die Ihrer Gegenseite die Entscheidung erleichtert. Wenn Sie mit mehreren Gesprächspartnern verhandeln, berücksichtigen Sie, dass es innerhalb der »Gegenpartei« durchaus sehr unterschiedliche Interessen – vor allem auf der persönlichen Ebene – geben kann.

> *Denken Sie immer an die Interessen Ihres Gegenübers.*
> Lee Iacocca

- **Neutrale Beurteilungskriterien anwenden**
  Finden Sie zuerst Beurteilungskriterien für die zu verhandelnde Sache, die beide Seiten akzeptieren. Oft reden zu Beginn einer Verhandlungsphase beide Seiten über Äpfel und Birnen – und finden keinen Konsens, weil sie von verschiedenen Dingen reden und zudem noch verschiedene Maßstäbe anlegen. Diskutieren Sie offen und vernünftig darüber, welche Kriterien angewendet werden.

Trotz aller Fairness: Vorsicht vor »Partnern«, die Ihre Prinzipien durch clevere, einseitige Einmalgeschäfte ausnutzen.

Das Harvard-Konzept geht von einer sogenannten »Win–Win-Situation« aus, die erreicht werden soll; also vom guten Geschäft für beide Seiten.
Bleiben Sie bezüglich Ihrer Prinzipien hart und kämpfen Sie – oder lassen Sie das Geschäft sausen (wenn es überhaupt eines für Sie geworden wäre). Sie besitzen eine starke Waffe: Fragen Sie sich, ob Sie das Geschäft wirklich mit diesen Leuten machen müssen – und suchen Sie konsequent nach anderen Möglichkeiten. Es gibt (fast) immer Alternativen.

ZUKUNFT IST PLANBAR

Als Unternehmer oder Führungskraft müssen Sie selbst für Ihre Zukunft sorgen. Noch nie haben sich Dinge so schnell geändert wie heute. Veränderungen sind verwirrend und anstrengend, bieten aber auch große Chancen für alle, die schnell und flexibel genug sind, sich darauf einzulassen.
Die Transparenz von Informationen aller Art ist – vor allem durch die Vernetzung der elektronischen Medien – sehr hoch geworden, sich als Firma aus diesem Prozess abzukapseln würde ziemlich schnell den Exitus bedeuten. Große Trends verbreiten sich deshalb auch wegen dieser Transparenz so schnell global. Netzwerke und Kundenstämme haben eine ungleich höhere Bedeutung gewonnen, als die (austauschbare) Produktion von Gütern. Konsumenten bestimmen mit ihren wechselnden Bedürfnissen den Markt mehr als je zuvor.

Wenn der Wind des Wandels weht, bauen die einen Schutzmauern, die anderen bauen Windmühlen.
Aus China

Natürlich hat sich auch unser soziographisches Umfeld gewandelt: Die Menschen arbeiten zu anderen Zeiten, haben andere Familienstrukturen und einen anderen Wissensstand. Das alles sorgt für veränderte Bedürfnisse und damit für neue Märkte und Chancen – für Sie!
Unser Geschäft hat sich grundsätzlich geändert: Menschen kaufen keine Produkte mehr bei uns, sondern Erlebnisse und Emotionen. Und ihre Bedürfnisse ändern sich stetig. Der wichtigste Faktor für anhaltenden Erfolg ist eine gute Strategie für die Zukunft.
Die Suche nach neuen Chancen und der Umgang mit Veränderungen werden mehr und mehr zum Tagesgeschäft. Neue Nischen und Chancen ergeben sich in der heutigen Zeit schneller als jemals zuvor in der Gastronomie – und damit auch neue Möglichkeiten mit frischen Ideen viel Geld zu verdienen.
Viele Quereinsteiger in der Gastronomie beweisen mit ihrer Nase für neue Chancen und ihrer anderen, frischen Herangehensweise, dass auch heute und in Zukunft mit Gastronomie Geld zu verdienen ist.

Ich beschäftige mich nicht mit dem, was getan worden ist. Mich interessiert, was getan werden muss.
Marie Curie

Sie müssen also die richtige Einstellung mitbringen, um Ihre eigene Zukunft und die Ihres Betriebes zu sichern: Denken Sie nicht an die Mühen, die es mit sich bringt, sich auf Neues einzustellen, sondern denken Sie lieber an die Gewinnchancen, die sich ergeben.
Halten Sie die Augen auf: Lesen Sie Fachzeitschriften, ruhig auch die anderer Branchen, reisen Sie, reden Sie mit möglichst vielen Kollegen und bilden Sie Netzwerke.

Park Plaza, Wallstreet, Berlin

*Designhotels machens vor:
Gastronomieerfolg auch im Hotel.*

W Hotel, New York

Ideen entwickeln

Setzen Sie sich mit Ihrem Team zusammen und tun Sie so, als ob es keine bekannte Lösung gäbe: Was wäre, wenn Sie einen Arbeitsprozess völlig neu erfinden, ein Gericht neu kreieren würden – ohne auf Bestehendes zurückzugreifen. Was machen Sie, wenn es Ihr Geschäft auf einmal nicht mehr gibt und Sie bei Null anfangen müssen? Suchen Sie nach den wirklich neuen Ideen. Das Schwierigste dabei ist: Das Gestern loszulassen, um den Kopf frei zu bekommen.

Mehr als die Vergangenheit interessiert mich die Zukunft, denn in ihr gedenke ich zu leben.
Albert Einstein

Sorgen Sie dafür, dass sich Ihr Team regelmäßig zu Kreativrunden trifft, in denen auch wirklich »gesponnen« werden darf. Nutzen Sie Techniken wie Brainstorming und Mindmapping. Das macht Riesenspaß, auch wenn Sie sicher nicht gleich beim ersten Mal eine zündende Idee haben werden. Aber Sie öffnen sich jedes Mal mehr für Neues. Und Sie werden aufmerksamer und hellhöriger in Bezug auf alles, was Sie sehen.

Gute Ideen kann man nicht erzwingen; aber wenn der Kreativprozess einmal läuft, kommen die Einfälle nach einer gewissen Anlaufzeit fast wie von selbst. Rechnen Sie immer mit einer inspirierenden Eingebung! Ich zum Beispiel habe stets und überall Block und Stift dabei, einer liegt neben dem Bett und einer neben der Badewanne.

Sie müssen nicht jedes Mal das Rad neu erfinden, häufig genügt es, Gesehenes zu variieren und so für Ihre Zwecke nutzbar zu machen. So habe ich Anfang der 1990er-Jahre in Kalifornien die Wraps entdeckt und als erster Gastronom im deutschsprachigen Raum in unseren mexikanischen Restaurants angeboten. Nie hätte ich damals gedacht, dass diese für viele unaussprechlichen und erklärungsbedürftigen Dinger einmal einen solchen Boom erleben würden! Mittlerweile sind Wraps in vielen Restaurants und im Snack-Bereich zu einem Standardprodukt geworden.

Menschen mit einer neuen Idee gelten so lange als Spinner, bis sich die Sache durchgesetzt hat.
Mark Twain

Schaffen Sie in Ihrer Firma oder Abteilung ein Klima, in dem jeder Mitarbeiter gern mit neuen und verrückten Ideen zu Ihnen kommt – ohne ausgelacht zu werden. Das Sich-Befassen mit Zukunft muss bei Ihnen zu einem normalen Prozess werden. Belobigen und fördern Sie alle, die Ihnen dabei helfen.

> Es geht bei der Zukunftsplanung nicht immer um große Neuentwicklungen, sondern häufig um das Verbessern bekannter und eingefahrener Arbeitsabläufe.

Fragen Sie sich, wer in Ihrer Firma Ihnen helfen kann, den Betrieb zukunftsfit zu machen. Oft sind die besten, ehemals sehr kreativen Mitarbeiter im Laufe der Jahre so mit Routinen beschäftigt, dass ihnen gar keine Luft mehr zum Nach- und Querdenken bleibt. Verschaffen Sie Ihnen diese Luft: Verteilen Sie Aufgaben um, führen Sie zum Beispiel ein Jobrotationssystem ein. Stellen Sie Teams neu zusammen, und kümmern Sie sich um die Stillen und die versteckten Talente.

Viel Input habe ich immer von unseren Auszubildenden bekommen: Ihre Sichtweise ist frisch und jung, und sie wissen viel besser, was hip ist und zum Trend werden kann, als Sie glauben. Natürlich haben Veränderungen auch Risiken – aber ein bisschen Mut gehört einfach dazu. Denken Sie nur daran, was Sie an neuen Ideen umsetzten, als Sie sich selbstständig gemacht haben oder Ihre Führungsposition übernommen haben.

Und vergessen Sie nie: Sie selbst müssen für Ihre Zukunft sorgen.

> *Das Schwerste an einer Idee ist nicht, sie zu haben, sondern zu erkennen, ob sie gut ist.*
> Chris Howland

Hogs und Heifers, New York
Coyote Ugly – Feiern bis zum Abwinken.
Thematisiert im gleichnamigen Film von David McNally.

ERTRAGSFAKTOR PERSONAL

Mitarbeiter können alles: wenn man sie weiterbildet, wenn man ihnen Werkzeuge gibt, vor allem aber, wenn man es ihnen zutraut.

Hans-Olaf Henkel

OHNE DIE RICHTIGEN MITARBEITER KEIN GEWINN

Das Personalmanagement ist eine Aufgabe, die oft unterschätzt wird. Doch bedenken Sie bei allem, was Sie tun: Ihre Mitarbeiter sind der wichtigste Aktivposten in Ihrem Unternehmen! Gut geschultes und umsichtiges Personal ist der Garant für die Umsatzentwicklung – und die Personalausgaben oft der größte Kostenfaktor in der Gastronomie. Ihr Ertrag hängt also zu einem nicht unerheblichen Teil davon ab, wie gut Ihr Personal arbeitet.
Sie fragen sich vielleicht: Wie kann ich durch Personalkosten reich werden? Ganz einfach: Auch Kosteneinsparungen bringen uns über kurz oder lang dem Ziel, in der Gastronomie reich zu werden, näher.
Die Personalkosten schwanken abhängig vom Gesamtkonzept; es ist jedoch nicht selten, dass sie 25 bis 45 Prozent aller Kosten ausmachen! Und der prozentuale Anteil am Geschäftserfolg liegt noch höher. Sie sehen also, dass jede Minute Zeit, die Sie in dieses Thema investieren, eine lohnende Investition bedeutet. Wenn Sie es richtig Anpacken, wird sich auch die Rendite sehen lassen können.

Zunächst müssen Sie sich ein paar grundlegenden Gedanken zum Thema Personal machen:
- Was sind meine Prioritäten in der Personalarbeit? (Wie soll meine Personalarbeit aussehen? Was wäre meine Idealvorstellung in Sachen Mitarbeiterführung?)
- Wie organisiere ich meine Personalarbeit? (Was kann und will ich selbst machen? Wobei benötige ich Hilfestellungen? Was lasse ich von jemandem anderen erledigen? Greife ich auf Außenstehende zurück (Outsourcing)?

Die anfallenden Arbeiten im Zusammenhang mit Ihren Mitarbeitern lassen sich dann in folgende Bereiche unterteilen:
- Mitarbeitersuche
- Auswahl
- Einarbeitung
- Anleitung
- Training
- Motivation
- Förderung
- Administrative Arbeiten/Gehaltsabrechnung
- Zuschüsse und Fördergelder

Mit den wichtigsten dieser Bereiche werden wir uns nun ein wenig näher beschäftigen.

Was neue Mitarbeiter mitbringen sollten

Bei der Überlegung, welche Mitarbeiter sie brauchen, kommen viele Gastronomen schnell zu dem Punkt: »Keiner ist so gut wie ich!« Aber was unterscheidet Sie von anderen? Ganz einfach: Sie sind der Unternehmer, es ist Ihr Geld, und Sie haben das Sagen.

Lügen Sie sich jedoch nicht in die Tasche, was Ihre wirklichen Fähigkeiten angeht, sonst könnte es ein böses Erwachen geben. Denn Ihre Aufgabe ist es, alles zu nutzen, was Erfolg verspricht und Ihnen das Führen erleichtert. Dabei können Sie durchaus an Leute geraten, die so manches besser wissen als Sie. Nutzen Sie diese Chance konsequent, auch wenn es am eigenen Ego kratzt, denn Sie sind immer noch der Chef. Mit Eitelkeiten verdienen Sie keinen Cent.

Unternehmerisches Denken beginnt also bei der Suche und Auswahl der richtigen Mitarbeiter. Ein guter Ansatz fürs Einstellen von neuem Personal ist die amerikanische Herangehensweise: »Hire personality, add qualification.« Kaufen Sie eine Persönlichkeit ein, die zu Ihnen und Ihrem Lokal passt. Qualifizieren Sie diese Person, bis sie alles kann, was Sie brauchen. Sie müssen daher nicht unbedingt für alle Jobs den gelernten Fachmann zu suchen, manchmal ist die bessere Wahl ein Laie, wenn er die richtige Einstellung mitbringt.

Der Grund, warum manche Mitarbeiter auf der Leiter des Erfolges nicht so recht vorankommen, ist darin zu suchen, dass sie glauben, sie stünden auf einer Rolltreppe.
Anonym

Analysieren Sie zuerst die Eigenschaften und Fähigkeiten, die eine Aufgabe verlangt, bevor Sie überlegen, wo Sie jemanden finden können, der diese Eigenschaften und Fähigkeiten besitzt.

Bedenken Sie, dass Sie einem Koch oder Kellner nicht nur eine reine Funktion übertragen, sondern auch die Aufgabe, Gäste zu beraten, zu begeistern und zu halten. Und er muss in Ihr Team passen. Die Fähigkeiten, die ein Kandidat mitbringt, sind also entscheidend. Am besten, Sie definieren diese zusammen mit Ihrem Team, immer mit Blick auf Ihre Stamm- und/oder Ihre Wunschgäste. Legen Sie für jeden Arbeitsplatz eine Liste mit den wichtigsten Fähigkeiten an, packen Sie alle Listen zusammen in eine Mappe, die immer schnell zur Hand ist, wenn Sie sie brauchen. Damit haben Sie eine gute Basis für jedes Auswahlgespräch.

Die Nadel im Heuhaufen

Es gibt eine Menge auch ungewöhnlicher Wege, um Mitarbeiter zu suchen. Wir konzentrieren uns hier auf die beiden – aus unserer Sicht – erfolgreichsten Methoden: den eigenen Augenschein und das Internet.

Jedes Mal, wenn Sie ausgehen, sind Sie wie die meisten von uns einfach nur Gast. Machen Sie nicht auch insgeheim ein wenig Konkurrenzbeobach-

Weinkonzepte

V9, Wine and Restaurant, Sofitel, Bangkok

BIN 36, Chicago

NoMi, Chicago

Onda Ristorante & Wine Lounge, Las Vegas

Brot: Weltweites Trendthema der Zukunft

Le Pain Quotidien, New York

Le Pain Quotidien, New York

Panera Bread, Orlando

Aran, München

tungen? Oder besteht etwa Ihre Frau darauf, dass Sie mit dem Rücken zum Gastraum sitzen, weil Sie mehr aufs Servicepersonal als auf Ihre Gattin schauen? Sie achten bei einem Restaurantbesuch doch sicherlich darauf, wie das Essen schmeckt, wie teuer das Bier, der Wein und das Mineralwasser sind? Beobachten Sie nicht aufmerksam das Personal des Lokals, in dem Sie gerade sitzen? Im Restaurant den Service am Tisch, in der Bar den Barkeeper?

Genau in diesem Augenblick sind Sie in der besten Position, um die Leistungen eines Mitarbeiters zu beurteilen – Sie sind der Kunde, der Gast. In dieser Rolle können Sie Menschen am Besten bewerten. Fühlen Sie sich wohl und gut betreut? Kümmert sich der Kellner genug um Sie und vor allen Dingen – verkauft er gut? Wenn Sie all diese Fragen mit ja beantworten – zögern Sie nicht länger und sagen Sie ihm das. Jeder Mensch freut sich über ein positives Feedback. Das motiviert, und die Arbeit macht mehr Spaß. Sie werden sehen, dass Sie gleich noch besser betreut werden.

Und die Krönung des Ganzen: Beim Bezahlen legen Sie ihm Ihre Visitenkarte auf die Theke, die Kasse oder auf den Tisch und sagen: »Solche Mitarbeiter wie Sie brauche ich. Wenn Sie einmal auf der Suche nach einem neuen Job sind – rufen Sie mich an. Vielleicht habe ich das Richtige für Sie. Ich würde mich freuen, wenn wir uns wiedersehen!«

Vermeiden Sie diese Taktik jedoch bitte in Ihrem direkten gastronomischen Umfeld, das wäre unfair Ihren Mitbewerbern gegenüber. In einer anderen Stadt ist es ein Angebot an einen jungen Menschen, das zu tun, was junge Menschen eben tun sollten: Neues kennenzulernen.

Fundstellen für gutes Personal sind jedoch nicht nur Restaurants, Bars oder ähnliche Betriebe. Auch in Tankstellen, Supermärkte oder Videoläden können Sie fündig werden. Wer da engagiert und freundlich ist, wird es höchst wahrscheinlich auch bei Ihnen sein. Wie gesagt: »Hire personality, add qualification.«

> Es ist leichter, jemandem das Tellertragen beizubringen oder ihn in die Feinheiten der Weinkarte einzuweihen, als ihm zu zeigen, was Leistung, Lächeln und gute Laune bedeutet.

Allerdings werden die meisten Menschen erst einmal zögern, sofort zu Ihnen zu kommen. Die Gastronomie im Allgemeinen hat nicht den besten Ruf, die Arbeitszeiten klingen erst einmal negativ, und das Dienen ist nicht populär. Überlegen Sie, wie Sie argumentieren können, wie Sie die Aufgabe schmackhaft machen wollen. Verkaufen Sie auf keinen Fall Arbeit, das braucht und will komischerweise keiner. Wenn Sie allerdings Teamarbeit, Spaß und Kurz-

weil in den Vordergrund stellen, klingt das sehr viel spannender und weckt eher die Lust, mitzumachen und etwas Neues zu probieren.
Wenn Sie nicht selbst auf die Suche gehen können oder wollen und trotzdem neues Personal brauchen, nutzen Sie einfach das Internet! Das World Wide Web war bis vor wenigen Jahren nur etwas für Spezialisten – doch diese Zeit ist lange vorbei.

> *Es ist nicht der Unternehmer, der die Löhne zahlt – er übergibt nur das Geld. Es ist das Produkt, das die Löhne zahlt.*
> Henry Ford

Dass sich das Internet auch für das Gastgewerbe zu einem hilfreichen Akquise-Instrument entwickelt hat, zeigt sich unter anderem daran, dass es inzwischen Betriebe gibt, die 50 Prozent ihrer Mitarbeiter über das Internet anheuern – die Tendenz ist noch immer steigend. Nur wenige Menschen lesen nur die Stellenanzeigen der Zeitungen – viele surfen stattdessen im Netz.

Es mag Ihnen erstaunlich vorkommen, aber gerade Köche suchen sich zum Beispiel sehr häufig über das Internet einen neuen Job. Vielleicht weil es leichter ist, einen Link anzuklicken, als die Zeitung zu lesen, wie böse Zungen behaupten. Was Sie wiederum nicht stören sollte: Wer gut kocht, dem sind einige fehlende Kommas leicht zu verzeihen.

Auch kleine oder unbekannte Restaurants stellen immer wieder fest, wie gut die Stellenausschreibung im Internet funktioniert. Die Anzeigen sind zudem günstiger als in der Zeitung, und Sie können sie problemlos selbst ins Netz stellen, ohne Agentur.

Jedoch sollten Sie genau überlegen, welche Qualifikationen Sie brauchen und diese dem Nutzer auch klar vermitteln. Die meisten Anzeigen im Internet sind zu vage gehalten – die Folge davon sind unpassende Bewerbungen.

Bedenken Sie auch, dass das Internet ein elektronisches Medium ist und die

Jobbörse Internet

Die größten deutschen Internet-Jobbörsen für unsere Branche sind zurzeit die Portale www.ahgz-jobs.de, www.hotel-career.de, www.hotel-career.at, www.hotel-career.ch und www.hotelstellenmarkt.de. Weil sich die Anforderungen für Hotel und Gastronomie oft unterscheiden, gibt es seit kurzem zudem die Seite www.gastronomiecareer.de.

Als sehr hilfreich hat sich auch die Allgemeine Hotel- und Gastronomie-Zeitung erwiesen: www.ahgz.de

Und ein optimales Beispiel für die Vorauswahl per Internet finden Sie auf der Seite von www.abseits.de

beauftragten Suchmaschinen nur diejenigen Begriffe und/oder Formulierungen finden, nach denen sie gefragt wurden.

Formulieren Sie also die Anforderungen an die Bewerber so exakt wie möglich, und beschreiben Sie detailliert Ihren Betrieb und die freie Stelle. Häufig hilft es, sich zuerst die Stellenanzeigen der Mitbewerber durchzulesen. So merken Sie schnell, welche Unklarheiten in der eigenen Anzeige vermieden werden müssen.

Eine Anzeige im Internet sollte mindestens folgende Punkte enthalten:
- Logo des Betriebes
- Foto oder Skizze
- Genaue Beschreibung des Betriebes mit detaillierten Infos
- Anforderungsprofil an den Bewerber (unabdingbare und erwünschte Kenntnisse und Fähigkeiten)
- Aufgabengebiet, Stellenbeschreibung
- Ansprechpartner, Adresse, E-Mail-Adresse, Website

Beachten sollten Sie, dass seit August 2006 das AGG (Allgemeine Gleichbehandlungsgesetz) in Kraft getreten ist. Seitdem müssen Sie jede Stelle für Männer und Frauen ausschreiben und auch andere »Ungleichbehandlungen« durch Ihre Formulierungen vermeiden. Der Verstoß gegen das Gesetz kann teuer werden – daher lohnt es sich, sich vorher über Fallstricke zu informieren: bei www.bund.de oder www.wikipedia.de unter »Allgemeines Gleichbehandlungsgesetz«.

Die Qual der Wahl

»Select, don't hire! – Nicht nur einstellen, sondern auswählen!« Diese Aussage kommt aus Amerika, und zwar von den *Darden Restaurants*, einer riesigen Kette mit sehr guten Marken, die für hervorragenden Service bekannt sind.

Behandle die Menschen so, als wären sie, was sie sein sollten, und du hilfst ihnen zu werden, was sie sein können.
Johann Wolfgang von Goethe

Sie haben also von Ihrem Bewerber einen guten Eindruck in Sachen Persönlichkeit, das fachliche Profil stimmt, nun geht es um das Verhalten – gelebtes, gezeigtes Verhalten im Berufsalltag wohlgemerkt.

Immer mehr Gastronomiebetriebe nutzen dafür das Casting als Auswahlverfahren. Im *east* Hotel in Hamburg zum Beispiel (www.east-hamburg.de) wurde sogar das Fernsehen auf die Mitarbeitersuche aufmerksam. Die daraus resultierende Sendung trug ihren Teil bei, dass der Betrieb in Hamburg bald in aller Munde war – vor allem im gastronomischen Bereich.

So ein Casting, früher auch Assessment genannt, dient an erster Stelle dazu, Menschen in Aktion zu erleben. Und zwar in Situationen, die möglichst nah an der Realität sind. Beobachtet und ausgewertet werden das Verhalten des

> Nehmen Sie sich für die richtige Wahl Ihrer zukünftigen Mitarbeitern Zeit. Jede Minute, die Sie bei der intensiven Auswahl investieren, kann Ihnen hinterher Stunden an Ärger sparen.

zukünftigen Mitarbeiters allgemein und seine Reaktionen in verschiedenen Alltagssituationen. Zum Beispiel Stressresistenz, Teamverhalten und eine schnelle Auffassungsgabe in Bezug auf die Gesamtsituationen geben in solchen Castings oft den Ausschlag für eine/n bestimmten Bewerber/in.

Was Sie in solchen Auswahlverfahren allerdings selten erfahren: Sind diese Leute in der Lage, auch brav für Mise en Place zu sorgen, Weinkarten immer auf den aktuellen Stand zu bringen oder Salz- und Pfefferstreuer ohne Nachfragen aufzufüllen? Das wird Ihnen erst die tägliche Praxis zeigen, und da haben Sie diesen Menschen schon eingestellt.

Ein weiteres, zusätzliches Selektionsverfahren gibt den Bewerber dann in die Hände seiner zukünftigen Kollegen, zum Beispiel im Zuge einer Hausführung. Meist werden dabei ganz andere Fragen gestellt und oft andere Aussagen gemacht, als in dem Gespräch mit Ihnen. Sie brauchen Ihren Mitarbeiter danach nur zu fragen, ob er denn gerne mit dem Bewerber zusammen arbeiten würde und warum. Wobei Sie nur Männer mit Männern und Frauen mit Frauen zusammen auf den Weg schicken sollten. Denn sonst könnten andere Faktoren, die nichts mit der Eignung für den angebotenen Posten zu tun haben, die Bewertung beeinflussen.

MITARBEITER ALS MIT-UNTERNEHMER

Voraussetzung für Ihren Erfolg ist, dass Ihre Mitarbeiter hinter Ihrem Konzept und Ihrer Vision stehen. Denken Sie daran: Keiner ist gezwungen, für Sie zu arbeiten! Machen Sie deutlich, dass das Unterschreiben des Vertrages nicht die Verpflichtung zum Stundenabarbeiten ist, sondern ein Bekenntnis zu Ihrem Konzept und Ihrer Vision. Ihr Team zieht an einem Strang und verfolgt als Team gemeinsame Ziele. Es liegt an Ihnen, den Enthusiasmus dafür zu vermitteln.

> *Befehle bellen ist out. Neugier, Initiative und Phantasie sind in.*
> Tom Peters

Es gibt unserer Erfahrung nach drei unabdingbare Faktoren, die dazugehören, wenn Sie aus Mitarbeitern Mit-Unternehmer machen wollen: Informationen, Zielvereinbarungen und eine leistungsorientierte Bezahlung.

Informationen weitergeben

Erst wenn Menschen alle Einflussfaktoren kennen, sind sie in der Regel in der Lage, eine Situation zu erfassen. Wer zum Beispiel den Preis von Gläsern, Kaffeelöffeln, Servietten oder Tellern nicht kennt, ist überrascht, warum Sie sich aufregen, wenn etwas zerbricht oder im Müll landet. Und wenn die Mitarbeiter nicht wissen, wie hoch die Personalkosten im Verhältnis zum Umsatz sind, werden alle nur den Kopf schütteln, wenn Sie jemanden früher nach Hause schicken wollen, weil zu wenig Arbeit da ist. Auch die Kosten für Wareneinsatz, Reparaturen und Verbrauchsmaterial sollten kommuniziert werden. Die meisten Mitarbeiter kennen den Supermarktpreis eines Produktes, und sind oft überzeugt, dass Sie sich die Differenz zu Ihrem Endpreis in die Tasche stecken. Erläutern Sie doch einfach einmal eine Monatskalkulation Ihres Betriebs als erhellendes Beispiel. Der Mehrzahl Ihrer Mitarbeiter wird dabei – hoffentlich! – die Augen aufgehen.

Sollten Sie Führungskräfte ein wenig weiter in diese Thematik einarbeiten wollen, können Sie sie auch zu einer Schulung schicken. Zum Beispiel zur Firma Praxisfeld, die eine tolles Seminar mit dem Titel »Vom Mitarbeiter zum Mitunternehmer« anbietet (www.praxisfeld.de).

Ziele vereinbaren

Früher sagten die Menschen, alle Wege führten nach Rom. Damals stimmte das. Heute bin ich mir nicht mehr so sicher, und ich glaube, dass die meisten von uns auch andere Städte schön finden. Also macht es Sinn, den Mitarbeitern aufzuzeigen, wohin die Reise geht oder gehen soll.

Wer seine Mitarbeiter ohne Ziele einfach vor sich hin arbeiten lässt, darf sich nicht wundern, wenn am Ende des Jahres nicht das erreicht wurde, was er als Ziel gesetzt hat. Teamziele müssen gemeinsam definiert werden, denn allein schaffen Sie das nicht. Nutzen Sie ganz bewusst die Energien und Synergien, die in Teams stecken.

Ich bin dazu da, ein Arbeitsklima zu schaffen, in dem die Leute kreativ sein können.
Reinhard Springer

Jeder Mitarbeiter sollte dabei wissen, was von ihm und vom Team erwartet wird, welche Vorgaben erfüllt werden müssen, damit das Gesamtziel des Hauses – das Sie ihm erläutern – erreicht wird. Diese Ziele sollten in einer jährlich stattfindenden Teamsitzung festgelegt werden.

Darüber hinaus gibt es Einzelvereinbarungen mit jedem Mitarbeiter, die Sie zusammen mit ihm in einem Zweiergespräch festlegen.

Sie brauchen Sympathie für die Zielsetzung, von daher lohnt es sich, Zeit zu investieren, um die Mitarbeiter in geplante Ziele einzubetten. Diese Ziele wirken dann wie ein Navigationssystem: »Du kannst dich verfahren, aber

> **Be smart!**
> Damit ein Ziel wirklich erreicht werden kann, sollten Sie es nach der SMART-Methode definieren:
> - **S** steht für spezifisch und sympathisch
> - **M** steht für messbar
> - **A** steht für attraktiv und erreichbar
> - **R** steht für realistisch
> - **T** für terminiert
>
> Die Chance, ein so definiertes Ziel zu erreichen, steigt, wie man in Erhebungen festgestellt hat, um bis zu 200 Prozent. Nähere Informationen finden Sie auf: http://en.wikipedia.org/wiki/SMART

das Ziel wird dich trotzdem dahin bringen, wo du hinwolltest.« Außerdem schweißen die Anstrengungen, das Ziel gemeinsam zu erreichen, ein Team zusammen.

Verlassen Sie sich auf keinen Fall auf eine vage Zustimmung des Mitarbeiters zu Ihren und seinen Zielen. Mit der Feststellung »Es wäre eigentlich ganz gut, mit dem Rauchen aufzuhören« ist zum Beispiel eine Suchtentwöhnung nur selten zum gewünschten Ergebnis gekommen.

Eine Zielvereinbarung im Restaurantbereich könnte also so klingen: »Wir wollen im Monat Dezember (terminiert) die Höhe des Durchschnittsbons (spezifisch) um mindestens fünf Prozent steigern (messbar). Dieses Ziel werden wir über eine optimierte Servicequalität und eine Steigerung der Gastansprache erreichen (sympathisch).Dieses Ergebnis erreichen wir dann, wenn wir zum Beispiel an jedem vierten Tisch ein Dessert, an jedem sechsten Tisch eine Flasche Wein oder an jedem Tisch eine große Flasche Wasser oder zwei Kaffee mehr als bisher verkaufen (erreichbar). Im Monat vorher nutzten wir laut Statistik nur 15 Prozent unserer Chancen im Zusatzverkauf (realistisch).«

Um eine demotivierende Überforderung zu vermeiden, ist es immer wichtig, dass die Ziele im Tätigkeitsbereich der involvierten Mitarbeiter liegen und durch sie wirklich zu erreichen sind. Deshalb ist es klüger, Servicemitarbeiter dazu anzuregen, pro Tag fünf Portionen Kaffee mehr zu verkaufen als zu versuchen, sie für 50 000 Euro mehr Jahresumsatz im Gesamtbetrieb zu begeistern.

Sie werden erleben, dass Mitarbeiter zusätzlich motiviert sind, wenn sie neben ihrem täglichen Einerlei auch für bestimmte Ziele arbeiten. Was zum Beispiel Klaus Kobjoll durch seine klare Zielsetzung im Schindlerhof in Nürnberg-Boxdorf erreicht hat, ist schier unglaublich. »Die Teamleader werden in die jährliche Zielsetzung des Unternehmens mit eingebunden und stecken

Fabios, Wien

Weinengel: Original und Fälschung

Das Original in Las Vegas.
Die Kopie in Singapur.

Aureole, Las Vegas

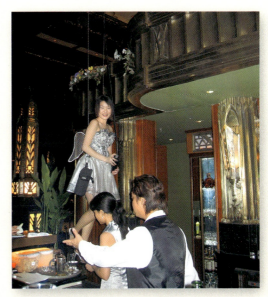

Divine Bar, Singapur

> Unter dem Stichwort »Zielvereinbarung« finden Sie bei www.redmark.de tolle Beispiele für Zielvereinbarungen mit einzelnen Mitarbeitern. Und in dem Buch *Motivaction* von Klaus Kobjoll finden Sie viele Ideen dafür, wie Sie mit Ihrem Team erfolgreich Ziele erreichen können.

die Ziele für ihre Abteilung selber ab. So werden die Ziele zu ihren eigenen und das Erreichen zu einer Herausforderung und nicht zu einem Zwang. Azubis werden zum Beispiel zusätzlich motiviert, indem sie den firmeneigenen BMW Mini fahren dürfen, wenn sie besondere Leistungen liefern.«

Wenn Ziele erreicht wurden, sollten Sie Ihre Mitarbeiter selbstverständlich dafür belohnen. Nicht im negativen Sinne: »Wenn du dies und jenes schaffst, wird schon was für dich dabei herausspringen!«, sondern ganz konkret. Begleiten Sie Ihre Mitarbeiter auf dem Weg zum Erfolg, beglückwünschen Sie sie für Teilerfolge und unterstützen Sie sie bei ihren Bemühungen. Gehen Sie dabei stets mit gutem Beispiel voran. Und wenn das Ziel erreicht ist, machen Sie ein kleines Fest daraus.

Der Film-Oscar in Hollywood ohne die Show drumherum wäre ja auch nur die Hälfte wert, oder? Den Satz »And the winner is ...« kennt doch fast jeder – und wer möchte nicht einmal seinen Namen am Schluss dieses Satzes hören?

Bezahlung an der Leistung orientieren

Motivation kommt nicht von allein. Wir können niemand zwingen, motiviert zu sein. Wir können jedoch helfen, die jeweilige Motivation zu steigern. Und das nicht zu knapp. Hier kann Geld eine Rolle spielen. Geld rangiert in der Motivationshierarchie nach vielen anderen Faktoren wie Respekt, Achtung, Spaß und Sinn von Tätigkeit etwas abseits. Zu Unrecht: Warum sonst glauben Sie, dass sich Menschen morgens aus dem gemütlichen Bett quälen oder sich im Beruf die Nächte um die Ohren schlagen?

> Machen Ihnen Krankmeldungen wirtschaftliche Sorgen? Hier ein kleines Pflaster für Ihre Seele und für Ihre Kasse: Sollten Sie weniger als 30 Mitarbeiter haben, können Sie für kleines Geld einen Deal mit der Krankenkasse machen und bis zu 60 Prozent des Gehalts für kranke Mitarbeiter erstattet bekommen. Genaueres erfahren Sie von den Krankenkassen und zum Beispiel bei www.gesetzeiminternet.de.

Es gab Zeiten, da haben wir jedem Mitarbeiter jeden Monat das gleiche Gehalt gezahlt – ist das noch zeitgemäß? Die Zeiten haben sich geändert – ändern Sie Ihre Gehaltsstruktur, denken Sie über variable Anteile nach. Seit Jahren legt sich die Branche auf das Fixum fest. Inzwischen sind viele Mitarbeiter überzeugt, dass sie den Lohn für ihr bloßes Erscheinen am Arbeitsplatz bekommen. Und wenn sie keine Lust haben, gehen sie zum Arzt. Und Sie zahlen weiter.

Da ist es doch sinnvoller, das Entgelt zu splitten: einen Teil für die Anwesenheit, als Anerkennung fürs Kommen und fürs Eindecken oder Mise-en-Place-Machen, und einen Teil für erbrachte Leistungen wie Servicequalität, Anzahl der bedienten oder bekochten Gäste sowie Zusatzverkäufe.

Konsequent macht das in Europa nach meinem Wissensstand nur *McDonald´s*. Unter anderem deswegen ist dieses Unternehmen vielfach in Verruf gekommen. Viele Kritiker haben darin eine vermeintliche Schwachstelle entdeckt, weil nur der Anwesenheitsanteil des Lohns in der Presse Erwähnung fand. Der variable Anteil ist völlig aus den Augen geraten. Dass bei *McDonald´s* ein Mitarbeiter über 12 Euro pro Stunde verdienen kann, wenn er in allen Arbeitsbereichen 100 Prozent Leistung bringt, wird meist unter den Teppich gekehrt.

> *Nur wer etwas leistet, kann sich etwas leisten.*
> Michail Gorbatschow

Für Sie als Unternehmer ist das Splitting ein guter Weg, um die Motivation der Menschen zu unterstützen. Und eigentlich funktioniert es ganz einfach: Ziele und Leistungskriterien gemeinsam festlegen und dann den Mitarbeiter beim Erreichen der Zielvorgaben loben und belohnen. Du machst was für mich, ich tue was für dich!

So funktioniert das zum Beispiel auch bei *Mongo's*. Dort gibt es einen festen Preis fürs Buffet. Die Mitarbeiter bekommen einen festen Lohnanteil fürs Eindecken, Abräumen, Getränke bringen und Kassieren. Werden allerdings Cocktails, Aperitifs, Weine und Desserts zusätzlich verkauft, dann gibt es dafür richtig gutes Geld. Aber um das zu bekommen, muss der Mitarbeiter auch richtig was tun.

Überlegen Sie, wie Sie das bei Ihnen machen könnten. Gemeinsam mit Ihren Leuten. Es lohnt sich für alle.

GUTE SCHULUNGEN STÜTZEN DEN ERFOLG

Lernst du was, bist du was, ist ein deutsches Sprichwort. Auch in unserer Branche ist das so. Nur wer das Gefühl hat, etwas lernen zu können und zu dürfen, wird sich konsequent einbringen und positiv über seinen Arbeitsplatz reden.

Genauso wird jeder Mitarbeiter, der in eine Überforderungssituation im Umgang mit dem Gast kommt, ein Stück Motivation einbüßen. Auf jeden Fall wird er zunächst sein Engagement vermindern.

Wenn ein Kellner mit der Frage »Sie haben schon gewählt?« zum Gast an den Tisch kommt, erhält er häufig ein Nein als Antwort. Wundern Sie sich nicht, wenn sich dieser Kellner dann mit einem »Komme gleich wieder« entfernt. Ich kann Ihnen bestätigen, dass 95 Prozent des Servicepersonals – wie Mitarbeiter in anderen Branchen auch – Angst vor Fragen haben und deshalb lieber flüchten. Ich kenne wenig Menschen, die sich gern öffentlich blamieren, aber genau das passiert millionenmal in der Dienstleistungsbranche. Der Kellner im Restaurant, der Mitarbeiter im Call Center, der Zugbetreuer in der Bahn – alles Menschen, die am Ende der Servicekette stehen und die oft wenig Kompetenz und noch weniger Wissen vermittelt bekommen haben. Gerade sie sollen doch als direkte Visitenkarte ihrer Unternehmen souverän den Kunden oder Gast verwöhnen. Unfassbar, welche Chancen in diesem Bereich einfach brachliegen gelassen werden!

Ohne Wissen ist alles nichts

Ihre Aufgaben im Bereich der Personalschulung basieren im Wesentlichen auf drei Säulen: der Vermittlung von Können, Wissen und Weisheit.

Das in Ihrem Betrieb gefragte Können vermitteln Sie vom ersten Arbeitstag an durch Erklärung und Kontrolle der Arbeitsabläufe. Dabei gibt es wichtige Kontrollschritte: Stellen Sie einen Einarbeitungsplan zusammen. Prüfen Sie, ob der Mitarbeiter ihn auch durchgeht und versteht. Stellen Sie Fragen: Beherrscht er die Kassen, kennt er die Karte, kann er Teller oder Tablett tragen? Gleichen Sie Defizite durch ständiges Wiederholen und Erklären der Abläufe aus. (Dabei helfen Ihnen die jeweiligen Teamleiter.) Machen Sie Ihre Mitarbeiter fit, bis sie sicher und professionell wirken.

Das Wissen Ihres Personals setzt sich zusammen aus dem, was sie mitbringen, und den Informationen, die sie von Ihnen bekommen.

Stellen Sie Fragen, zum Beispiel beim täglichen Briefing fünf Minuten vor Schichtbeginn mit allen Mitarbeitern, um sie auf das Wichtige, nämlich auf die Gäste, einzustimmen:

- Was bieten wir heute Besonderes an?
- Welche Gäste könnten an diesem Tag kommen, wer hat reserviert?
- Welche Gerichte/Getränke sind vielleicht gerade aus?
- Was ist unser allgemeines Ziel für heute?

Diese Fragen sollte jeder Mitarbeiter problemlos beantworten können, damit er kompetent auftritt und auch kompetent wirkt. Zwar kann nicht jeder die Weinkarte in allen Details kennen, aber jeder sollte alle offenen Weine benennen können, wissen, wozu sie passen und welche Eigenschaften sie haben. Bei Grand-Cru-Fragen kann man getrost auf den Chef oder Sommelier verweisen. Ähnliches gilt zum Beispiel für den Koch am Buffet: Wo kommt das angebotene Rindfleisch her, wo ist Knoblauch drin, was steckt in dieser Suppe? Durch das ständige Abfragen und die Vermittlung von Wissen zwingen Sie alle Mitarbeiter ständig Antworten parat zu haben, die der Gast ihnen abfordern könnte. Dadurch schwindet auch die Angst vor unerwarteten Fragen und der Blamage.

Zu wissen, was man weiß, und zu wissen, was man tut, das ist Wissen.
Konfuzius

Nach dem Wissen kommt die Weisheit, der Überblick: Wie steuere ich die Tischverteilung, wo wird reserviert, wann biete ich was an, woran kann ich erkennen, ob die Bestellung bereits aufgenommen wurde, ob das Tagesangebot schon gemacht wurde. Wie beuge ich Reklamationen vor, wie reagiere ich bei Beschwerden, wie spreche ich eine Empfehlung aus, wie führe ich ein lockeres Gespräch? Wie halte ich stets den so ungeheuer wichtigen Blickkontakt mit allen Gästen?

Auch dieser Überblick und die damit zusammenhängenden Fähigkeiten müssen ständig trainiert werden. Sie sehen also, dass es ohne ein durchgängiges Trainingsprogramm nicht oder nur schlecht geht.

> Wenn Sie Mitarbeiter nicht fordern, gewöhnen sie sich an ein Dasein ohne eigene Anstrengung. Wer dagegen gefordert und gefördert wird, der wächst oft über sich hinaus und hat mehr Spaß an seiner Tätigkeit.

Fähigkeiten trainieren – Wissen vermitteln

Sie haben Listen mit den Fähigkeiten und dem Wissen, dass Sie an den einzelnen Arbeitsplätzen brauchen? Gut. (Wenn nicht, sollten Sie sich schleunigst darüber Gedanken machen – schließlich ist es Ihr Unternehmen, das Geld verliert.)

Die Mitarbeiterschulung in Ihrem Betrieb sollte einem festgelegten Schema folgen. Aus meiner Erfahrung sollte sich Ihr Schulungsprogramm aus folgenden Bestandteilen zusammensetzen, die regelmäßig durchgeführt werden müssen:

- Einarbeiten: die Basis; Pflicht für jeden neuen Mitarbeiter
- Regelmäßige Briefings: vor jeder Schicht – steter Tropfen höhlt den Stein
- Debriefings: Lernen von den »Machern« im Team, ein- bis zweiwöchentlich, je nach Teamgröße
- Trainings: Wissen und Fähigkeiten in Spezialbereichen vermitteln, z. B. Reklamationsbearbeitung; mindestens einmal pro Jahr
- Meetings: Informationen untereinander austauschen;
- Teamgeist fördern: Maßnahmen zur Stärkung des Zusammenhalts; mindestens einmal im Jahr

Das Einarbeitungsprogramm gliedert sich in der Regel in drei Phasen: Die erste Phase dauert dabei zwischen einem Tag und einer Woche und umfasst im Wesentlichen folgende Punkte: Begrüßung im Betrieb, Vorstellen der Mitarbeiter (besonders der Teammitglieder), Hausführung, Einweisung in Servicerichtlinien und speziellen Spielregeln, Erklären der Kasse, Mise en Place und Einweisung in das Angebot.
Die zweite Phase überprüft Verstandenes, festigt vorhandenes Wissen und erläutert noch nicht Verstandenes aus Phase eins.
In der dritten Phase sollte der Mitarbeiter nach den Regeln Ihres Hauses bereits weitgehend selbstständig arbeiten können – sonst sollten Sie zum einen Ihr Einarbeitungsprogramm auf Lücken prüfen und zum anderen eventuell über eine schnelle Trennung nachdenken.
Bei *Outback* (www.outbacksteakhouse.com), einer der erfolgreichsten Steakhaus-Ketten der USA, gibt es zum Beispiel in der Einarbeitungszeit ein sehr ausgeklügeltes Patenschaftssystem, dass sehr erfolgreich ist. Für die einzelnen Phasen sieht das in etwa so aus:

Phase 1 – »Ich bin Jean, das ist unser neuer Mitarbeiter Andreas, er hilft mir heute.«
Phase 2 – »Ich bin Jean, das ist unser neuer Mitarbeiter Andreas, er kümmert sich heute um Sie.«
Phase 3 – »Ich bin Andreas, ich kümmere mich um Sie heute. Weil ich noch neu bin, schaut mir Jean dabei über die Schulter.«
Durch diesen Herangehensweise sind die Gäste informiert, der Neue kommt sich nicht wie das dritte Rad am Wagen vor und jeder hat seine definierte Rolle.

Externe Anbieter von Schulungen

Nachfolgend ein paar wichtige und interessante Adressen, bei denen Sie sich Rat und Hilfe für den Schulungsbereich holen können:
- **www.Promensch.de** mit tollen Kongressen für Gastronomen
- **www.ifh-institut.de** für Verkaufstraining, Führungsseminare und Hoteltrainings
- **www.pencom-deutschland.de** für Service- und Servicemanagement-Trainings
- **www.t--t.de/bar** für geniale Bar-, Service- und Servicemanagement-Trainings
- In Deutschland vermittelt außerdem die DEHOGA-Akademie (**www.dehogabw.de**) Seminare rund um das Gastgewerbe. In Südtirol ist das der Hoteliers- und Gastwirteverband HGV (**www.hgv.it**) und in Österreich die österreichische Hoteliervereinigung OEHV (**www.oehv.at**).
- Bücher zum Thema finden Sie unter: **www.matthaes-shop.de**. Trainingsvideos erhalten Sie bei **www.training-media.de** und bei **www.pencom-deutschland.de** .

Über das Thema Briefing sprechen wir ausführlich im nächsten Kapitel (ab Seite 169). Bei den Debriefings fragen Sie das Team, was optimiert werden könnte. Vorsicht: Ein Debriefing ist keine Meckerstunde! Wer etwas bemängeln will, sollte sich erst dann zu Wort melden, wenn er in der Lage ist, einen Verbesserungsvorschlag für den bemängelten Sachverhalt zu machen.

Fachliche Schulungen sollten Sie intern regelmäßig anbieten. Am besten in einem festen Turnus wie beispielsweise Fachthemen an jedem ersten Donnerstag im Monat, Weiterbildung jeden dritten Donnerstag im Monat. Dann arbeiten Sie nach einem festen Rhythmus, und alle gewöhnen sich dran. Auch Sie.

Damit nicht alles an Ihnen hängen bleibt, können Sie sich selbstverständlich externe Anbieter ins Haus holen. Ab einer bestimmten Betriebsgröße ist das sogar ein Muss.

Begleittöne wie »Ach nein, schon wieder Schulung« kommentieren Sie am besten mit einem wissenden Lächeln, weil Sie sicher sein können, dass später das ganze erfolgreiche Jahr von eben denselben Mitarbeitern idealisiert wird: »Da haben wir richtig viel gelernt, die haben uns ganz schön rangenommen ...«

Schulung

Schulung mit Spaß und nachhaltigem Lerneffekt. Problemlösungen in Teamarbeit erarbeiten und umsetzen – damit geht manches leichter.

PERSONALKOSTEN DURCH ZUSCHÜSSE SENKEN

Es gibt sicher Branchen und Unternehmen, die sind, was die Unterstützung durch die öffentliche Hand, Subventionen und Beihilfen angeht, besser gestellt als andere. Und findige Unternehmer, die jeden Trick kennen, alle Beschlüsse aus Berlin und Brüssel nach Lücken und Möglichkeiten durchforsten und in regem Kontakt mit den Behörden stehen, egal ob auf Kommunal-, Kreis-, Landes- oder Bundesebene.

Auch in unserer Branche gibt es für bestimmte Arbeitnehmergruppen finanzielle Förderungen vom Staat, besonders in der Phase der Existenzgründung. Wussten Sie zum Beispiel, dass Sie bis zu zwei Jahre nach der Existenzgründung Lohnkostenzuschüsse für neue Mitarbeiter beantragen können? Nein? Dann sollten Sie sich einmal gründlich mit diesem Themenbereich beschäftigen, denn da können Sie wirklich viel Geld sparen.

Beteiligung an Ihren Personalkosten können Sie aus verschiedenen Töpfen bekommen. Da gibt es zum Beispiel

- die schon erwähnten Lohnkostenzuschüsse bei Neugründungen,
- Zuschüsse für Mitarbeiter, die aus der Arbeitslosigkeit oder dem Krankenstand in den Berufsalltag zurückkehren (Eingliederungszuschüsse),
- Fördermöglichkeiten für die Einstellung ungelernter Mitarbeiter,
- Zuschüsse für schwerbehinderte Menschen,
- und außerdem Mittel aus dem Europäischen Sozialfond sowie als Beihilfe für bestimmte Auszubildende.

Bei der Agentur für Arbeit gibt es die die Broschüre »Was? Wie viel? Wer?«, in der alle finanziellen Unterstützungsmöglichkeiten sehr übersichtlich erklärt sind. Diese Broschüre können Sie kostenfrei anfordern oder im Internet herunterladen unter www.arbeitsagentur.de.

Eine sehr gute Internetseite für neue Betriebe (vor nicht mehr als zwei Jahren gegründet) zum Thema ist auch www.existenzgruender.de. Suchen Sie unter dem Stichwort »Einstellungszuschuss« – da bekommen Sie die Antworten gleich vom zuständigen Ministerium!

Auch Weiterbildung und Beratungsleistungen werden unter bestimmten Umständen subventioniert. Fragen Sie bei der IHK und bei der BA für Arbeit nach. Es macht etwas Mühe, kann sich jedoch für Sie lohnen.

> Fragen Sie die IHK nach dem Altbewerberprogramm – das sind Auszubildende, die bereits im letzten Jahr vergeblich eine Stelle gesucht haben.

Retter in Notlagen

Was Sie unbedingt haben sollten, ist ein sogenannter Aushilfenpool. Für Menschen, die regelmäßig stundenweise bei Ihnen arbeiten, weil es Spaß macht, weil das Essen schmeckt, weil das Publikum attraktiv ist oder einfach weil es sich lohnt. Es macht natürlich Arbeit, mit vielen Aushilfen zu jonglieren, und auch die Personalverwaltung ist nicht immer ganz leicht. Aber wie schön ist es, in der Not jemanden zu haben, der einspringt und den Abend mit guter Laune und Engagement rettet.

Eine Lösung für die Abrechnungsarbeit gerade der Aushilfen bietet zum Beispiel die Lohn AG (www.lohnag.de). Die Mitarbeiter sind spezialisiert auf unserer Branche, bestens informiert über alle legalen Lücken, Schlupflöcher und Möglichkeiten, aus brutto netto zu machen – und dabei immer hilfsbereit.

Ein paar nützliche Adressen

Informieren über die verschiedenen Angebote sollten Sie sich in jedem Fall. Zum Beispiel gibt es im Internet unter www.bmas.de eine kostenfreie Broschüre zum Thema »Geringfügige Beschäftigung und Beschäftigung in der Gleitzone«. Empfehlenswert sind außerdem die Seiten von www.personaloffice.de.

Unter www.bmas.de können Sie sich zudem kostenlos eine Broschüre bestellen oder herunterladen, die wichtige Informationen enthält: »Arbeitsrecht – Informationen für Arbeitnehmer und Arbeitgeber«.

Eine sehr ausführliche Sammlung an Formularen für das Personalwesen steht kostenpflichtig im Internet unter www.redmark.de zum Herunterladen bereit.

DER GAST IM MITTELPUNKT

Das Einzige, was von allein passiert, ist schlechter Service. Guter Service muss gemanagt werden. Und zwar von Ihnen!

Jim Sullivan

KEIN GUTER SERVICE
OHNE GUTE FÜHRUNG

Die diesem Kapitel vorangestellte Aussage von Jim Sullivan bietet uns einen passenden Einstieg in den Bereich »Führung«. Ich meine damit die operative Führung. Nicht die Philosophie, sondern die Schritte, die in der Praxis dazu führen, dass der Betrieb effizient und zielorientiert/umsatzorientiert arbeitet. Guter Service basiert auf guter Führung. Das hört sich ganz simpel an, bedeutet für Sie allerdings – wie immer bei scheinbar einfachen Dingen – eine hohe Herausforderung bei der Umsetzung.

Willst Du ein Schiff bauen, so rufe nicht Menschen zusammen, um Pläne zu machen, Arbeit zu verteilen, Werkzeuge zu holen und Holz zu schlagen, sondern lehre sie Sehnsucht nach dem großen endlosen Meer.
Antoine de Saint-Exupéry

Der Begriff Führung wurde in den letzten Jahren sehr strapaziert. Beschäftigen wir uns an dieser Stelle noch einmal mit den wichtigen Begriffen, die zu einer guten und effizienten Führungskultur gehören.
Umsetzung auf der Grundlage von zwei Begriffen, die vielen Gastronomen gleich die Haare zu Berge stehen lassen: genaue Ausführung und Disziplin. Wenn Sie mit Ihren Mitarbeitern einen Ablauf besprochen, Standards festgehalten und eine Servicestruktur aufgebaut haben, dann haben Sie das Recht auf Umsetzung – und zwar auf eine Umsetzung eins-zu-eins. Änderungswünsche von Seiten der Mitarbeiter können gern beim nächsten Teammeeting besprochen werden und dort wird auch über das zukünftige Vorgehen entschieden. Bis dahin gelten uneingeschränkt die exakte Ausführung der Vorgaben und Disziplin.
Außerdem gilt es für Sie, Fleiß als Norm in den Betriebsablauf einzubringen: Pünktlichkeit, Ehrlichkeit und Genauigkeit sind für alle Pflicht. Abweichungen sollten zum Beispiel bei einem Debriefing thematisiert werden.

Appellieren Sie auch an den Intellekt Ihrer Leute. Menschen, die intelligent angesprochen werden und deren Intelligenz gefordert wird, sind im Servicebereich effizienter und angenehmer als die Frustrierten. Erwarten und wecken Sie Eigeninitiative. Das ist schwierig, weil bei selbstständigem Handeln Fehler auftreten können. Jedoch gilt: Nur wer etwas tut, macht Fehler. Und wiederum nur der kann aus Fehlern lernen. Für Sie ist das am Anfang eine erhebliche Strapaze. Fehler gehen nämlich auf Ihre Kosten. Verbunden mit einer guten Fehlerkultur bietet sich dennoch ein wertvolles Lernfeld. Und wenn dieses gut genutzt wird, könnte es Ihnen ermöglichen, nicht sieben Tage die Woche jeweils bis zum Betriebsschluss da sein zu müssen. Weil dann Ihre Mitarbeiter über den Tellerrand schauen und auch in der Lage sind, Initiative in Ihrem Sinn zu ergreifen.

Dann kann sich auch bei Ihren Mitarbeitern Leidenschaft für den gewählten Beruf entwickeln. Ich meine gelebte Leidenschaft, nicht verkappte Liebe. Daraus kann eine starke Unternehmenskultur wachsen, Glaubwürdigkeit wird spürbar, und die Kraft der eigenen Stärke hilft, neue Grenzen der Leistungsfähigkeit abzustecken.

Wo das alles vorhanden ist, können sich Stil, Stolz und Seele entfalten. Begriffe, die sehr gut zur Gastronomie passen, zur erfolgreichen Gastronomie wohlgemerkt. Der Betrieb und die Mitarbeiter sind stilsicher und stilvoll, stolz auf ihr Tun, und Gäste sprechen von einem Betrieb, der Seele hat. Voraussetzung ist, dass Sie die Werte vorleben: Ethik, Kraft, überlegene Ruhe, Durchhaltevermögen, Klarheit, Konsequenz, Wille, konzeptionelle Stärke werden Ihnen abverlangt. Anerkennung und Lob fürs Team, wenn alles klappt, sollte für Sie selbstverständlich sein. Und denken Sie daran: Gewinner feiern bereits, wenn Verlierer noch Krisensitzungen abhalten.

Freude an der Arbeit lässt das Werk trefflich geraten.
Aristoteles

Der Chef als »Motor« des Unternehmens

Beherzigen Sie stets: Sie sind als Chef nie neutraler Beobachter. Entweder Sie bringen Energie ins System oder Sie kosten Energie. Geben Sie viel, erwarten Sie viel, belohnen Sie diejenigen, die mitmachen – und motivieren Sie Mitarbeiter, die ein wenig abseits stehen.

Es gibt sechs einfache Regeln, mit denen Sie mehr Energie ins System bringen und hohe Standards halten können:
- Der beste Mitarbeiter setzt den Standard in Ihrem Team.
- Wählen Sie Ihre Mitarbeiter sorgfältig aus, und behalten Sie nur die Besten, auch wenn es etwas mehr kostet.
- Lassen Sie nie gute Leistungen unbeachtet, loben Sie oft.
- Setzen Sie bei jeder Schicht Ziele, und zeigen Sie auf, wie sie erreichbar sind.
- Versuchen Sie jeden Tag, neue Ideen einzubringen.
- Laden Sie vor jeder Schicht durch Ihr Vorbild, mit Motivation und einem guten Briefing die »Batterien« Ihres Teams auf.

> Schreiben Sie sich's hinter Ihre Unternehmerohren: Ihr Betrieb steht und fällt mit Ihnen. Sie sind der Motor, Ihre Energie ist der Treibstoff.

Service – Den Job lieben

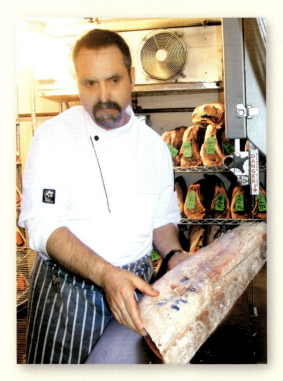

KONZENTRATION AUF DAS WESENTLICHE

Verkauf und Service gehen ihren gemeinsamen Weg Hand in Hand. Denn was bringen uns die besten Verkaufsstrategien, wenn der Service einen miserablen Ruf hat?

> Konzentrieren Sie sich auf das Wesentliche. Reduzieren Sie überflüssige Serviceleistungen, um die Gesamtqualität zu steigern.

Was das in der Praxis heißen kann, sehen Sie zum Beispiel an der *Novotel*-Kette. Sie hat im Tagungsbereich als Erste eingeführt, dass die Getränkeflaschen auf den Tischen stehen und nicht jeder Tagungsgast in einer endlosen Prozedur nach seinem individuellen Getränkewunsch gefragt wurde. Für uns ist diese Vorgehensweise heutzutage eine Selbstverständlichkeit, damals war es eine kleine Revolution.

Viel mehr beeindrucken uns auf den ersten Blick Servicedienstleistungen, die eine absolute Novität darstellen und gleichzeitig modern und zukunftsträchtig wirken. Im *'s Baggers* in Nürnberg zum Beispiel schweben die Speisen über ein Schienensystem zu dem Tisch, an dem der Gast zuvor per Touchscreen bestellt hat. Die Mitarbeiter haben so mehr Zeit sich dem Gast und seinen individuellen Wünschen zu widmen.

> *Gedient wird heutzutage nur in der Kaserne. In der Gastronomie geht es um Love Affairs.*
> Hans-Jürgen Hartauer, Bartrainer

Auch das bereits zitierte *Vapiano* hat seinen Service auf das Minimum reduziert, bietet dem Gast jedoch als eine Art Gegenleistung den Effekt, bei der frischen Zubereitung der Speisen zuzugucken.

Servicekultur als Verkaufsstrategie

Wie auch immer Ihre Serviceleistungen aussehen, der Weg zum Reichtum in der Gastronomie führt direkt über die Servicekultur, daher empfehlen wir als sinnvolle Ergänzung der Verkaufsstrategie: Erarbeiten Sie zusammen mit Ihren Mitarbeitern eine Art Leitfaden für »kundenzentrierten Service«. Lassen Sie sich von dieser Bezeichnung nicht abschrecken, denn die Umsetzung ist einfacher als Sie vermuten.

Maßgebend für Ihren Serviceleitfaden (der natürlich Bestandteil Ihres Manuals ist; siehe Seite 264 ff.) sind die Schlussfolgerungen aus den Antworten auf folgende Fragen:

- Was wollen Ihre Gäste, warum kommen sie zu Ihnen? Was sind die Basics, was wird von Ihnen als selbstverständlich vorausgesetzt? Was muss unbedingt geboten werden, um ein Abwandern der Gäste zu vermeiden?

> Consistency sells! Sie müssen die Grunderwartungen Ihrer Gäste kennen und erfüllen.

- Wie einfallsreich sind Sie? Wie können Sie und Ihre Mitarbeiter überraschen, erfreuen, begeistern? Womit, wann, wie und in welchem Umfeld schaffen Sie es, immer wieder anziehend zu sein?

> Surprise sells! Übertreffen Sie die Erwartungen Ihrer Gäste.

- Haben Sie und Ihr Serviceteam Zugang zur Mentalität Ihrer Gäste, sind Sie mit ihren Gefühlen, Eigenheiten und Empfindungen vertraut? Wenn ja, beherrschen Ihre Mitarbeiter das Wechselspiel zwischen Nähe und verständnisvoller Distanz?

> Emotion sells! Gefühle helfen Ihnen beim Verkaufen – vor allem natürlich positive.

- Wie machen Sie den Unterschied zwischen reinem Service und alles umfassender Gastlichkeit deutlich? Wann, wie und wodurch schaffen Sie es, Ihre Gäste intelligenter, schöner oder witziger wirken zu lassen? Bieten Sie das Ambiente, haben Sie die Accessoires, die Beleuchtung?

> Happiness sells! Die Stimmung in Ihrem Lokal muss gut sein – bei den Gästen um beim Personal.

- An welchen unliebsamen Kleinigkeiten scheitert manchmal der Service? Lassen sich Sie und die Mitarbeiter zu sehr von eher Umwichtigem ablenken? Sind Sie in der Lage, das große Ganze zu sehen und gleichzeitig an den Kleinigkeiten zu arbeiten? Stellen Sie und Ihr Team sich jeden Tag die Frage: Welche Sache hätten wir heute besser machen können?

> Love (to details) sells! Denken Sie immer an die Kleinigkeiten, sie können entscheidend sein.

- Wie steht es mit der eigenen Gestik, die der Gäste und mit der Körpersprache der Mitarbeiter? Sind Sie und das Serviceteam freundlich, höflich, verbindlich? Sind Sie schwammig im Auftreten oder gelegentlich arrogant? Müssen bei Ihnen noch da und dort einige Ecken und Kanten abgeschliffen werden, ohne das Profil zu verwässern?

> Personality sells! Gäste schätzen einen reibungslosen, überzeugenden, souverän-liebenswerten Service und keinen glatten und unverbindlichen Grüß-August.

Notwendige Briefings

Wenn wir immer wieder auf die Notwendigkeit regelmäßiger Briefings hinweisen, dann hat das mit unserer Erfahrung zu tun, dass jedes nicht abgehaltene Briefing die Ziele verwässert und sowohl Servicequalität als auch Umsatz beeinträchtigt.

Ein Briefing ist das preiswerteste interne Schulungs- und Führungsinstrument, das Ihnen zur Verfügung steht. Es erstaunt, welche Ausreden vorgeschoben werden, es nicht zu machen. Die einen haben angeblich keine Zeit, anderen ist es zu kompliziert, wieder andere bringen ihre Mitarbeiter nicht auf die Reihe. Bedenken Sie: Diejenigen, die mit tausend Ausreden das Briefing umgehen, müssen – jeder für sich – entscheiden, ob sie sich diese Haltung im harten Überlebenskampf leisten können.

Wenn Sie so viel Umsatz und Gewinn machen, das Sie nicht mehr wissen, wohin mit dem Geld, dann gratulieren wir Ihnen und bitten Sie, uns Ihr Zauberrezept zu schicken, damit wir es auf unserer Homepage www.reich-in-der-gastronomie.de veröffentlichen können. Für alle anderen gibt es keine Alternative für einen schnellen und beständigen Erfolg.

Ein paar gute Gründe für tägliche Briefings: Ohne gemeinsamen Fokus auf Ziele und Notwendigkeiten wird jeder Mitarbeiter für sich entscheiden, was

> Es ist wichtig, täglich das gesamte Team auf das eine Ziel einzuschwören, Gäste zu Stammgästen zu machen.

heute wichtig ist und was nicht. Mitarbeiter sind jedoch nicht Inhaber oder Manager. Ihre Prioritäten liegen oft nicht dort, wo wir sie sehen: Sie haben den Kopf voll mit Ärger wegen des Autos, mit Sorgen um die Finanzierung der Eigentumswohnung oder Krach mit dem Partner. Wenn Sie ihm/ihr jetzt helfen, den Blick wieder auf den Betrieb und auf Gäste zu lenken, helfen Sie sich und Ihrem Lokal. Tun Sie es nicht, geht's ans Betriebsergebnis und an Ihr Geld. Briefings sind eine ausgezeichnete Gelegenheit, rechtzeitig mögliche Schwachstellen aufzuspüren.

Wichtige Rollenspiele

Viele Branchen bieten für Übungszwecke preiswerte Schulungen an, Gastronomen neigen leider dazu, am Objekt – dem Gast – zu üben. Das geht so: Neuer Mitarbeiter, wenig Ahnung, er geht gleich in die Station.

Er (und auch manche altgediente Kollegen) empfinden ein Rollenspiel beinahe als Beleidigung. Das wäre nicht real, wird behauptet, denn in der Praxis verhielte sich alles anders. Eine Flut an Ausflüchten schwappt über Sie herein, wenn Sie diese Trainingsform anbieten. Lassen Sie sich nicht beirren. Alle Schauspieler, auch Weltstars, üben ihre Rollen bis zur Generalprobe. Warum dann nicht Servicemitarbeiter?

Und wenn schon nicht im Seminar bei Experten, dann sollte das wenigstens beim internen Briefing geschehen: den gastronomischen Text üben. Lernen, wie mit den beruflichen Requisiten umgegangen werden soll, die Servicerolle verinnerlichen – das alles lässt eben sich besser bei Proben machen. Ihre Gäste werden es Ihnen danken!

Das Briefing sollte auch im betriebswirtschaftlichen Sinn die tägliche Probe sein, bei der Sie und Ihre Mitarbeiter den Unternehmenstext üben, die Worte schon einmal aussprechen und sich über die Art, die Dinge richtig zu tun, austauschen.

Ein auf Dauer erfolgreiches Briefing unterliegt im Wesentlichen fünf Regeln:

- Jedes Briefing muss im Einklang mit den großen Zielen und der Strategie des Betriebs sein. Die Serviceschicht ist die Einheit Ihres Unternehmens mit dem intensivsten Kundenkontakt, und nur mit ihr werden Ziele und Strategie umgesetzt und erreicht.

> Beständigkeit im Service und in der Küche sind der Schlüssel zum Aufbau von Stammgästen. Und Training ist die Basis für Beständigkeit.

- Jedes Briefing sollte nur ein Thema haben. Verwirren Sie Ihre Mitarbeiter nicht. Es geht um die Fokussierung auf eine Sache, und die sollte konsequent und gut umgesetzt werden.
- Ein Briefing sollte Ihre Mitarbeiter immer aufbauen, legen Sie ein Briefing deshalb stets an den Beginn der Schicht. Sollten etwas Unangenehmes anstehen, regeln Sie das besser nach Schichtende. Mitarbeiter können unzufrieden nach Hause gehen, sollten aber nie frustriert zum Gast geschickt werden.
- Auch für Briefings gilt: Keep it short and simple. Kurz, einfach, prägnant und aufbauend sind die Qualitäten eines guten Briefing.
- Halten Sie keine Monologe, bevorzugen Sie den Dialog mit den Mitarbeitern. Stellen Sie Fragen, hören Sie zu, denn jeder Beitrag, der ausbleibt oder abgewürgt wird, kann eine wertvolle Anregung sein. Außerdem fördern Sie die Sprechkultur. Sie brauchen ausdrucksstarke Mitarbeiter, denen die passenden Empfehlungen für Gerichte und Getränke förmlich von den Lippen fließen.
- Wiederholen Sie wichtige Themen ruhig in regelmäßigen Abständen.

DIE SERVICEQUALITÄT STEIGERN

Guter Service bedeutet, der Gast fühlt sich wohl. Wenn Sie nun die Qualität Ihres Services steigern wollen, müssen Sie den Servicemitarbeitern das notwendige Wissen dafür an die Hand geben, dass diese genau für dieses Wohlgefühl sorgen können.
Am Wichtigsten ist der erste Moment der Kontaktaufnahme, der muss positiv verlaufen, sonst ist alles andere Bemühen umsonst. Sorgen Sie also dafür, dass Ihr Personal die fünf »goldenen« Regeln der Kontaktaufnahme kennt, umsetzen kann und möglichst immer einhält:

> Schau mich an, hör mir zu, sprich mit mir, benutze magische Worte wie danke, bitte, gerne, und lächle mir zu.

Wenn Sie das schaffen, haben Sie schon viel gewonnen. Auch hier gilt: Steter Tropfen höhlt den Stein. Regelmäßige Wiederholung festigt die Sicherheit der Mitarbeiter. Außerdem muss das Servicepersonal wissen: Wie spreche ich Gäste an, welche Wortwahl benutze ich, wie wirken Smalltalk und Komplimente (sprich über Kleidung, Haarschnitte, Sport, Hobby, Kinder, aber nie über Religion und Politik)? Betone die gelungene Auswahl der Kunden, freue dich über deren guten Geschmack, teile ihnen mit, wie schön es für dich als Profi ist, Gäste zu haben, die unsere Leistung würdigen können.

Wer etwas verkaufen will, muss die Sprache beherrschen. Aber wer etwas kaufen will, den versteht jedermann.
Gabriel Garçia Márquez

Solche Dinge sollten im Rollenspiel eingeübt werden, genauso wie die Sicherheit im Umgang mit Gästen. Diese Sicherheit kommt daher, dass jedes Mitglied des Serviceteams weiß, woher die Produkte kommen, wie sie zubereitet und serviert werden und was dazu passt – das sind Eigenschaften, die jeder Mitarbeiter nach zwei Wochen im Betrieb wirklich zu jedem Produkt aus der Speisekarte parat haben sollte.

Zu jedem Gericht gehört natürlich die passende Weinempfehlung: Nach vier Woche sollte die Cocktail- und Weinkarte zumindest in Ansätzen bekannt sein, die offenen Weine und ihre Charakteristika zu kennen, ist allerdings ein Muss!

Nach drei Monaten kennt ein versierter Teamplayer alle Karten. Produktkompetenz ist also Sache des Servicemitarbeiters. Der sollte sich aber auch darauf verlassen können, dass die Leistungen von Bar und Küche beständig auf hohem Niveau sind – das, was er serviert, muss einfach in Ordnung sein. Und bei Problemen sollten Sie und jede Führungskraft hinter ihm stehen und erst einmal Fragen stellen und die Antworten abwarten, bevor Sie den Mitarbeiter mit Vorwürfen überschütten.

Produktkompetenz fördern

Es ist für Sie oder Ihre Führungskraft relativ einfach, das wachsende Wissen der Servicemitarbeiter im Briefing mittels eines Frage- und Antwortspiels zu fördern und gleichzeitig zu überprüfen.

Sie als Briefingleiter geben eine Produktgattung vor, und die Mitarbeiter nennen jeweils ein passendes Produkt aus der Karte. Zum Beispiel sagen Sie Kaffee, mögliche Antworten sind: Espresso, Latte, Cappuccino usw. Sie sagen Kuchen, mögliche Antworten sind: Erdbeersahne, Käsesahne, Apfelkuchen usw. Sie sagen Rotwein, mögliche Antworten sind: Merlot, Chianti, Côte du Rhone usw. Auf diese Art und Weise prägt sich die Karte samt Gliederung und einzelnen Produkten gut bei Ihren Mitarbeitern ein.

Als Steigerung der Produktabfrage heben Sie ein Produkt aus der Karte hervor, und jeder Mitarbeiter muss einen Beitrag zu Eigenschaften und Ein-

> Achten Sie bei den Fragen darauf, dass wirklich jeder Mitarbeiter einmal antworten muss, auch erfahrene Kräfte. So fühlt sich keiner gemaßregelt und die Neuen profitieren vom Wissen der »alten Hasen«.

satzmöglichkeiten leisten. Also, Sie fragen: »Entrecote?« Der Mitarbeiter antwortet zum Beispiel: »250 Gramm, Angus Beef, Beilage Röstkartoffeln, Salat, kann englisch, medium oder well done bestellt werden, der Chianti Riserva passt toll dazu.«

Das Service-Drehbuch

Wenn die Mitarbeiter kompetent sind, selbstsicher auftreten und die Produkte verkaufen können, kommt als letzter Schritt die Entwicklung eines Service-Drehbuchs. Sie werden sehen, solche Drehbücher sind nicht vergleichbar mit einem herkömmlichen Service Manual!
Nehmen wir als Beispiel das Service-Drehbuch des Restaurants *Brenner* in München. Wir entwickelten es, um die verschiedenen Schritte im Service zu verknüpfen und für die Mitarbeiter umsetzbar zu machen.

> Service-Drehbücher, die anfangs vom Regisseur streng durchgesetzt werden, führen meist sehr schnell zum routinierten Einhalten von Abläufen und werden von Ihren Mitarbeitern gern angenommen, da sie den Kopf für das wirklich Wichtige in einem Restaurant frei machen: Für Improvisationen im Kontakt mit den Gästen.

Für neue Mitarbeiter ist das Service-Drehbuch ein Geschenk des Himmels. Endlich ein Betrieb, in dem exakte Abläufe festgelegt werden, die auch noch schnell erlernbar sind! So geht die Einarbeitung rasch, und es ist sichergestellt, das jeder Neue auf den gleichen Wissensstand gebracht wird.

Aus dem Service-Drehbuch des *Brenner* in München

Level 1: Der Tisch

Der Tisch ist eingedeckt, ehe der Gast sich setzt: Aschenbecher, Salz, Öl, Pfeffermühle auf großen Tischen. Die Menagen werden nach der Größe ansteigend in der Mitte des Tisches ausgerichtet.
An jedem Platz ist eine Stoffserviette mit Besteck (Messer und Gabel) eingedeckt. Das Wasserglas steht über der Serviette.

Level 2: Platzieren

Der Gast wird von der Hostess zum Platz geleitet. Speise- und Weinkarte werden gereicht.

Level 3: Begrüßung, Brot, Special ankündigen

1. Jeder Gast wird freundlich begrüßt (spätestens 1 Minute nachdem er Platz genommen hat).
2. Brot einstellen.
3. Hinweis auf das Tagesspecial.
4. Aperitifs anbieten.
   Wichtig: Immer eine Auswahl anbieten. Wenn der Gast keinen Aperitif wünscht, Wasser anbieten.

ERFOLGREICH VERKAUFEN

Als erfolgreicher Gastronom machen Sie Gewinn. Denn wenn Sie keinen Gewinn machen, sind Sie bald pleite. Sollten Sie also bei einem kritischen Blick auf die Umsatzzahlen feststellen, dass das Verhältnis von Kosten zu Umsatz verbesserungswürdig wäre – und das ist es fast immer! – haben Sie genau vier Möglichkeiten, an diesem Verhältnis etwas zu ändern:

- Sie steigern die Höhe des Durchschnittsbons.
- Sie erhöhen die Gästefrequenz durch besseren Service, weniger Fluktuation und mehr Marketing. Sie sprechen neue Zielgruppen an.
- Sie erhöhen die Preise.
- Sie reduzieren Ihre Kosten

Der sinnvollste und am wenigsten zweischneidige Weg ist sicher die Umsatzsteigerung – entweder durch mehr Durchschnittsumsatz pro Gast, durch mehr Gäste oder (noch besser!) durch beides. Sehen wir uns dazu einmal an, was ein Gast mehr oder weniger bzw. ein Euro mehr oder weniger auf dem Durchschnittsbon für die Umsatzbilanz eines Monats bedeutet:

Anzahl der Gäste/ Monat	Durchschnittsbon pro Gast	Umsatz pro Monat
3000	€ 15,–	€ 45 000,–
3000	€ 14,–	€ 42 000,– Ein Minus von € 3000,– im Monat macht € 36 000,– Verlust im Jahr!
2970	€ 15,–	€ 44 550,– Ein Minus von € 450,– im Monat macht € 5400,– Verlust im Jahr!
2970	€ 14,–	€ 41 580,– Ein Minus von € 3420,– im Monat macht € 41 040,– Verlust im Jahr.

> Sie büßen fast einen ganzen Monatsumsatz im Jahr ein, wenn Sie pro Tag nur einen einzigen Gast weniger haben und Ihr Durchschnittbon um nur einen Euro sinkt.

Die Schlussfolgerung daraus: Achten Sie genau auf Ihre Gästezahlen und den Durchschnittsumsatz! Da Gäste in der Regel nicht allein kommen, werden Sie in der Wirklichkeit sogar eher mit zwei Ausfällen pro Tag kalkulieren müssen. Weniger Gäste zwingen als Ausgleich zu mehr Umsatz bei den anderen. Die Leute in dieser Lage übers Ohr zu hauen wäre allerdings tödlich.

Im Dienstleistungsgewerbe das dicke Geld zu machen ist nicht sehr schwierig. Zuerst muss man lernen, Geld schneller zu verdienen, als es auszugeben. Von da an ist es einfach.
George Mannion

Machen Sie Ihren Mitarbeitern den Umsatz pro Gast transparent. Messen Sie Ihre Mitarbeiter an ihren Umsatzzahlen. Es sind die einzigen vergleichbaren Kennzahl in Bezug auf die Leistung der Servicemitarbeiter, die Ihnen Ihr Betrieb liefert. Damit können Sie Vollzeit- und Teilzeitkräfte, Mitarbeiter von Station eins mit Station fünf vergleichen, Frühdienst mit Frühdienst, Spätdienst mit Spätdienst. Ein Teil der Leistungsprämie könnte an diese Kennziffer gebunden werden – dann spürt der Mitarbeiter den Mehrumsatz im eigenen Geldbeutel. Das motiviert!

Umsätze steigern

Ziel eines erfolgreichen Gastronomen ist also die Umsatzsteigerung. Es gibt eine Reihe sehr effiziente Möglichkeiten, die Sie dazu einsetzen können:

- Schulen Sie Ihre Mitarbeiter, wie sie mehr umsatzfördernden Kontakt zu den Gästen aufbauen. Sie selbst müssen dabei ein lebendiges Beispiel, Meister des Small Talks, des Erkennens, des Würdigens und der Komplimente sein. Flirten Sie, begrüßen Sie die Gäste mit Namen (ein Schlüsselgebot!), geben Sie Ihren Kunden immer das Gefühl, bei Ihnen richtig und wichtig zu sein.
- Wenn Sie oder Ihr Personal mehrere Bestellungen gleichzeitig aufnehmen müssen, beginnen Sie stets mit bekannten Gästen, weil diese in der Regel schneller bestellen – sie kennen die Karte bereits! Anschließend haben Sie mehr Zeit für die Beratung und Einbindung neuer, »unerfahrener« Gäste. Das ist wichtig, denn der erste Eindruck entscheidet immer darüber, ob die Neuen zu Stammgästen werden oder nie wiederkommen.
- Nutzen Sie Redewendungen wie »Kennen Sie schon …, haben Sie schon … probiert?« Die meisten Gäste wollen kulinarisch Neues erleben und lassen sich häufig von Ihrer geschickten Empfehlung leiten.
- Nutzen Sie die Körpersprache, verstärken Sie das »Pencom Nod«. Das heißt, nicken Sie bei Ihren Empfehlungen langsam und positiv, suchen Sie unaufgeregt den Augenkontakt zu allen am Tisch. Es fördert verblüffend oft die Bereitschaft, Angebote »außer der Reihe« zu ordern: »Für Sie auch ein Glas Champagner vorweg?«

- Sprechen Sie vor jeder Schicht, am besten während Ihres Briefings, aktuelle Service- und Verkaufsthemen an. Denn nicht Ihr Mitarbeiter ist schuld daran, dass er wenig verkauft, sondern Sie, weil Sie das dulden! Dieser Satz meines Fachkollegen Hans-Jürgen Hartauer entspricht nur zu oft der Realität im Gastgewerbe.
- Bieten Sie immer Premiumprodukte an, nur das Beste ist gut genug für Ihre Gäste – und es verkauft sich auch besser.

Dreh- und Angelpunkt für die Umsatzsteigerung sind also wieder Ihre Mitarbeiter. Wie können Sie mit ihnen zusammen umsetzbare Ziele erarbeiten, die zu mehr Verkauf und zu einem besseren Serviceerlebnis des Gastes führen? Zur Beantwortung der Frage ist wichtig zu verstehen, dass die Gewinn- und Verlustrechnung eines Jahres nur die Vergangenheit Ihres Betriebs widerspiegelt. Dort können Sie lediglich feststellen, dass Sie entweder brillant waren oder dass es noch viel Potential zu fördern und gewinnbringend zu nutzen gilt. In der Regel wird wohl eher das Letztere zutreffen. Konzentrieren Sie sich also auf die Zukunft, und sehen Sie, was Sie ändern können.

Viele Gäste würden bei einem aufmerksamen Service, der mit Fingerspitzengefühl auf sie eingeht, gern zusätzliches Geld ausgeben. Ein Bierchen mehr oder ein kleines Dessert, ein Kännchen Kaffee statt der Tasse und vielleicht ein Cognac wären bei geschicktem Nachfragen bestimmt drin gewesen. Schade, Chancen verpasst. Zeigen Sie Ihren Servicemitarbeitern, wie sie das Nachfragen sinnvoll und effektiv anpacken können!

Vereinbaren Sie deswegen neben den Jahreszielen unbedingt Tagesziele mit dem Service. Denn mit klaren Vorgaben für die Schicht kann sich ein Mitarbeiter wesentlich besser identifizieren als mit einer Zahl, die ein Vielfaches seines Jahreseinkommens beträgt. Mehreinnahmen sind in der Regel nur mit zusätzlichen Kaffees, Desserts oder Weingläsern zu verwirklichen. Und das Messinstrument für Sie ist der Durchschnittsbon. Also ran an die Schichtziele!

Was der Kunde wirklich will, sind drei Dinge: erstens Service, zweitens Service und drittens Service.
Anonym

Besprechen Sie die Tagesziele bei jedem Briefing, vor jeder Schicht, immer wieder.

Einmal ist keinmal, sagte Alexander Muncke, der die Gastronomie gut kennt. Er vergleicht treffend einen Bibelspruch mit einem Restaurant. In der Bibel, so Muncke, heißt es: »Herr, verzeihe ihnen, sie wissen nicht, was sie tun.« Im Restaurant heißt es: »Herr, verzeihe ihnen, sie tun nicht, was sie wissen.«

> Die Schicht ist das Feld, auf dem das Geld verdient wird, aber auch ganz schnell verloren werden kann.

Produkte »an den Gast« bringen

Um verkaufen zu können, ist es für jeden Mitarbeiter notwendig, daran zu glauben, dass jemand auch kaufen will. Wir sind in unserer Branche in der glücklichen Lage, dass alle Menschen, die zu uns kommen, kaufen wollen und dafür das Geld in der Tasche haben.

> Keiner kommt, nur um zu schauen, anzuprobieren und unverbindlich durchzuwandern wie im Kaufhaus. Zu uns kommen die Menschen mit dem festen Vorsatz zu kaufen.

Damit das richtig klappt, brauchen Sie und Ihre Mitarbeiter die richtigen Worte: Gastlichkeit bedeutet betreuen und überzeugen. Niemand kauft als Gast einen nicht angemachten Salat und noch weniger welke Blätter. Die Aufmachung ist ein schlagkräftiges Argument: Ein frischer, fantasievoll garnierter, knackiger Gartensalat mit Rucoladressing wird manchen begeistern.

Beschreiben Sie also in anschaulichen Bildern Ihre Angebote, vermitteln Sie dem Gast bei Ihren Empfehlungen eine positive Vorstellung von dem, was ihn erwartet. Dann ernten Sie vielleicht auch bald solche Lobeshymnen von Ihren Gästen: »Als ich meine Schicht begann, sah ich, wie Chef Paul einen ganz frischen, mageren Lachs filetierte und die einzelnen Filets in Olivenöl mit Oregano einlegte. Diese wurden bei Bestellung ganz behutsam auf der Tepanyaki-Platte auf der Haut gegrillt, mit Zitrone und Thymian beträufelt und mit frischem Brokkoli und diesen besonderen La-Ratte-Kartoffeln serviert. Ein Gedicht!« Auch hier sehen Sie wieder: Gute Vorbereitung ist die Basis für die Überzeugungsarbeit am Tisch.

Bieten Sie dem Gast immer eine Auswahl an. Fragen Sie nie: »Möchten Sie einen Digestif?« Die meisten Gäste werden Nein zu einer derartigen Offerte sagen. Bei der Frage dagegen, ob es zum Abschluss eines Mahls lieber ein zehnjähriger Armagnac oder eher ein leichter Chianti Grappa sein soll, lässt sich mancher Gast verführen. Und die Frage »Einen Kaffee?« klingt nie so nett wie »Für Sie lieber einen Espresso oder einen Cappuccino?« Verführen Sie den Gast: »Wasser mit oder ohne Kohlensäure?« – »Espresso doppelt oder einfach?« Das sind hervorragende Chancen, mit gezieltem Service den Gast ans Haus zu binden und den Umsatz zu fördern.

Menschen konsumieren vor allem mit den Augen. Nutzen Sie das, um Appetit zu wecken. Einen Louis-XIII-Cognac zu verkaufen, ohne die Flasche zu zeigen, ist bei einem Preis von um die 65 Euro für zwei Zentiliter nicht leicht. Die präsentierte staubige Flasche und dazu die passende Geschichte wirken jedoch Wunder. Denn viele Gäste sind bereit, Geld für Außergewöhnliches auszugeben, wenn das Ambiente stimmt. Und im Normalfall ist die Frage nach einem weiteren Glas Wein schwerer zu verneinen, wenn die Flasche schon auf dem Tisch steht.

Darüber hinaus sollten Sie das Gesetz des Ersten und des Letzten nutzen: Menschen erinnern sich bei Aufzählungen nicht so sehr an den Mittelteil, sondern eher an den Beginn und an das Ende. Wenn Sie zum Beispiel vorweg einen Veneto Spritzer, einen Martini, ein Glas Weißwein oder ein Glas Champagner in dieser Reihenfolge anbieten, haben Sie den Gast eher verwirrt als in seiner Auswahl unterstützt. Ordnen Sie die Reihe also nach Umsatzchancen, versuchen Sie folgendes: »Vorweg vielleicht ein Glas Champagner oder lieber einen Veneto Spritzer oder einen Martini? Als offenen Champagner bieten wir heute einen ganz besonderen Nicolas Feuillate Cuvée 225. Sehr leicht, sehr mild, fast nur Weißweine in der Cuvée.« So steigt die Wahrscheinlichkeit des Champagnerverkaufs.

> *Die Freude an einem Produkt hört dann auf, wenn man zu lange darauf warten muss.*
> Eberhard von Kuenheim

Und wenn Gäste Wasser, Bier, Radler oder Apfelsaftschorle ordern, dann sollten Sie sofort mit dem Wort »groß« und mit folgender Geste reagieren: linke Hand unten vorm Bauch, rechte Hand genau darüber, Handballen zeigen zueinander und gehen dann auseinander, um reichliche Größe zu symbolisieren. Sie können ziemlich sicher sein, dass dann auch »groß« bestellt wird. Probieren Sie es. Es funktioniert.

Sprechen Sie, wenn Ihre Gäste nach Empfehlungen fragen, von dem, was Ihre Gäste gern essen (»Dieses Gericht wird gern genommen, einer unserer Renner ist das gegrillte Entrecote mit frischen Marksalaten, sehr beliebt ist auch unsere Kartoffelsuppe mit Trüffelöl«) oder sogar von dem, was Sie selbst bevorzugen: »Mein Liebling auf der Speisekarte ist zur Zeit der Rinderbraten mit Gartengemüsen und Röstkartoffeln.« Gäste mögen Mitarbeiter, die sich persönlich einbringen und für etwas einstehen. Und sie akzeptieren gern Produkte, die von solchen Mitarbeiter empfohlen werden.

Pfiffige Ideen dagegen helfen weiter und steigern den Umsatz, wenn die Gäste zögern. Zum Beispiel werden im *Schwan* in Metzingen den Gästen, die sich zu keinem Dessert entschließen können und sich mit Kaffee begnügen wollen, hübsch aufgemachte Probierportionen Tiramisu in kleinen Gläsern für zwei Euro angeboten. Es zeigt sich: Menschen tun sich sehr schwer, auf zwei Löffel süße Lust zum Kaffe zu verzichten! Und Sie haben wieder ein bisschen mehr Geld in der Tageskasse.

> *Einer meiner langjährigen Verkäufer hat einmal das Geheimnis seines Erfolges entschleiert: Man muss den Kunden reden lassen und ein guter Zuhörer sein.*
> Wilhelm Becker

Produktinszenierungen

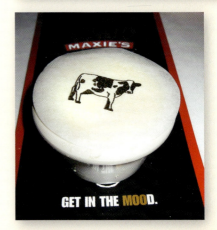

SILK ROAD noodle bar, Singapur

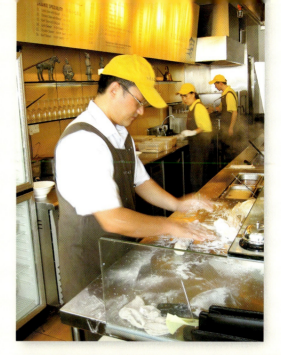

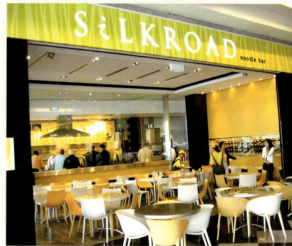

> Beklagen Sie sich vor allem nie über das Verbraucherverhalten. Das ist vergeudete Zeit.

(Ich zitiere in diesem Abschnitt mit freundlicher Erlaubnis des Verlags einige Ausschnitte aus dem Buch »Arbeite smart, nicht hart«. Eine Literaturliste finden Sie im Anhang.)

WENN ES PROBLEME GIBT

Der Umgang mit Menschen als Herzstück in jedem Gastronomiebetrieb fordert in manchen Situationen starke Nerven. Sei es bei Gästen, bei Kollegen oder bei Lieferanten, es kann ganz schnell zu Reibungen oder gar zu handfestem Ärger kommen. Damit Sie effizienter und zielorientierter eingreifen und schlichten können (und nur darum geht es), müssen Sie mehr über Konflikte und ihre Bewältigung wissen.

Anfangen möchte ich mit der Definition der Reklamation: »Die Beanstandung bei der entsprechenden Stelle oder Person, dass etwas nicht in dem Zustand ist, den man als Gast erwarten kann.« Anders gesagt, es ist die Feststellung und Äußerung einer enttäuschten Erwartung, und für beide Seiten in der Regel unangenehm.

Wenige Mitarbeiter sorgen dafür, dass etwas geschieht, viele Mitarbeiter sorgen dafür, dass nichts geschieht, viele Mitarbeiter sehen zu, wie etwas geschieht, und die überwältigende Mehrheit hat keine Ahnung, was überhaupt geschehen ist.

Schwarzes Brett, Frankfurter Börse

Bleiben Sie als Chef in jedem Fall ruhig, beherrschen Sie sich. Es geht jetzt nicht um Rüffel, zornige Schelte und Schuldzuweisung, sondern zu allererst um Feedback, um Rückmeldung. Wichtig ist erst einmal das schnelle Beheben der Fehlerquelle, damit sich die Panne nicht wiederholt.

Fehler sind nie auszuschließen. Bestehen Sie deshalb auf eine sachliche, offene Rückmeldung, auch wenn es zuerst schmerzt. Die Illusion der Perfektion, die zu Pleite führen kann, wird Ihnen sonst viel mehr wehtun. Bedenken Sie bitte, dass Gäste, die reklamieren, und Kollegen, die Ihnen etwas sagen, noch an Sie glauben. Andere ziehen schweigend viel härtere Konsequenzen, sie kommen nicht mehr als Gast oder sie kündigen als Mitarbeiter.

Feedback ist positiv

Wer auf ein Feedback eingeht, handelt wie ein Indianer, der das Ohr an den Boden legte, um den fernen Hufschlag zu hören. Das Trommeln der Hufe oder die Stille gaben ihm wertvolle Hinweise, was als Nächstes zu tun sei. Kein Stammesgenosse dachte daran, auf diese Informationsquelle zu verzichten, weil er vielleicht beim Hinlegen eine Portion Sand in die Ohren bekam.

In der heutigen Praxis werten aber die meisten Menschen einen (vor allem negativen) Kommentar als Beweis für eigene Fehler, die sie lieber nicht eingestehen wollen. Oder als Bestätigung ihres Misstrauens, weil sie annehmen, dass der Gast oder der Kollege nur darauf aus sei, etwas umsonst zu bekommen oder ihm als Mitarbeiter eins reinzuwürgen. Dann kommen Sprüche wie: »Die Gäste sind schlau, sie versuchen uns mit Tricks so weit zu bringen, dass wir ihnen die Sachen schenken.« – »Dieser Gast ist ein Lump. Manche Leute schrecken vor nichts zurück.« – »Sehen diese Leute denn nicht, dass ich beschäftigt bin?« – »Wenn du nur die Karte, das Manual, den Bon richtig gelesen hättest, bevor du dich beschwerst.« – »Alles, was die können, ist, sich zu beschweren – und dazu noch über so lächerliche Dinge.« – »Können diese Kollegen denn an keinem ein gutes Haar lassen?«

Bei dieser Haltung ist die Gefahr groß, dass Feedback als Nörgelei und nicht als eine Möglichkeit zur Beseitigung von Fehlerquellen aufgefasst wird. Den Mund zu halten ist der völlig falsche Weg. Beschwerdeführer – ob Gast oder Mitarbeiter – geben Ihnen Gelegenheit, herauszufinden, welches Problem sie haben. Nur so können Sie Vertrauen zurückgewinnen, wenn Sie sie und ihr Anliegen ernst nehmen und damit ermutigen, weiterhin Ihre Mitarbeiter oder Gäste zu bleiben. Es ist für Sie und Ihr Unternehmen vor allem die (kostenlose!) Chance, unglückliches oder inkompetentes Verhalten nicht ahnungslos zu wiederholen.

Wenn Sie etwas ändern wollen, arbeiten Sie an Ihrer inneren Haltung und an der Ihrer Mitarbeiter. Wird etwas Positives geäußert, haben viele Menschen die Tendenz, es auf sich selbst zu beziehen oder schreiben es ihrem eigenen Verhalten zu. Anders jedoch, wenn ein Fehler auftritt. Auf den ersten Blick scheint es sehr verständlich, dass Beschwerden erst einmal negativ erscheinen. Jemand tut kund, dass ihm etwas nicht gefällt. Wer möchte das schon gern hören?

> Schärfen Sie Ihren Mitarbeitern ein, dass jedes Feedback – egal ob positiv oder negativ – der Qualität und dem Wohl des gesamten Unternehmens dient.

Was passiert eigentlich bei einer Reklamation? Der Gast greift sich den nächsten Mitarbeiter. Seine Beschwerde wird vom Mitarbeiter, der oft nichts dafür kann, schnell als persönlicher Angriff erlebt. Um sich selbst zu schützen, vor allem in Stresssituationen, ist dann entweder der Gast schuld oder eine andere Abteilung oder die Geschäftsleitung. Wer etwas verbockt, wird zunächst alles versuchen, die Sache unter den Teppich zu kehren, und Sie bleiben im schlimmsten Fall ohne Rückmeldung.

Helfen Sie Ihren Mitarbeitern, unangenehme Situationen kompetent zu meistern. Geben Sie Ihnen das richtige Handwerkszeug mit, dazu gehören zum Beispiel Verhaltensregeln, das Klären von Entscheidungsfreiräumen usw. Nutzen Sie das Debriefing, um interne Spannungen abzubauen, thematisieren Sie das Miteinander, die Art des Miteinanders, den Tonfall. Und ersuchen Sie Ihre Mitarbeiter, dasselbe auch Ihnen gegenüber zu tun. Jedoch immer in der Ich-Form, nie als Vorwurf, sondern immer als Wunsch zur Änderung.

Wecken Sie Verständnis dafür, dass Wünsche dazu da sind, um ausgesprochen oder gehört zu werden, jedoch nicht zwingend erfüllt werden müssen. Zum Feedback gehört die eiserne Regel, dass jener, der die Rückmeldung erhält, nur zuhört. Keine Rechtfertigung, keine Erklärung, nur gut zuhören. Das ermutigt die anderen, auch das (vielleicht sehr Wichtige) auszusprechen, was sie sonst vielleicht für sich behalten hätten.

Reklamationen richtig behandeln

Es gibt ein paar harte Fakten, die Ihnen zeigen, wie wichtig eine angemessen Behandlung von Reklamationen eines Gastes ist:
- Hinter jedem reklamierenden Gast stehen zwei Dutzend weitere, die schweigen.
- Der unzufriedene Gast erzählt seinen Grund für die Beschwerde acht- bis sechzehnmal weiter.
- Die Kosten, einen neuen Gast zu gewinnen, sind fünfmal höher als die für den Erhalt eines vorhandenen Gastes.
- 91 Prozent der unzufriedenen Gäste kommen nicht mehr wieder, aber 90 Prozent der nach einer Reklamation voll zufrieden gestellten Gästen bleiben Ihnen erhalten!

Absolut tödlich für den Ruf eines Betriebs sind typische Reaktionen des Servicepersonals wie: »Ich kann nicht!« – »Das hat unsere Geschäftsleitung so beschlossen!« – »Ich bin dafür nicht zuständig!« – »Das klappt sowieso nie!« – »Das geht nicht!« – »Das war mein Kollege.«

Dagegen gibt es ein paar einfache Verhaltensregeln, die dazu beitragen, einen erregten und verärgerten Gast schnell zu beruhigen:
- Hören Sie zu! Nehmen Sie das Anliegen ernst.

- Sie halten Blickkontakt.
- Sie hören aufmerksam zu.
- Sie wiederholen sein Anliegen mit Ihren Worten.
- Sie machen Notizen.
- Sie stellen Fragen.
- Zeigen Sie Einfühlungsvermögen! Zeigen Sie dem Gast, dass Sie seine Sichtweise verstehen.
  - Ich erkenne das Problem.
  - Ich kann gut verstehen, dass Sie sich ärgern.
  - Das ist sehr ärgerlich für Sie, aber auch für uns.
  - Gibt es noch etwas, das ich wissen sollte?
- Nehmen Sie dem Gast den Wind aus den Segeln! Gestehen Sie gegebenenfalls eigene Fehler ein.
  - Es tut uns/mir wirklich leid!
  - Was kann ich tun, um Sie wieder zu besänftigen?
  - Ihre Meinung ist uns sehr wichtig.
- Zeigen Sie die Bereitschaft sofort zu einer Lösung zu kommen. Bieten Sie mindestens zwei Lösungsvorschläge und verhandeln Sie gegebenenfalls.
- Sagen Sie dem Gast, was nun passieren wird. Seien Sie dabei so präzis wie möglich.
- Holen Sie sich eine positive Rückäußerung vom Gast.
  - Würde Ihnen das entgegenkommen?
  - Ist das Problem damit in Ihrem Sinne gelöst?
- Fassen Sie mit dem Gast noch einmal zusammen, wie die Lösung seines Problems aussieht.
- Bedanken Sie sich!
  - Vielen Dank für Ihr Vertrauen.

Wenn Sie und Ihre Mitarbeiter mit Reklamationen so umgehen, bauen Sie eine gute Konfliktkultur auf, denn positive Auseinandersetzung ist die Würze in der Suppe Ihres Unternehmens. Reibungen schleifen die Kanten rund, damit der Betrieb läuft wie geölt. Ihr Betrieb braucht die aufbauende Auseinandersetzung, um zu lernen und zu wachsen. Die Meinung der anderen ist dabei immer lehrreich. Sie sollten sich allerdings nicht zwingen lassen, Veränderungen sofort umzusetzen.

Der Ursprung aller Konflikte zwischen mir und meinen Mitmenschen ist, dass ich nicht sage, was ich meine, und dass ich nicht tue, was ich sage.
Martin Buber

Leistung, Respekt, Toleranz und Offenheit sind Werte, die maßgeblich dazu beitragen werden, dass Ihr Betrieb zu denen gehört, die eine Seele haben. Und das merken Ihre Gäste und werden es zu schätzen wissen!

MARKETING IST MEHR ALS WERBUNG

Wenn Sie einen Dollar in Ihr Unternehmen stecken wollen, so müssen Sie einen zweiten bereithalten, um das bekannt zu machen.

Henry Ford

CHEFSACHE MARKETING

Wie mache ich mein Lokal zur Marke? Wie bringe ich es in die Presse? Wie sorge ich dafür, dass die Gäste ein erstes, ein zweites und sogar ein drittes Mal kommen? Fragen, die auf ein Herzstück Ihres Erfolges als Gastronom abzielen: auf Ihr Marketing.

> Stimmt Ihr Konzept, stimmt Ihre Qualität, dann ist Marketing der Schlüssel für den langfristigen Erfolg.

Marketing ist die Bezeichnung für marktorientierte Unternehmensführung. Es ist die Ausrichtung am Markt ohne Wenn und Aber. Walt Disney arbeitete genau nach dieser Formel: »Man stellt ein Produkt nicht für sich selbst her. Man muss herausfinden, was die Leute wollen und es ihnen dann anbieten.«

Jede Art von unternehmerischer Tätigkeit erfordert Marketing. Es gibt keine Ausnahmen. Es ist nicht möglich, ohne Marketing Erfolg zu haben.
Jay Conrad Levinson

Wie Sie dieses – glasklare! – Profil strategisch an Ihre Gäste kommunizieren und ihnen damit den Grund liefern, zu Ihnen zu kommen, legen Sie Ihren Marketingmix und Ihre Kommunikationsstrategie bereits fest. Dazu nutzen Sie Anzeigenwerbung, die Presse, Mund-zu-Mund-Propaganda, Eventmarketing, Werbebriefe, das Internet – das ganze Instrumentarium der Werbemöglichkeiten. Das ist Phase 1 des Marketings. Diese reicht bis zur Zufahrt zu Ihrem Lokal, dem Parkplatz, der Fassade und dem Eingangsbereich.

Sobald der Gast die Schwelle überschritten hat, beginnt Phase 2: Sie haben dem Gast ein Bild vermittelt, ihn neugierig gemacht, zu sich gelockt und werden nun alles daran setzen, seine Erwartungen zu erfüllen – besser noch: zu übertreffen. Sie machen den Gast glücklich. Wenn dieser Gast, der sich bei Ihnen rundum wohl gefühlt hat, das Lokal verlässt, soll er nur einen brennenden Wunsch verspüren: möglichst bald wiederzukommen.

Wer aufhört zu werben, um Geld zu sparen, kann ebenso seine Uhr anhalten, um Zeit zu sparen.
Henry Ford

Wenn dies gelingt, ist Ihr Marketing erfolgreich. Und damit auch das Unternehmen. Marketing hält den Betrieb am Leben und ist deshalb Chefsache! Dazu müssen Sie weder Grafik studiert haben noch texten können. Sie können etwas viel Wichtigeres: Sie kennen Ihr Konzept und Ihre (zukünftigen) Kunden. Deshalb müssen Sie die Gespräche mit der Werbeagentur oder dem Grafiker selbst führen und mit ihnen zusammen eine Strategie entwerfen. Es gibt kaum ein Unternehmensfeld, das so intensiv Hand in Hand geht mit Ihrer Zukunftsvision wie Ihre Marketingstrategie.

Guerilla-Marketing für kleine Budgets

Im kleinen und mittelständischen Gastronomiebetrieb funktioniert Marketing nur dann, wenn es konkret, gezielt und täglich gemacht wird. Denn eines hat der kleine und mittelständige Betrieb nicht: große Budgets. Aber auch mit kleinen Budgets kann viel erreicht werden.

Guerilla-Marketing ist das Stichwort und bedeutet nichts anderes, als mit intelligenten Methoden den Großen der Branche Paroli zu bieten: Statt großer Geldbeträge setzen Sie Ideen, Kreativität, Schnelligkeit und Enthusiasmus ein, statt geballter Werbemacht nutzen Sie gezielte Werbeschaltungen und witzige PR-Aktionen, statt Mailings an Abertausende von Adressen steht der persönliche Verkauf und die gezielte Ansprache von bestehenden Gästen im Vordergrund, statt Dumpingpreisen bieten Sie Ihren Kunden differenzierte und wirtschaftlich sinnvolle Preisaktionen.

> *Versuche nie, die Intelligenz des Verbrauchers zu beleidigen. Die Leute kaufen nicht von Lügnern mit schlechten Manieren.*
> David Ogilvy, Werbepapst

Starten Sie mit Marketing – heute! Warten Sie nicht ab, was irgendwann irgendwo über Ihr Restaurant erzählt werden wird, sondern werden Sie proaktiv. Sie allein bestimmen Ihr Marketing und Ihre Kommunikation nach außen. Und damit auch Ihre Markenbildung.

IHR UNTERNEHMEN ALS MARKE

Eine Welt ohne Marken wäre eine traurige Welt. Alles wäre gleich, nirgendwo gäbe es eine Orientierung und Identifikationsmöglichkeiten. Marken machen unsere Welt farbig. Sie schaffen Unterschiede, sie bieten Sicherheit und Mehrwert, sie wecken Gefühle, sie entzünden unsere Phantasie und unser Verlangen. Sie sind einfach zu verstehen, klar positioniert und unverwechselbar. Sie sind immer und überall wiederzuerkennen. Zugleich sind sie Schutz vor Nachahmung, weshalb der Namensgebung eine entscheidende Bedeutung zukommt.

Vorteile der Markenbildung

Auf der einen Seite ist jede Marke wie ein Leuchtturm inmitten eines Meeres von Namenlosen. Auf der anderen Seite können starke Marken mit ihrer großen Macht die Vielfalt mindern. Denken Sie nur an die gleichförmigen Einkaufszentren, in denen Sie überall auf der ganzen Welt dieselben Läden und Kettenrestaurants finden.

Guerilla-Marketing

Seien Sie gut!

Zeigen Sie Größe!

Zeigen Sie Flagge!

Seien Sie persönlich!

Klare Aussage?

Seien Sie originell!

Sagen Sie, was Sie wollen!

Zeigen Sie, was Sie verkaufen wollen!

Seien Sie individuell!

Seien Sie ehrlich!

Was aber macht überhaupt eine Marke und ihren Erfolg aus? Aus einer Vielzahl von gleichartigen Produkten ragt eines hervor, das anders ist als die anderen. Warum? Die rein objektiven Faktoren mögen die gleichen sein wie bei den Mitbewerbern. Den entscheidenden Unterschied machen die Story, die Emotion, die den entscheidenden Mehrwert bieten. Dafür lieben die Kunden bestimmte Produkte und sind im Idealfall enthusiastische Fürsprecher.

> *Die Marke ist ein unverwechselbares Vorstellungsbild im Kopf des (potentiellen) Konsumenten über ein Produkt oder eine Dienstleistung.*
> Heribert Meffert, Guerilla-Marketing-Guru

Empfehlungsmarketing basiert also auf Markenbildung. Empfehlungen spricht man nur aus, wenn man von einem Produkt oder einer Dienstleistung begeistert ist. Gute Freunde nimmt man nur in Lokale mit, in denen man sich selbst wohl fühlt. In denen es ganz besondere Produkte gibt, die nur dort angeboten werden, in denen Stimmung, Kommunikation, die Begegnung von Menschen, das Erlebnis besser sind oder besser transportiert werden als bei den Mitbewerbern. Stammkunden können sogar gezielt eingesetzt werden, um in ihrem sozialen Netzwerk die Botschaft zu verbreiten.

Und glauben Sie nicht, dass ihr Lokal »zu klein« für Markenbildung ist. Wenn Sie das Profil Ihres Unternehmens ganz klar herausarbeiten; dieses Profil für Ihre Kommunikation intensiv, klar und einfach nutzen sind Sie auf dem besten Weg.

Stellen Sie sich folgende Situation vor: An der Ampel spricht Sie der neben Ihnen stehende Autofahrer aus dem Auto heraus an. Er will von Ihnen wissen, wo er in der Nähe ein gutes Lokal findet. Sie wollen natürlich Ihr eigenes empfehlen. Bis zur Grünphase haben Sie nur zehn Sekunden und nur wenige Sätze. Kann man Ihr Konzept so knapp, verständlich und prägnant rüberbringen? Wenn ja, dann haben Sie ein klares Profil!

> *Erfolgreiches Marketing ist immer einfach. Es gründet sich auf solide Arbeit bei Produktion und Dienstleistungen – und, am wichtigsten, auf Wahrheit.*
> Michael J. Pabst

Für den Gastronomen bringt Markenbildung überlebenswichtige Vorteile mit sich. Marken schaffen Stammkunden und damit eine stabilere Umsatzbasis. Die Akquise neuer Gäste wird erleichtert und auch höhere Preise werden akzeptiert. Ein Markenname ist bei der Mitarbeitersuche genauso hilfreich wie als positiver Faktor in Gesprächen mit der Bank.

Markenaufbau funktioniert nicht nur im großen Stil wie bei der Kettenhotellerie und Systemgastronomie. Ebenso leben individuelle Betriebe in ihrem

> Auch ein einziges Objekt, und sei es noch so klein, sollte zur Marke gemacht werden.

> Eine Marke ist wie ein Versprechen!

lokalen Umfeld von ihrem »guten Namen«. Dort, wo der Chef hinter dem Tresen steht, die Gäste begrüßt und die Zügel täglich in der Hand hält, werden emotionale und dauerhafte Beziehungen zum Gast aufgebaut. Diese Gastronomen wissen in der Regel intuitiv eines: Es geht darum, Menschen zufrieden und glücklich zu machen.

Das Etikett soll nie größer sein als der Sack.
Lukian

»Magic Moments« nenne ich das, wenn ein Gastronom die Erwartung der Gäste übertrifft und ihre Augen zum Strahlen bringt. Das kann das extra Glas Wasser sein, das ungefragt serviert wird, eine herzliche Begrüßung und Verabschiedung, die durchdachte Betreuung der Kinder, die den Eltern ein ungestörtes Essvergnügen beschert, oder bei Geburtstagen die kleine Torte mit Wunderkerzen als Überraschung. Diese »Magic Moments« wird der Gast nie vergessen. In seinem Kopf sind diese Vorstellung und dieses Gefühl für immer mit Ihrem Lokal verbunden. Er wird wiederkommen und gerne darüber sprechen. Für Sie kann das nur eines heißen: Raus aus der Vergleichbarkeit, hinein in die Einzigartigkeit.

Ein Muss für »Serienprodukte«

Ist Multiplikation ein Unternehmensziel, ist eine strategische Markenbildung geradezu ein Muss. Überall, wo der Gast seine Marke wieder erkennt, muss er das Bedürfnis verspüren, das Lokal aufzusuchen und frühere, positive Erlebnisse zu wiederholen. Nicht von ungefähr bezeichnet man die Marke als höchsten Wert eines Unternehmens. Fahrlässigkeit – nachlassende Qualität, Arroganz – wird durch Liebesentzug durch den Gast bestraft. Trotzdem: Bei aller Zuverlässigkeit muss eine Marke aktualisiert und weiterentwickelt werden und so am Puls der Zeit bleiben.

WER SIND SIE?

Die Antwort auf die Frage danach, wer Sie bzw. Ihr Betrieb sind, gibt die Corporate Identity. Die Corporate Identity (CI), auch Unternehmensidentität genannt, vermittelt die »Persönlichkeit« eines Unternehmens nach außen und innen. Das betrifft das Verhalten des Betriebs als Ganzes sowie der einzelnen Mitarbeiter, die interne und externe Kommunikation und natürlich das Erscheinungsbild mit all seinen Facetten.
Corporate Identity ist sowohl ein Ziel, das Sie durch die Umsetzung bestimmter Maßnahmen anstreben, als auch ein Prozess. Denn CI läuft kontinuierlich ab und geschieht ständig in der Kommunikation zwischen dem Unternehmen und seinen Zielgruppen sowie zwischen den einzelnen Unternehmensteilen.
Basis jeder Corporate Identity ist das klare, kommunizierbare Konzept: Die Idee, das Profil und damit die Alleinstellungsmerkmale Ihres Lokals, der Name, das Logo, visuelle und akustische Zeichen, die z.B. in der Werbung eingesetzt werden, – all das wird von der Klammer der CI verbunden. Dabei sollten sowohl das Gesamtbild und als auch jedes Detail die Corporate Identity wiederspiegeln.

> Corporate Identity ist die Inszenierung der Kernidee mit dem Ziel der nachhaltigen Unternehmensentwicklung und damit des dauerhaften Erfolges.

Design ist nicht alles

Und nicht alles ist Design. Häufig wird Corporate Identity (CI) als reine Designfrage missverstanden. Corporate Design (CD) ist aber nur ein Teil der CI: das Erscheinungsbild, die visuelle Identität. Es drückt die Unternehmensidentität, die Persönlichkeit Ihres Betriebes nach außen hin aus.
Das Corporate Design prägt alle Kommunikationsmittel: von der Geschäftsausstattung mit Briefbögen und Umschlägen, den Visitenkarten, der Website, den Speisekarten bis zur Anzeige. Farben, Bilder, Grafik, Schriftarten bis zur Wahl des Papiers werden durch CD verbindlich festgelegt.
Damit aber nicht genug: Corporate Design lässt sich umsetzen auf Arbeitskleidung, auf die Ausstattung des Lokals, zum Beispiel Tischdekoration, Geschirr, auf Merchandising-Produkte und Werbegeschenke.
Selbstverständlich spielt das Corporate Design auch beim Raumdesign und der Architektur eine Rolle. Es muss den Geist Ihres Konzeptes rüberbringen: Es wird als Erstes von Gästen wahrgenommen und muss überzeugen!

Unterschätzen Sie auch nie die Bedeutung Ihrer Speisen- und Getränkekarte, Sie ist Ihre eigentliche Visitenkarte. Das Design und die Aufmachung müssen absolut zu Ihrem Konzept passen! Sie muss Appetit machen auf Ihre Produkte, Vertrauen schenken und interessant zu lesen sein. Eine klare übersichtliche Gliederung ermöglicht schnelle Orientierung, und der Schreibstil sollte »verkaufsfördernd« sein. Die richtigen Worte, die das Wasser im Mund zusammenlaufen lassen sind unglaublich wichtig. Trotzdem sollte alles möglichst kurz gehalten sein. Weltmeister im richtigen »wording« sind die Amerikaner: Wer hier etwas lernen will, sollte sich im Internet ein paar Speisekarten amerikanischer Kollegen ansehen.

Enten legen ihre Eier in aller Stille, Hühner gackern dabei wie verrückt. Was ist die Folge? Alle Welt isst Hühnereier!
Henry Ford

An der richtigen Stelle sparen

Entstehende Folgekosten zu beachten, ist nicht Aufgabe des Grafikers, sondern Ihre. Der Grafiker ist kreativ, er denkt in schönen Bildern. Sie sind es, der die Bandbreite der Verwendung – von Flagge bis Pin – überschauen und deshalb die Vorschläge auf ihre Tauglichkeit prüfen kann. Neben vierfarbig und schwarz-weiß ist ein Entwurf mit nur einer Zusatzfarbe in der Regel sinnvoll. Diese sollten der Skalenfarbpalette entspringen, das spart Geld Sonst geht es Ihnen vielleicht wie mir bei meinem ersten Betrieb, dem Bistro *Café au Lait*: Ich hatte mich für ein schlichtes Logo mit einem Hauch von Gold entschieden. Die Farbe für das Gold muss im Druck individuell gemischt werden – von Einsparung keine Rede. Im Nachhinein wurde das Logo dann verändert.

Eleganz heißt nicht ins Auge zu fallen, sondern im Gedächtnis zu bleiben.
Giorgio Armani

Ein anderes Beispiel aus der Praxis: Profil und Botschaft von *Olives Bar & Restaurant* von Kerstin Schwan in Düsseldorf lautet: Mediterran. Erfrischend. Casual. Diesen Charakter, ergänzt um die Attribute urban und hochwertig, repräsentierte die Location in Perfektion.
Das Corporate Design wurde um diese Vision herum entwickelt: Form und Farbe der Olive prägen das Logo, alle Drucksachen sowie das Innendesign. Das Logo wurde so gestaltet, dass es in allen Größen sowohl vierfarbig als auch schwarz-weiß funktioniert. Für die Visitenkarte wurde einmalig eine Stanze in ovaler Form erstellt. Kosten, die sich durch die Auffälligkeit der Karte und die jahrelange Nutzung am Ende rechneten.
Die Auswahl der Werbeagentur oder des Grafikers sollten Sie rechtzeitig vor dem Start Ihres neuen Konzepts oder Ihres Relaunchs treffen: Oft sind viele Vorschläge nötig, bis Sie mit dem zu Ihrem Konzept passenden Logo und dem Corporate Design zufrieden sind – das braucht Zeit. Und gerade diese

Vorlagen brauchen Sie sehr früh: für Briefpapier, Visitenkarte, als Vorlage für die Außenwerbung, Anzeigen, Eröffnungseinladungen, Mitarbeiterkleidung etc.

Am besten suchen Sie sich eine kleine Agentur mit nur wenigen Mitarbeitern. Große Agenturen, bei denen Sie mit den Kreativen nur über einen Kontakter kommunizieren, sind meist aufgrund des hohen Verwaltungsaufwands zu teuer.

Werbung ist die Kunst, auf den Kopf zu zielen und die Brieftasche zu treffen.
Vance Packard

Oft reicht es auch, wenn Sie einen guten freien Grafiker finden – häufig hat der einen brauchbaren Texter in seinem Netzwerk. Und gutes Texten ist sehr schwierig – nur wenige von uns Praktikern haben die Begabung dazu. Das Ergebnis sind meist schlechte Slogans und holpriger Text auf der Webseite. Auch ich arbeite oft mit versierten Textern zusammen – nicht zuletzt, um Zeit zu sparen.

> Die Investition in ein gutes und komplettes Corporate Design rechnet sich wirklich, weil Sie dann viele Jahre nur Kleinigkeiten ergänzen und so weniger Geld ausgeben müssen.

Vertrauen als Grundlage

Noch ein Tipp zur Agenturauswahl: Arbeiten Sie sich nur mit Leuten, die Sie wirklich mögen. Sie müssen Ihre Vision teilen, verstehen und in Botschaften umsetzen. Bei vielen Agenturen ist es umgekehrt. Diese versuchen ein Designkonzept durchzusetzen, weil es den Werbern gefällt – am Ende des Tages zählt aber nur eines: Haben Ihre Gäste die Botschaft verstanden und zahlt sie sich durch mehr Umsatz aus?

Ich weiß genau, dass die Hälfte meines Werbeetats zum Fenster rausgeworfen ist. Leider weiß ich nicht, welche Hälfte.
John Wanamaker

Hilfreich ist natürlich, wenn Ihre Werber selber gerne ausgehen und die Gastronomie lieben. Sie müssen schließlich Ihren Enthusiasmus teilen.

CI-BEISPIEL

Olives Bar & Restaurant
Corporate Design

Logo Olives | Coffee Bakery

Olives Coffee Bakery Karte

Olives Speise- und Getränkekarten
auf Holz-Klemmbrettern

Olives Aushang Coffee Bakery

Design: Diana Ryfisch [tru:p]

EIN WENIG MARKETINGTHEORIE

Marketing ist kein Buch mit sieben Siegeln. Marketing ist die strategische Ausrichtung all Ihrer Aktivitäten auf die Bedürfnisse des Marktes. Wenn Sie Ihr Konzept entwickeln und dabei sorgfältig alle zu klärenden Punkte durchgehen, arbeiten Sie bereits unmittelbar an Marketingfragen – ohne dies zu bemerken.

Der sogenannte Marketingmix setzt sich zusammen aus den Bereichen Produkt, Preis, Distribution und Kommunikation. Dieses klassische Modell erfährt immer wieder Variationen durch veränderte Anforderungen des Marktes. Um den Aspekten Qualität und Beziehung gerecht zu werden, werden in neueren Ansätzen die Parameter Personal, Prozesse und Ausstattung in den Marketingmix integriert.

Die Nutzung verschiedener, aufeinander abgestimmter Kommunikationskanäle, um die Botschaft an den Mann oder die Frau zu bringen, wird als Crossmedia-Marketing bezeichnet. Neben den klassischen Instrumenten wie Werbung, PR, Handzettel wird verstärkt auf das neue Marketing via Website, E-Mail-Marketing und Weblogs gesetzt.

Kundenbeziehungen pflegen

Immer mehr in den Mittelpunkt des modernen Marketings rückt das professionelle Customer Relationship Management, also die Pflege der Kundenbeziehungen. »Aus dem Bauch heraus« tut dies jeder Gastronom im Umgang mit seinen Gästen. Dieses nun mittels Datenerfassung und Datenmanagement zu tun, ist eine der aktuellen Entwicklungen in unserer Branche.

Gerade bei neuen Konzepten hat der Gastronom die einmalige Chance, den Markenaufbau gezielt mittels einer überzeugenden, marktkonformen Corporate Identity (Unternehmensidentität) und eines Corporate Design (Erscheinungsbild) zu betreiben. Mustergültig gelang dies beim *Olives Bar & Restaurant* im *stilwerk* in Düsseldorf, das ich schon im Abschnitt über das Corporate Design erwähnt habe. Gemeinsam mit Kerstin Schwan entwickelten wir ein urbanes, mediterran inspiriertes Restaurantkonzept. Diese Idee war bis ins kleinste Detail spür- und erlebbar. Alle Facetten der Corporate Identity waren festgelegt, und das Corporate Design mit Schriften, Farben und Formen in einem Manual verbindlich festgehalten.

Als praxisnaher Ansatz hat sich für mich die Entwicklung einer Kommunikationsstrategie mit acht Kernelementen bewährt:

- Festlegen der Kommunikationsstrategie
- Ausrichten der Preispolitik
- Ablaufplanung für das Marketing
- Inszenierung der Eröffnung
- Public-Relations-Arbeit

- Werbung schalten
- Durchführung von Einzelmaßnahmen aus dem Guerilla Marketing
- Schaffung eines regelmäßig erscheinenden Kunden-Newsletter (permission marketing)
- Erhöhung der Kundenbindung durch Customer Relationship Management (CRM)

Zu den einzelnen Punkten gibt es genug betriebswirtschaftliche Literatur, mit Hilfe derer Sie sich ausgiebig informieren können. Das im Einzelnen hier zu tun, würde den Rahmen des Buches sprengen und uns zu weit vom Thema wegbringen.

Grundsätzlich gilt jedoch beim Marketing: Seien Sie offen für Neues. Beobachten Sie das Verhalten Ihrer Gäste, Kollegen, Freunde und Familie. Was und wie wird dort kommuniziert, was ist in, was ist out? Lernen Sie alles über Trends und Entwicklungen, holen Sie sich Ideen in anderen Städten im In- und Ausland. Vor Jahren sprach noch keiner über Guerilla Marketing, über CRM oder Blogging. Heute sind diese Begriffe in aller Munde. Dr. Peter Kruse formulierte treffend: »Wenn die Umwelt sich radikal verändert, ist das Risiko der Stabilität größer als das der Instabilität.«

Halten Sie also immer den Finger an den Puls des Marktes, auf dem Sie Ihr Geld verdienen.

> *Nicht die Großen werden die Kleinen fressen, sondern die Schnellen die Langsamen.*
> *Beate Uhse*

DIE IDEE NACH AUSSEN TRAGEN

Die mächtigsten Instrumente des Marketings sind Werbung (Anzeigen, Werbespots) und Public Relations. Beide versuchen, auf den potentiellen Gast Einfluss zu nehmen. In der Anzeigenwerbung geschieht dies ganz direkt. Mittels eines klar definierten und bezahlten Auftrags verbreiten die Medien Ihre Botschaft genau nach Vereinbarung. Werbung ist plan- und kontrollierbar. Und sie kostet Geld.

Subtiler arbeitet die Public Relations (PR), zu deutsch auch Öffentlichkeitsarbeit genannt. Dabei geht es um den Aufbau eines positiven Eindrucks von Ihrem Lokal durch Pressearbeit und gezielte Aktionen. Eine gute Story mit aktuellem Bezug wird von den Medien immer gerne aufgenommen. Die neue Monatsspeisekarte auf dem Tisch der örtlichen Tageszeitung dagegen ist kalter Kaffee und landet unerbittlich im Papierkorb.

PR-Aktionen mit lokalem Bezug, zum Beispiel eine Spendenaktion für sozial Schwache, verankern Ihr Lokal im Umfeld. Angestrebte Effekte sind die Bindung bereits vorhandener Kunden und – natürlich – die Gewinnung neuer Gäste. Zeigt dann die Presse Interesse an einem Artikel, ist die Aktion rundherum geglückt.

Einmal gefragt, warum denn er so viel Geld für Werbung ausgäbe, antwortete William Wrigley:
»Stellen Sie sich vor, Sie säßen in einem schnellen Zug. Würden Sie dann die Lok abkoppeln?«

Solche Aktionen sollten bereits zu einem frühen Zeitpunkt, zum Beispiel vor der Eröffnung eines Lokals, stattfinden. Überlegen Sie also rechtzeitig, welche Möglichkeiten Sie in Ihrem Umfeld, mit Ihrem Konzept und Ihrer Zielgruppe für solche Maßnahmen haben.

Im Vergleich zur Werbung ist PR nicht im gleichen Umfang kontrollierbar. Öffentlichkeitsarbeit wirkt langfristig, kostet aber dafür nur einen Bruchteil von Anzeigenwerbung.

Ziel jeder Maßnahme ist es, das kraftvollste, weil glaubwürdigste Werbemedium in Gang zu bringen: die Mund-zu-Mund-Propaganda.

Was Anzeigenwerbung kostet

Um die Öffentlichkeitsarbeit und ihre Möglichkeiten muss sich der Gastronom selbst und aktiv kümmern. Werbung, präzise gesagt, Anzeigenwerbung, drängt sich in der Regel von ganz alleine auf. Dauernd bekommen Sie Anrufe mit Angeboten für Anzeigen, teilweise in Magazinen und Titeln, von denen Sie noch nie gehört haben.

Achten Sie einmal darauf: Je mehr Werbung Sie machen, umso mehr Angebote bekommen Sie. Clevere Anzeigenverkäufer checken, wer wo inseriert, und wissen damit, wer ein potentieller Kunde ist. Derjenige Unternehmer, der sein Werbebudget strategisch plant und einsetzt, wird daher zwangsläufig ungleich häufiger Offerten erhalten als andere. Trotzdem verhindert eine aktive Planung, dass Sie Opfer geschickter Anzeigenverkäufer werden, weil

So vergleichen Sie Anzeigenangebote

Um die Preise unterschiedlicher Printmedien vergleichen zu können, müssen Sie einfach den Anzeigenpreis pro tausend Exemplare berechnen:

$$\frac{\text{Preis pro Anzeigenschaltung} \times 1000}{\text{Gesamtauflage}} = \text{Vergleichswert}$$

Sie zum einen Ihren Etat bereits ausgegeben haben, und zum anderen genau wissen, was Sie wollen.

Um im Bereich der Anzeigenwerbung die Spreu vom Weizen zu trennen, ist als Erstes auf die effektive Ansprache der Zielgruppe zu achten. Nur so kann der Streuverlust gering gehalten werden. Das gilt für alle Medien, ob gedruckt, online, ob Radio oder TV. So kann zum Beispiel ein lokaler Sender, der ein genau auf Ihre Zielgruppe passendes Sendekonzept hat, ein durchaus interessanter Werbepartner sein.

Um im Printbereich die individuell sinnvollen Angebote herauszufiltern, empfiehlt es sich, die sogenannten Mediadaten abzufragen. Dazu gehören Informationen über Auflagenhöhen und Leserprofile, wobei nur die von der IVW (Informationsgemeinschaft zur Feststellung der Verbreitung von Werbeträgern) geprüfte Auflage eine vertrauenswürdige Information darstellt.

Alle Werbemedien können sich von der IVW freiwillig (gegen eine Gebühr) prüfen lassen. Und (fast) alle seriösen Medien machen das auch.

Viele kleine Dinge wurden durch die richtige Art von Werbung groß gemacht.
Mark Twain

Mit dieser Auflagenhöhe lässt sich nach einer einfachen Formel der Tausender-Kontakt-Preis errechnen, der stichhalte Werte für einen Vergleich zwischen den Print-Medien liefert. Ein scheinbar teures Werbeangebot, das aber eine große Zahl von möglichen Kunden erreicht, kann am Ende deutlich effektiver sein als eine auf den ersten Blick preisgünstige Anzeige in einem Medium, das nur mit geringer und mitunter nicht überprüfbarer Auflage erscheint und dessen Leserschaft sich nicht mit der gewünschten Zielgruppe deckt.

Für das Texten und Gestaltung von Anzeigen, Internetauftritt und Presseberichten empfiehlt sich die Zusammenarbeit mit einer oder mehreren Agenturen. Zu bevorzugen sind kleine Agenturen oder Agentur-Netzwerke mit Spezialisten für die einzelnen Bereiche.

Haben Sie für Ihr Projekt ein großes Anzeigenvolumen, lohnt es sich, über die Gründung einer eigenen Agentur nachzudenken. Begründung: für Anzeigenschaltungen gibt es 15 Prozent Agenturprovision! Vergeben Sie einen Auftrag an die eigene Agentur, der dort ausgeführt und abgerechnet wird, bleibt das Geld sozusagen im Hause. So macht es zum Beispiel die Kinokette *Kinopolis*, deren Agentur sich auf diese Weise komplett selbst trägt.

Verschiedene Werbemaßnahmen und ihre Tücken

Zur Bewerbung von Events und Veranstaltungen sind die lokalen Zeitungen und Anzeigenblätter, für das Szenepublikum die Stadtmagazine interessante Partner. Hieraus können sich interessante Kooperationen mit vielseitigen Möglichkeiten ergeben bis hin zur redaktionellen Berichterstattung.

Bebe Bar, Kiew – Konzept für neue Zielgruppen

bed supperclub, Bangkok

SILK im COCOON CLUB, Frankfurt

> Vorsicht bei Messezeitschriften und ähnlichen Publikationen: Seriös sind meist nur die offiziellen Messekataloge. Die anderen Messemedien erscheinen häufig nicht in der angekündigten Auflage, liegen an fragwürdigen Orten aus und erreichen das Zielpublikum am Ende gar nicht.

Mitunter macht es Sinn, Sympathiewerbung zu betreiben, zum Beispiel in der Schüler- oder Stadtteilzeitung.
Zu sehr überschaubaren Kosten kann häufig eine Kombination aus einer kleiner Anzeige und einem redaktionellen Beitrag verhandelt werden. Neben geringem Streuverlust und hoher Werbewirksamkeit entstehen so ganz nebenbei persönliche Kontakte mit langfristigen Perspektiven. Bei solchen Maßnahmen mit lokalem Bezug ist es allerdings oft schwierig, die genaue Kosten-/Nutzenrelation festzustellen.
In den Werbeetat gehört viel mehr als nur die Anzeigenwerbung. Werbebriefe, Prospekte, Flyer, Wurfzettel, Website, Werbung im Internet bis hin zu Werbegeschenken – das alles gehört in Ihren Werbeetat und muss gut aufeinander abgestimmt werden. Konzentration, Kontinuität und Kumulation sind wichtige Stichworte dafür. Konzentration bedeutet in diesem Zusammenhang, dass Sie Ihren Werbeschwerpunkt nach Ihrer Zielgruppe wählen und dafür dann auch die meisten Mittel einsetzen. Kontinuität besagt, dass Einzelmaßnahmen in der Regel hinausgeschmissenes Geld sind. Anzeigenwerbung, Radio- und Fernsehwerbung – dafür brauchen Sie einen langen Atem. Kumulation fordert, dass sich die einzelnen Bestandteile Ihrer Werbung im Bezug auf Ihre Zielgruppe gegenseitig unterstützen müssen.
Das heißt aber nicht, dass Sie jedesmal zu weitschweifigen Erklärungen ansetzen sollen – im Gegenteil!

> Ein grundlegendes Prinzip gilt für jegliche Form von Werbung: KISS – keep it short and simple.

Sinngemäß übersetzt: Die Botschaft muss einfach, kurz und knackig rüberkommen. Eine gute Schlagzeile, die die Leute anmacht und die Lust weckt, weiter zu lesen. Je ungewöhnlicher, desto besser. Und vor allem eines: positiv formuliert!
Neulich sah ich ein Schild vor einem Lokal: »Wegen Umbau geöffnet!«. Ein kurzer, überraschender und positiver Text. Das normale, langweilige Schild im bekannten Stil hätte wohl so ausgesehen: »Liebe Gäste, wir bauen um.

Wir bitten Sie deshalb, den Eingang auf der rechten Gebäudeseite zu benutzen, und bedanken uns für Ihr Verständnis.«

Kontinuität und eine adäquate Frequenz sind vor allem bei Radiowerbung erforderlich, um überhaupt einen messbaren Erfolg zu erzielen. Eine Werberegel lautet: Um eine Werbebotschaft im Radio wahrzunehmen, müssen Sie den Spot siebenmal hören. Damit ihn Ihr Kunde siebenmal hört, müssen Sie ihn zwölfmal ausstrahlen lassen. Da können Sie sich ausrechnen, wie weit Sie mit einem kleinen Gastronomiebudget kommen. Noch ein Trick der Werbezeit-Verkäufer: günstige Tarife zu ungünstigen Zeiten. Was nützt Ihnen ein Spot am Freitag- oder Samstagabend zu einem Superpreis, wenn Ihre Zielgruppe nicht zu Hause ist!

> Werbung will Aufmerksamkeit erregen, neugierig machen, zum Kauf auffordern. Dafür kann sie nicht auffällig genug sein.

Die häufigsten Fehler in der Werbung: Präsenz im falschen Medium, zur falschen Zeit, am falschen Ort. Ganz fatal: Werbung, die keinem auffällt. Bigger is better – wie es das Bild rechts im *Bellagio* in Las Vegas zeigt!

So einfach, so wirkungsvoll kann Werbung sein! Denn am Ende muss sich Werbung rechnen.

Damit das auch passiert, brauchen Sie eine zielgruppengerechte Werbung, die Wiederholung der Werbebotschaft und ein abgestimmtes, sich gegenseitig verstärkendes Vorgehen, wie zum Beispiel bei einer Kampagne für eine Veranstaltung mit Anzeigenschaltungen, Werbebriefen und einem originellem Werbegeschenk für die Gäste.

Originalität hat aber auch ihre Tücken, denn werden in den Köpfen der Konsumenten nicht die richtigen Denkmuster abgerufen, verpufft die Wirkung. Ein Beispiel ist ein früherer TV-Spot von EON, in dem Arnold Schwarzenegger einen Kühlschrank schüttelt. »Mix it, baby!«, war seine Aufforderung an die Stromkunden, ihren Energiebedarf individuell zusammenzustellen. Alle fanden den Spot originell, aber wirtschaftlich kam die Botschaft nicht an. Mixen und Strom waren in den Köpfen der Zuschauer nicht verknüpft und führten nicht zur gewünschten Handlung.

Öffentliches Aufsehen erregen

Gute PR-Leute sind wie geschickte Strippenzieher. Mittels guter Kontakte zu wichtigen Medien und den richtigen Menschen gelingt es ihnen, das von ihnen betreute Unternehmen mit positiven Berichten und sympathischen Aktionen in der Öffentlichkeit interessant darzustellen. Beziehungspflege zum Aufbau eines positiven Images ist daher die Hauptaufgabe der Public Relations.

»Tue Gutes und rede darüber«, mit diesem Ausspruch des PR-Papstes Albert Oeckl wurde das Kerngeschäft der Öffentlichkeitsarbeit früher oft umschrieben. Und das ist eigentlich etwas, was Gastronomen an und für sich leicht fallen sollte.

Sie haben das Glück, in einer Branche tätig zu sein, die Menschen mit etwas Positivem verbinden: mit gutem Essen, mit Geselligkeit, mit Kommunikation

Was sagt Ihnen AIDA?

Wenn Sie nicht aus dem Umfeld von Betriebswirtschaft und Marketing kommen, vermutlich wenig! AIDA setzt sich aus den Anfangsbuchstaben der verschiedenen Stufen des Entscheidungsprozesses zusammen, die der Kunde durchläuft, wenn er eine Kaufentscheidung trifft:

A = Attention
Die Aufmerksamkeit des Kunden wird angeregt.
I = Interest
Der Kunde interessiert sich für das Produkt.
D = Desire
Der Wunsch nach dem Produkt wird geweckt.
A = Action
Der Kunde kauft das Produkt.

Übertragen Sie dieses Modell auf Ihr gastronomisches Tätigkeitsfeld. Prüfen Sie Ihre Werbemaßnahmen, und überlegen Sie mit AIDA, ob für Ihre potentiellen Gäste der Weg von der Aufmerksamkeit bis zum Kauf wirklich folgerichtig und verlockend geebnet wird.

und Wohlfühlen. Für viele Gäste ist der Gang ins Restaurant eine willkommene Auszeit, eine Art Urlaub für ein paar kurze Stunden. Abschalten, auftanken, sich wohl fühlen – daran haben die Menschen Interesse, darum interessieren sie sich für diese Botschaften. Genau wie die Medien, die wissen, was ihre Leser wollen.

> *Es ist reine Zeitverschwendung, etwas Mittelmäßiges zu tun.*
> Madonna.

Also versorgen Sie sie doch mit Neuigkeiten über interessante Aktionen und Gäste, profilieren Sie sich doch als Experte für alle Fragen rund um Food und Service.

Über den Umgang mit der Presse

Für den Gastronomen ist der einfachste Weg zur lokalen Presse der persönliche Kontakt, der häufig mehr zählt als eine schlecht geschriebene Pressemitteilung. Machen Sie sich die Mühe herauszufinden, wer in Ihren lokalen Blättern für Gastronomie, für Lifestyle und für Lokalnachrichten zuständig ist. Ein Anruf, gelegentlich auch ohne Anlass, zur Kontaktpflege, Meldungen mit echten Neuigkeitswert (dazu gehört ganz bestimmt nicht Ihre geänderte Mittagskarte!) – solche Aktionen schaffen die Basis für ein vertrauensvolles Miteinander. Bei entsprechenden Anlässen wie bei Neueröffnungen oder dem Relaunch von Konzepten kann auch eine Pressekonferenz oder ein Presselunch abgehalten werden.

Wichtig bei Ihrer ganzen PR-Arbeit ist, den Redaktionsschluss der für Sie wichtigen Medien zu kennen und zu beachten. So muss zum Beispiel dem monatlichen erscheinenden Stadtmagazin Ihre Information meist bereits drei bis vier Wochen vor dem Erscheinungstermin vorliegen, also für eine Veranstaltung im Februar bereits Anfang Januar. Hierfür erhält der Journalist oder die Redaktion eine Pressemitteilung, je nach Präferenz per Post, Fax oder E-Mail. Nahezu alle Informationen können per Pressemitteilung kommuniziert werden, optimal dazu ein gutes Bild mit eindeutiger Bildunterschrift.

> *Hinter der Werbung steht vielfach die Überlegung, dass jeder Mensch eigentlich aus zwei Persönlichkeiten besteht: einer, die er ist, und einer, die er sein will.*
> William Feather

Bei der Pressemitteilung selbst sind einige Regeln in Bezug auf Inhalt, Aufbau, Form und Timing zu beachten. Der Inhalt sollte klar und verständlich formuliert sein, besser zu kurz als zu lang. Eine Faustregel spricht von 300 Wörtern, eine andere von maximal zwei nicht zu dicht beschriebenen DIN-A4-Seiten. Bei unterschiedlichen Medien kann es sich durchaus lohnen, einen Text individuell aufzubereiten. Je passender ein Text für das Medium, desto höher die Abdruckchancen. Dass Sie immer Ansprechpartner und Kontaktdaten für Rückfragen nennen, sollte selbstverständlich sein.

> Mit dem Versand regelmäßiger, professionell aufgemachter Pressemitteilungen legen Sie eine gute Basis zur Information der Presse und zum Aufbau eines Pressearchivs.

Bei der Kontaktpflege mit den Journalisten sollten Sie die Pressefotografen nicht vergessen. Es kommt manchmal vor, dass diese allein zu einem Termin geschickt werden und neben Bild auch Text liefern müssen. Anderseits sind sie gerne zur Stelle, wenn Sie ein gutes Thema anbieten, und versorgen dann von sich aus ihre Kontakte in den Redaktionen.

So plante ich vor Jahren als gebürtiger Rheinländer, in Frankfurt den Altweiberfasching in meinem Bistro *Café Au Lait* einzuführen. Um die notwendige Presseresonanz zu bekommen, lud ich die Fotografen einige Tage vorher zu einem Vororttermin ein: Ich verkleidete mich als Neandertaler mit einem Fell als Lendenschurz und schwang an einer Liane durchs Lokal.

16. Februar 1985

Natürlich gab es entsprechende Veröffentlichungen in den Tageszeitungen, und die Party wurde ein Riesenerfolg. Sogar alle Gäste waren verkleidet – trotz Frankfurt.

> Wenn Sie kein Geld für teure Werbekampagnen haben, müssen Sie den Mut haben, sich manchmal auch selbst zum Affen zu machen.

Auch ganz zu Anfang seiner Existenz ging das *Café Au Lait* durch die Presse. Eigentlich sollte es ursprünglich *Le Truc* (etwa: das Dings) heißen. Wenige Tage nach Eröffnung erhielten wir eine einstweilige Verfügung eines großen Hotels. Die hatten einen Shop namens *La Truffe* (die Trüffel) und mahnten uns wegen der Namensähnlichkeit ab. Bestimmt hätte ich in einer gerichtlichen Auseinandersetzung recht bekommen, den *Le Truc* und *La Truffe* sind zwei grundverschiedene Dinge – aber ich hatte kein Geld für einen Rechtsstreit mit einem großen Hotel und natürlich auch keine Zeit, eventuell zwei Instanzen hindurch auf eine Entscheidung zu warten.

Also änderte ich den Namen in *Café Au Lait* und lud die Presse ein, beim Ummontieren der Schilder dabei zu sein. Auf einer großen Leiter habe ich das natürlich selbst gemacht. Am nächsten Tag hatte ich in zwei Tageszeitungen einen Artikel mit Bild und dem Tenor: »Parkhotel hat Angst vor kleinem Bistro«. So hatte ich aus der Not eine Tugend gemacht und eine super Presse bekommen. Das *Café Au Lait* habe ich übrigens 14 Jahre erfolgreich geführt und dann verkauft.

DER MARKETINGPLAN

Für eine gute Kommunikation braucht man Inhalte. Aktionen und Angebote, Preisgestaltung und Kooperationen sind für uns Gastronomen das A und O, wenn wir unseren Betrieb in den Medien und bei den Gästen positionieren wollen.

Dies setzt eine klare Strategie und eine umsichtige Planung voraus, um sicherzustellen, dass die verschiedenen Instrumente abgestimmt und zielgerichtet eingesetzt werden.

Langfristig geplant werden können alle Maßnahmen, die sich direkt aus dem Profil ableiten und den Kern der Markenbotschaft bilden. Dazu kommen die Kooperationen zum Beispiel mit Getränkeherstellern und Brauereien sowie den dauerhaften lokalen Werbepartnern. Dieser langfristige Plan bringt Ihnen die Eckdaten für den Jahresplan, in dem alle Maßnahmen mit ihrem Zeitplan festgehalten werden müssen.

Statt sich in spontanen Aktionen aufzureiben, die letztlich wenig oder nichts bringen und nur Geld kosten, werden die angestrebten Ziele auf diese Weise aktiv angesteuert. Was Sie mit Ihrem gesamten Marketingmix erreichen wollen, ist eine Imageverbesserung, ein höherer Marktanteil, mehr Umsatz und am Ende mehr Gewinn.

Bei Ihrer Planung sollten Sie zuerst eine einfache Liste mit den wirtschaftlichen Zielen anlegen, die Sie ins Auge gefasst haben. Natürlich sollten Sie

Richtig inszeniert – auf's Detail kommt es an

> Ein mittel- und ein langfristiger Marketingplan ist die Basis für eine wirkungsvolle Marktbearbeitung.

Ihre Spitzenprodukte und Ihre Spitzenzeiten weiter fördern, aber berücksichtigen Sie unbedingt Ihre Schwachstellen und die Zeiten, in denen Ihr Lokal wenig besucht ist.

Es heißt also, die Renner weiterlaufen zu lassen und gleichzeitig neue Chancen zu suchen. Solche Chancen liegen oft in speziellen Angeboten für eine bestimmte Zielgruppe. Dort verbirgt sich häufig ein ungeahntes Umsatzpotential.

Bei einem Ganztagesobjekt könnten Sie also zum Beispiel über folgende Punkte nachdenken:
- bessere Frühstücksangebote, um den Vormittag zu füllen
- bessere Nachmittagsangebote (Kuchen, Desserts, spezielle kleine Snacks), um neues Publikum anzusprechen
- spezielle Aktionen im ruhigen Januar

Chancen gehen nie verloren. Die man selbst versäumt, nutzen andere.
Anonym

Als Nächstes machen Sie dann den Zeitplan (zum Beispiel mit Balkendiagrammen), um Ihre Marketingmaßnahmen auch gleichmäßig und strategisch optimal platziert über das Jahr zu verteilen. Zuletzt legen Sie das ungefähre Werbebudget und seine Aufteilung auf die einzelnen Bereiche fest.

Flexibel trotz Planung

Mit diesen Planungsunterlagen gehen Sie zu Ihrem Team und/oder Ihrer Agentur, um die einzelnen Vorhaben zu entwerfen.

Dann müssen Sie sich nur noch an Ihren Plan halten und alles gut organisieren. »Wegelagerer«, die Ihnen zwischendurch einen Teil Ihres Budgets für irgendwelche Anzeigen abluchsen wollen, haben dann natürlich keine Chance mehr.

Trotz allem müssen Sie aber flexibel bleiben: Veränderte Situationen, neue Chancen sind immer Gründe, alles zu modifizieren, zu optimieren, oder sogar über Bord zu schmeißen und neu zu machen.

> Gutes Marketing ist wie strategische Kriegsführung: Schnelligkeit, Mut und Flexibilität sind Ihr strategischer Vorteil gegenüber dem Mitbewerber.

Vergessen Sie bei all dem niemals Ihre Zielgruppen. Wenn Sie ein Nachbarschaftsrestaurant sind (für »jedermann«) brauchen Sie keine überregionale Werbung; wenn Sie ultra-szenig sind, ist eine Anzeige in der Messezeitung Geldverschwendung. Zielgruppenorientierte Werbung ist heute schwieriger denn je, weil jeder (potentielle) Gast verschiedenen Zielgruppen angehört und sich die Profile der Zielgruppen mittlerweile sehr schnell ändern. Mit gesundem Menschenverstand können Sie jedoch zumindest rausfinden, welche Zielgruppen Sie nicht ansprechen wollen (oder nicht ansprechen können) und Ihre Marketingaktivitäten auf den großen Rest konzentrieren.

Ein Pfund Mut ist mehr wert als eine Tonne Glück.
James A. Garfield

GEMEINSAM STÄRKEN NUTZEN

Netzwerke und Partnerschaften spielen in unserer komplexen Welt eine wichtige Rolle. Suchen wir uns also einen Partner, einen der zu uns passt! Für eine American Sportsbar können dies Sportvereine und Fitnessclubs sein, Hersteller von Sportgetränken und Sportartikeln.

Die Einbindung in gemeinsame Marketingaktionen eröffnet den Zugang zu neuen Kundenkreisen und Kommunikationskanälen, die Sie selbst so nicht oder nur mit hohem Aufwand erreicht hätten. Sind Sie dann bekannt genug, zeigt auch die lokale Stadtillustrierte Interesse an einer Zusammenarbeit, die zumeist neben der gedruckten Ausgabe über eine lebhafte und viel besuchte Website verfügt.

Ein guter Partner ist wie alter Wein – er wird mit den Jahren noch besser.
Anonym

Wenn Sie nur die Gastronomiezulieferer ansprechen, machen Sie das, was alle anderen auch machen.

Wie Sie den richtigen Partner finden? Erweitern Sie Ihr Netzwerk (denken Sie an die Liste 250 und die Liste 500; Seite 97). Halten Sie Kontakt mit den unterschiedlichsten Menschen, interessieren Sie sich für deren besondere Geschichte und deren Arbeit. Oft entstehen Verbindungen und Kooperationen über viele Ecken und Umwege.

> Seine Sie kreativ bei der Suche von Partnern; wenn Sie Augen und Ohren offen halten, finden Sie ziemlich schnell heraus, wer neue Produkte lanciert und neue Kooperationen sucht.

Bei der *Cu-Bar* hat sich zum Beispiel ein Kontakt mit einem auf Kubareisen spezialisierten Reisebüro ergeben, das eine »Zweigstelle« im Lokal einrichtete und – sehr positiv! – einen Teil der Miete übernahm. Die Zusammenarbeit erwies sich als äußerst fruchtbar. Von den gemeinsamen Aktionen haben beide Seiten profitiert.

DER PREIS IST HEISS

Was hat denn Marketing mit Preisen zu tun, werden Sie sich jetzt vielleicht fragen. Sehr viel, denn zum einen kann die Preisgestaltung ein Marketinginstrument sein und zum anderen hängt vom Marketing ab, wo das Preisniveau Ihres Unternehmens angesiedelt ist. Geiz ist heute zwar nicht mehr geil, zu sparen oder auf einen angemessenen Preis zu achten, aber häufig unabdingbar für Ihre Kunden.

Preisgestaltung erweist sich also als ein Thema, bei dem viele Gastronomen nervös werden. Dabei spielt Unsicherheit eine große Rolle. Liege ich zu hoch, zu niedrig oder vielleicht doch richtig? Instinktiv weiß jeder Betreiber eines Lokals, dass nur einer über den angemessenen Preis entscheidet: der Gast.

Die Erwartung der Gäste, ihre Zahlungsbereitschaft, bestimmt, welchen Preis Sie verlangen können. Diese Erwartung ist an das Profil des Objekts und damit an die Positionierung des Betriebes im Markt gebunden. Wird ein Restaurant als exklusiv beworben und auch vom Gast so wahrgenommen, ist die Bereitschaft höher, über dem Marktdurchschnitt liegende Preise zu akzeptieren.

Das wiederum bedeutet, dass Sie mit Ihrem Konzept bereits ein bestimmtes Preisniveau ansteuern. In dem Moment, in dem Sie sich für die Umsetzung einer Idee entscheiden. Sind die Grundzüge des Konzeptes einmal festgelegt, lässt sich die Preisgestaltung davon ableiten: Einflussgrößen sind das allgemeine Preisniveau in Ihrem Umfeld, Preise für die einzelnen Angebotsbereiche sowie Richtlinien für Aktionen.

Früher war es einmal üblich, die Preisliste mit Faustformeln durchzukalkulieren (Sie kennen das vielleicht noch vom Wein: das Dreifache des Wareneinsatzes), dann kam die Deckungskostenrechnung aus der Betriebswirtschaft zu uns herüber.

Aktions- und Basispreise

Richtig ist natürlich, dass wir ein Verhältnis von Preis zu Wareneinsatz erreichen müssen, dass ein wirtschaftliches Arbeiten ermöglicht. Insgesamt dreht es sich aber um die Gesamtkalkulation für Ihren Betrieb. Es zeigt sich immer mehr, dass einzelne Produkte eher dem amerikanischen System der Marketingpreise unterliegen. Die Kernfrage dafür lautet: Was ist der Gast bereit, für dieses Produkt zu investieren?

Dieser Marketingpreis ermöglicht es Ihnen natürlich auch, Absatzmengen zu steuern.

Betrachten wir einmal eine Champagnerverkaufsaktion in einem hippen Münchner Club: Jede Flasche guter Champagner kostete 50 €. Das war im Vergleich zu ähnlichen Lokalen ziemlich wenig, aber bei gleicher Arbeit des Kellners wurde damit – in schnöden Euro ausgedrückt – mehr verdient als mit einer Flasche Prosecco. Das Angebot schien verlockend zu sein, denn an vielen Abenden wurden darauf Hunderte von Champagnerflaschen verkauft – oft an Leute, die eigentlich nur zwei Cocktails getrunken hätten. Und für Stimmung und Image ist eine solche Aktion natürlich genial!

Zu unterscheiden ist zwischen Preisen für die Angebote, die das Profil prägen, die einzigartig, weil besser oder ungewöhnlich sind, und Preisen für bestimmte Basisprodukte. Die Preise für Angebote können relativ frei kalkuliert und entsprechend angehoben werden. Preissensibel allerdings reagiert der Gast bei sogenannten Signalpreisen. Dazu gehören Preise für Produkte wie die Tasse Kaffee, das Glas Bier oder den Apfelsaft für die Kinder. Sie signalisieren dem Kunden das Preisniveau des gesamten Lokals.

> *Die Preise in manchen Feinschmeckerlokalen kann man nur noch als bewaffneten Raubüberfall mit dem Küchenmesser bezeichnen.*
> Robert Coutine

Akzeptieren wird der Gast die nur Preise dann, wenn er das Gefühl hat, die erwartete Leistung bekommen zu haben. Wie genau diese Leistung aussieht, wird zum einen beeinflusst vom Marketing und der Kundenkommunikation des Lokals, zum anderen von Erfahrungswerten der Gäste: Jedem ist klar, dass die Preise in der Großstadt oder an Flughäfen höher sind als in der Kleinstadt oder in einem Stadtviertel in Uni-Nähe. Sitzt man auf der Düsseldorfer Kö oder im Graben in Wien, bezahlt man die Lage mit, ebenso wie den Status, im weltberühmten *Café Sacher* seinen Braunen mit Sachertorte zu konsumieren.

Bei zeitlich begrenzten Aktionen, zum Beispiel bei einer Terrassen-Cocktail-Aktion an den letzten Tagen des Sommers, können bestimmte Teile des Angebotes zu reduzierten Preisen angeboten werden. Danach kehren Sie aber zu Normalpreisen zurück.

Fortwährender Beliebtheit erfreuen sich auch gebündelte Angebote wie All-Inklusive-Specials, Buffets oder der Brunch, mit denen der Gastronom seine Kapazitätsauslastung lenken kann. Zugleich sind diese Aktionen Anlässe für Kommunikation mit dem Gast, ohne das grundlegende Image und damit die Erwartung zu verändern.

All diese Sonderaktionen gehören in Ihren Marketingmix und sollten dort auch mit der begleitenden Werbung geplant werden.

Goldman 25hours, Frankfurt – Erfolgreiche Gastronomie auch im Hotel

Monkey's Club, Düsseldorf

IHRE KUNDEN – IHR KAPITAL

Wer von Kundenbindung oder auch Customer Relationship Management (CRM) spricht, denkt häufig in Richtung Kundenkarte, Gutscheinaktion und Investition in neue Technologien. Dies kann zu CRM gehören.

Aber im Kern ist Customer Relationship Management viel mehr: Es ist eine Philosophie der Unternehmensführung. Mittels CRM sollen der Betrieb weiterentwickelt und Kundenbeziehungen gepflegt werden – mit dem Ziel des nachhaltigen wirtschaftlichen Erfolges.

Gastbindung braucht Zeit. Sie entwickelt sich wie Freundschaft.
Nicole Kobjoll

Customer Relationship Management gehört daher heute zur unverzichtbaren Praxis in allen Bereichen mit Gastkontakt, im Verkauf und im Marketing.

Qualität weiterentwickeln

Instinktiv handeln die meisten Gastronomen nach CRM-Grundsätzen, indem sie im Betrieb auf alles achten, was eine Meinungsäußerung des Gastes darstellt: der Teller, der halbvoll zurückgegeben wird, Speisen und Getränke, die selten geordert werden, Bereiche des Gastraumes, die ständig als Letztes belegt werden. Alles Indizien dafür, dass im Konzept etwas nicht stimmt, dass die Botschaft und die Basis – also die Qualität von Speisen, Getränken, Service, Ambiente und Sauberkeit – zu überprüfen sind.

Diese Beobachtungen werden ergänzt durch Gespräche mit Gästen, Mitarbeitern und vielleicht auch Außenstehenden. So sammeln Sie als Gastronom Informationen, die Ihnen bei der Entscheidung helfen, in welche Richtung Sie Veränderungen vornehmen sollten.

> Die Mitarbeiter sind Ihr verlängerte Arm in Sachen CRM. Sie für diese Aufgabe zu sensibilisieren und einzubinden, ist Aufgabe der Führungskraft, also Ihre Aufgabe.

Auch die Gäste können aktiv in die Weiterentwicklung der Qualität einbezogen werden. Die angekündigte neue Speisekarte wird Stammgästen schmackhaft gemacht, in dem sie zur Verkostung eines Probegerichtes eingeladen und anschließend nach ihrer Meinung befragt werden. Gleichzeitig hilft dieses Feedback, um an dem neuen Gericht die letzte Feinabstimmung vorzunehmen. Mit dieser Maßnahme erzielen Sie sowohl Informations-Input als auch Informations-Output – das ist eine Pflege der Kundenbeziehungen, wie sie besser (und preiswerter!) nicht sein könnte.

Promotion für die Eröffnung und zugleich effektives Customer Relationship Management kombinierten wir einmal bei der Eröffnung eines Coffee-Shops auf der gehobenen Einkaufsstraße Fressgass in Frankfurt. Vier Tage lang besuchte der Betriebsleiter zusammen mit mir die rund achtzig umliegenden Einzelhandelsgeschäfte und stellte uns selbst sowie den neuen Coffee-Shop vor. Zugleich fragte er die Frühstücksvorlieben der Mitarbeiter und Inhaber ab. Dreißig Minuten später traf bei den überraschten Verkäufern eine Box ein, die genau das gewünschte Frühstück enthielt.

Der Verkauf eines Autos ist nicht der Abschluss eines Geschäftes, sondern der Beginn einer Beziehung.
Henry Ford

Mit vergleichsweise kleinem Aufwand wurden so Informationen über Kundenwünsche gesammelt und die Basis für ein positives Image bei den wichtigen Multiplikatoren in der Nachbarschaft gelegt. Dass diese Aktion sowohl sympathisch als auch bemerkenswert gefunden wurde, lag auch daran, dass sich zuvor keiner der neuen Geschäftsmieter sich je bei seinen Nachbarn persönlich vorgestellt hatte.

Für uns war die Aktion in mehrfacher Hinsicht erfolgreich: Der Coffee-Shop hatte einen tollen Start, wurde aus dem Nichts heraus zur Marke, die bis heute empfohlen wird, und zugleich erhielten wir wertvolle Daten für unser CRM. Und natürlich in der Folge mittels Mund-zu-Mund Propaganda viele Gäste, die uns die umliegenden Läden geschickt haben.

Fallstricke des Gutscheinmarketing

Sehr viele Kollegen sehe ich mit Gutscheinen für ihr Lokal werben. Sicher sind Gutscheinaktionen, die themen- und zeitbezogen laufen, eine gute Möglichkeit, neue Gäste zu gewinnen und Adressmaterial für die Datenbank zu bekommen.

Aus meiner Erfahrung rate ich jedoch zum durchdachten Einsatz, denn Gutscheinmarketing birgt Fallstricke.

Machen Sie zum Beispiel im Rahmen der Eröffnung eine Gutscheinaktion, müssen Sie sich im Vorfeld über zwei Dinge im Klaren sein: Zum einen sorgen Sie für regen Zulauf in einer Zeit, in der die Organisation Ihres Betriebs noch schwach ist. Das Team ist nicht optimal eingespielt und Arbeitsabläufe müssen verbessert werden. Zum anderen reagieren Gäste preissensibel. Das bedeutet, sie kommen vielleicht nicht mehr, wenn Sie nach der Aktion Ihre normalen Preise verlangen.

Sehr beliebt sind auch Gutscheinaktionen mit in Zusammenarbeit Stadtillustrierten und Stadtteilanzeigern. Dabei müssen Sie immer zuerst die Seriosität des Angebotes zu prüfen und sicherstellen, dass Ihr Restaurant in einem adäquaten Umfeld präsentiert wird: sowohl, was die anderen teilnehmenden Gastronomiebetriebe angeht, als auch in der Aufmachung der Aktion.

Wie es Schnäppchenjäger gibt, so gibt es auch immer Gutscheinjäger, die mehrmals mit Gutscheinen auftauchen, um den gratis Käsekuchen am Nachmittag zu genießen, ohne auch nur einen Kaffee dazu zu ordern!

Durchdachte Flyerkonzepte

Flyer als Medium können eine sehr zielgerichtete, preiswerte Werbung sein. Natürlich müssen Sie bei der Gestaltung darauf achten, dass Ihre Aussagen auch wirklich verstanden werden. (Gehen Sie dabei ruhig vom tiefsten intellektuellen Niveau aus, dass Sie in Ihrer Klientel anzutreffen wünschen!) Ansonsten gehen Sie in der täglichen Handzettelflut einfach unter.

Über den Erfolg einer Handzettelaktion entscheidet nur die Verteilung. Bei Hand-zu-Hand-Verteilung sollten natürlich die VerteilerInnen zu Ihrem Betrieb und seinem Erscheinungsbild passen. Bei einem hippen Lounge-Konzept für Gäste ab 25 Jahren aufwärts macht es keinen Sinn, die Verteilung durch 16jährige Schüler in der Hip-Hop-Schlabberjeans durchführen zu lassen. Attraktive Servicemitarbeiter im Alter der Gäste mit Ausstrahlung bringen eine Botschaft viel besser an den Mann und die Frau – vor allem natürlich, weil sie sich mit dem Betrieb identifizieren, etwas darüber erzählen können, und der Gast eine Chance hat, »seine(n)« Flyerverteiler(in) wiederzutreffen.

Zur Eröffnung eines mexikanischen Restaurants in Leipzig haben wir zum Beispiel zur Eröffnung die Flyer durch eine »Verteilerkette« austragen lassen. Sechs bis acht nett anzusehende ServicemitarbeiterInnen, alle mit einem Sombrero und einem farbenfrohen Poncho bekleidet bildeten nebeneinander eine lockere Reihe und gingen mehrere Tage durch die Fußgängerzone. Die gutgelaunte Reihe sorgte für viel Aufmerksamkeit – und alle durch die Reihe schlüpfenden Passanten erhielten einen Flyer.

Zur *CuBaR*-Eröffnung charterten wir damals mehrere Tage lang ein original 1940er-Jahre US-Cabrio, wie sie noch immer durch Havanna fahren. Am Steuer saß unser »kubanischer Padrone« Käpt´n Jack, alias Frankie Gee, und drei bis vier Mädels im Bikini. Dazu gab es laute Salsamusik und ausgelassene Partystimmung. Bei allen Stopps wurden ihnen die Flyer regelrecht aus der Hand gerissen.

Weitere nützliche Informationen zum Thema Handzettel und Flyer bekommen Sie im Abschnitt über Guerilla-Marketing ab Seite 228.

Briefe, E-Mails und SMS

Eine weitere wichtige Rolle im Bereich der Kundenbindung spielen alle Formen von Mailings. Voraussetzung dafür ist der Aufbau einer funktionierenden Datenbank, in der Anschrift, E-Mail-Adresse, Mobiltelefonnummer sowie Geburtstage und persönliche Vorlieben erfasst werden.

> Gehen Sie sorgfältig mit allen Kundendaten um, nicht nur aus Datenschutzgründen. Merkt ein Gast, dass Sie seine Adresse weitergegeben haben, sind Sie ihn und wahrscheinlich noch viele andere sofort los.

Fragen Sie diese Informationen ab, ist es erforderlich, dass der Gast sein Einverständnis zur Nutzung seiner Daten gibt. Mit einem kleinen Formular und der Belohnung in Form eines Espresso kann diese wichtige Formalität elegant erledigt werden.
In der Nutzung der Informationen aus der Datenbank sind die Hoteliers den Gastronomen eine Nasenlänge voraus. Gäste mit Namen anzusprechen, auf Vorlieben einzugehen, das gehört heute zum Ritual in jedem guten Hotel. Aber das geht auch im Restaurant. Wird ein Tisch vorbestellt, kann der Blick in die Datenbank in Hinblick auf weiteres Geschäft nützlich sein. Vielleicht können die Gäste bereits mit ihrem bevorzugten Aperitif begrüßt werden? Oder steht in Kürze ein runder Geburtstag an, auf den man den Gast freundlich ansprechen und nach diesbezüglichen Plänen fragen kann?
Genutzt werden können Kundenangaben für Werbebriefe und die Gästezeitung, beides relativ kosten- und zeitaufwändige Kundenbindungsvarianten. Schneller und preiswerter sind das E-Mail-Marketing und die kurze Information per SMS (diese allerdings nur für die junge Zielgruppe zwischen 15 und 25 Jahren). Als Faustformel gilt: Eine Mitteilung alle ein bis zwei Monate genügt, zu häufige Kontakte werden schnell als Belästigung empfunden.

Die Sache mit der Karte

Kundenbindungen mittels Kundenkarte zu festigen ist eine weitere beliebte Marketingvariante. Unterschieden wird dabei zwischen der personengebundenen Karte und einer Bonuskarte. Die personengebundene Karte ist eine Mitglieds- oder Clubkarte und gewährt genau festgelegte Vorteile. Die Ausgabe dieser Karte ist mit Datenerfassung und der Option zur längerfristigen Beziehungspflege verbunden. Die einfachere Variante ist die Bonuskarte, deren Bonuspunkte durch Abknipsen, Abreißen oder Stempel vergeben werden. Diese Karte kann von jedem in Anspruch genommen werden, der sie gerade dabei hat. Eine gute Idee zum Beispiel für Familienkonzepte.
Und in Kiew gibt es zum Beispiel im Moment für gute Gäste bestimmter Lokale Rabattkarten, die diesen – neben steigenden Boni – besondere Privilegien und eine bevorzugte Behandlung bei den weiteren Besuchen garantieren (http://www.kartamir.com/ua/eng/card.html, http://www2k.com.ua/eng/kcard/).

The Line im Shangri-La, Singapur

Whampoa Club Shanghai

Jereme Leung

DIE NEUEN TECHNOLOGIEN

Neue Zeiten bringen neue Produkte, neue Zielgruppen und neue Technologien für Ihre Projekte. Lebenslanges Lernen bleibt Ihnen als Gastronom sowieso nicht erspart.
Permission Marketing (Marketing über E-Mail-Versand) und Blogging sind junge Begriffe aus der wunderbaren Welt des Internet, mit denen Sie sich heute auseinandersetzen müssen. Auch die Allgegenwart des Mobiltelefons hat die Werbewelt verändert – denken Sie nur an Werbemethoden wie die Massen-SMS.
Wie das Produktangebot, so ist auch die Welt der Kommunikation heute bunter und spannender denn je. Gab es früher nur Filterkaffee oder Espresso, können Sie heute ganze Karten mit Kaffeespezialitäten füllen. Genauso ist es mit den Marketingmöglichkeiten. Die unterschiedlichen Zielgruppen haben unterschiedliche Bedürfnisse, unterschiedliche Arten zu kommunizieren, nutzen andere Medien und sprechen eine andere Sprache. Darauf müssen Sie sich einstellen – je früher, desto besser.

Der eigenen Internetauftritt

Ein Muss für jeden Gastronomen ist heutzutage die eigene Website als Plattform für Informationsaustausch und Imagewerbung. Immer beliebter werden auch Online-Verkaufsseiten, auf denen der Gast sein Menü zusammenstellt und das Gewünschte dann innerhalb kürzester Zeit oder zu einem vereinbarten Termin nach Hause geliefert bekommt. Die Zeiten, in denen ein Lieferservice gleichzusetzen war mit dem Pizzaboten oder dem Take-Away-Asiaten, sind endgültig vorbei.
Eine gute Homepage ist bedienerfreundlich gestaltet, verfügt über eine kurze Ladezeit, wird regelmäßig aktualisiert und intensiv beworben. Sie ist attraktiv gestaltet und setzt das Corporate Design auf der Web-Ebene um. Dazu gehören als Mindeststandard ansprechende Fotos vom Restaurant, die appetitanregende Beschreibung der Speisen und der Getränkeauswahl und natürlich die Wegbeschreibung zum Ausdrucken. Die Möglichkeit zur Online-Reservierung sollte nur angeboten werden, wenn mehrere Ihrer Mitarbeiter sich auch ständig um die Aktualisierung und Beantwortung der Anfragen kümmern können.
Ihre Homepage sollte unbedingt von einem Profi für Webdesign gestaltet und ständig von einem Internetspezialisten betreut werden. Lassen Sie die Finger vom Sohn des Nachbarn eines Mitarbeiters, »der sich gut mit Computern auskennt«. Ein laienhaft gestalteter und mangelhaft betreuter Internetauftritt schadet Ihrem Image mehr, als dass er Ihnen nützt.
Denn jede Website ist nur so gut, wie sie intensiv genutzt wird. Das wird sie nur, wenn Ihr Kunde sie auch findet. Ausschlaggebend sind daher Links auf

die richtigen Partnerseiten und die Einbindung der Internetadresse überall dort, wo der Name des Lokals auftaucht. Wichtige Links führen zum Beispiel zur offiziellen Website Ihrer Stadt und von dort zur Tourismus- und Gastro-Seite. Ebenso müssen die Ausgeh- und Gastro-Rubriken der Online-Dienste von einschlägigen Verlagshäusern und Zeitschriften eingebunden werden.

Ein Muss ist der Eintrag bei den Branchendiensten www.gelbeseiten.de und www.goyellow.de oder www.herold.at für Österreich und www.directories.ch/gelbeseiten für die Schweiz.

Außerdem sollte sich Ihr Betreuer darum kümmern, dass Ihr Lokal ganz oben auf der Liste erscheint, wenn jemand in Ihrer Umgebung nach einem bestimmten Lokal mit Hilfe einer Suchmaschine sucht. Es wäre doch schade, wenn Ihr französisches Bistro bei einer Anfrage nach »Französisch essen in Dingsbums« gar nicht oder nur unter ferner liefen erscheinen würde. Wenn Ihnen jetzt jemand erzählen will, diese Reihenfolge könnte man nicht beeinflussen, glauben Sie ihm besser nicht! Außerdem bieten Internetdienste und Suchmaschinen eigene Werbemöglichkeiten, die Sie ruhig einmal daraufhin unter die Lupe nehmen sollten, ob das für Ihre Zielgruppe etwas ist. Je wichtiger die Website für Ihre Kommunikation mit Ihren Gästen wird, umso kreativere Möglichkeiten bieten sich Ihnen für Ihr Marketing: E-Newsletter, Bestellformulare, Spiele und witzige Werbespots, Gästeaktionen mit Antwortmöglichkeiten, Bilder von der letzten Party, dazu die Tell-A-Friend-Funktion, mit der Freunde per E-Mail über die Website informiert werden. Gang und gäbe ist es mittlerweile auch, Stellenangebote auf der Website einzustellen.

Zielt Ihr Konzept auf eine überwiegend junge Zielgruppe unter 25 Jahren, ist verstärkt auf eine gut gepflegte und den neuesten Anforderungen entsprechende Website zu achten. Für diesen Gästekreis bildet das Internet Realität ab. Ist die Internetpräsenz veraltet, werden umgehend Schlussfolgerungen auf das Lokal gezogen. Bei einer älteren Zielgruppe ist mehr auf den Informationsgehalt und den praktischen Nutzen wert zu legen.

Einen hohen Nutzwert bietet eine gut gemachte Website für die Veranstaltungsgastronomie. In der Angebots- und Planungsphase können im Verkaufsgespräch direkt die zur Verfügung stehenden Räume mit ihren Nutzungsmöglichkeiten aufgerufen und präsentiert werden. Hier kann die Website häufig sogar den aufwändig zu produzierenden Verkaufs- und Veranstaltungsprospekt ersetzen. Wenn Sie Veranstaltungen verkaufen, und oft mit Agenturen zu tun haben, sehen Sie sich meist gleich zusammen mit Ihrem Kunden Ihre Webseite am Telefon an, um Angebot und Räumlichkeiten zu besprechen. Für Prospekte im Postversand hat in der Agenturbranche kaum noch einer Zeit.

> *Erfolgreiches Marketing ist immer einfach. Es gründet sich auf solide Arbeit bei Produktion und Dienstleistungen – und, am wichtigsten, auf Wahrheit.*
> Michael J. Pabst

E-Mails und Newsletter für Ihre Gäste

Viele Anbieter ringen um Aufmerksamkeit und Gunst der Kunden. Kommuniziert wird auf unterschiedlichen Kanälen, und die Kunden entscheiden selbst, wann, wo, wie und über was sie informiert werden wollen.

Einen immer größeren Anteil am Marketing nimmt E-Mail-Marketing ein. Seine Vorteile: persönlich, schnell und zu einem Bruchteil der Kosten für herkömmliche Werbung zu bekommen. Diese Versandform beruht auf der ausdrücklichen Erlaubnis (permission) der Kunden, die E-Mail-Adresse zu verwenden.

Immer mehr Unternehmen beginnen damit, eigene E-Mail-Verteiler aufzubauen, Neukunden durch E-Mail-Aktionen zu gewinnen oder Kundenbindung mittels E-Newsletter zu betreiben. In der Regel wird der Bezug des Newsletter auf der Website angeboten. Hierzu hinterlässt der Kunde die benötigten Kontaktdaten und stimmt der Zusendung des Newsletters zu.

Aktiv aufgebaut wird der E-Mail-Adressbestand über direkten Gastkontakt in den Lokalen. In den von mir betreuten Betrieben wird jeder Mitarbeiter in diese Aufgabe eingebunden. Und dafür belohnt! So erhalten die Mitarbeiter im *N.Y.C.* in Frankfurt pro ausgefüllte Gästekarte 0,20 €.

Für die Ansprache der Gäste haben wir Standards als Vorgaben entwickelt, die dem Mitarbeiter die Sorge abnehmen, wie er sich am besten den Gästen mit seinem Ansinnen nähern soll. Abends ist dies nach unserer Erfahrung kaum ein Problem. Die Gäste sind entspannt und haben Zeit. Die Servicekraft fragt gleich bei der Bestellung, ob die Gäste an einer regelmäßigen Information oder an Einladungen zu tollen Veranstaltungen interessiert sind. Die meisten sind es! Die Kundenkarte hat sie schon dabei und überreicht sie den Gästen zum Ausfüllen. Mittags ist aufgrund der Zeitknappheit die Bereitschaft der Gäste zum Ausfüllen der Karte geringer. Wir belohnen ihre Mühe daher mit einem kostenlosen Espresso.

Ich bekomme eine Menge gut gestalteter und perfekt an das Corporate Design angelehnter Newsletter. Das ist prinzipiell auch richtig so. Ich bin allerdings mittlerweile dazu übergegangen, Newsletter als reine Textmailings zu versenden, die aufgrund ihrer geringen Datenmenge in der Regel auch von den Schutzprogrammen großer Unternehmen durchgelassen werden. Die Newsletter enthalten nur ein ganz konkretes Angebot. Der Text ist kurz, knackig und klar gegliedert. Dies erleichtert die Lesbarkeit am Bildschirm. Die Betreffzeile stellt einen klaren Bezug zum Restaurant her.

> Beachten Sie beim Zusenden von Newslettern die Datenschutzbestimmungen! Ermöglichen Sie Ihren Gästen, mit einem Klick Ihren Newsletter abzubestellen – und erfüllen Sie unbedingt diesen Wunsch des Empfängers!

Generation SMS und die Welt der Weblogs

Speziell für den jungen Gästekreis eignet sich der Versand aktueller Infos über SMS. Diese Zielgruppe liebt diesen Kommunikationskanal, während Gäste ab 25 Jahren häufig nicht so gerne die Mobiltelefonnummer herausgeben.

Den Versand von SMS-Nachrichten nutzen einige Gastronomen sehr geschickt als Marketinginstrument. Wie ein Kollege, Nikos Gatzias aus Frankfurt, der das Konzept *Sansibar* in einer Open-Air-Sommervariante und einer Wintervariante an unterschiedlichen Orten betreibt. Eine ausgewählte Klientel erhält zum Beispiel im Sommer via SMS die Nachricht, ob die *Sansibar*-Dachterrasse geöffnet ist. Das ist cool, das ist elitär. Hat man diese Info, ist man den anderen voraus und signalisiert: Ich gehöre dazu.

> Wenn Sie sich in der Welt von Web 2.0-Anwendungen nicht auskennen, brauchen Sie einen Partner, der etwas davon versteht. Sonst blamieren Sie sich bei Ihren potentiellen Kunden nur.

Die junge Zielgruppe und deren existierende Netzwerke können in vielerlei Hinsicht gezielt genutzt werden. So hat zum Beispiel ein findiger Gastronom mit einem Café vormittags ein spezielles Frühstück für Mütter mit Kindern angeboten; der Werbeeffekt durch die Mundpropaganda in den engmaschigen Mütternetzwerken war unbezahlbar.

Virales Marketing nennt sich eine andere Form, um Aufmerksamkeit auf Marken, Produkte und Kampagnen zu lenken. Meist sind die Inhalte unterhaltsam und neu: Bilder, Ton- und Filmclips, Spiele, Witze, Preisausschreiben. Beispiel ist das Werbespiel Moorhuhn, ein Marketinginstrument der Firma Johnnie Walker, das kostenlos von deren Website heruntergeladen werden konnte.

Die Verbreitung der Nachricht basiert auf der Kommunikation zwischen den Kunden per E-Mails, in Foren oder auf Blogs. Blogs oder Weblogs können Mund-zu-Mund-Propaganda in elektronischer Form weitertragen. Ein Blog ist ein digitales Journal mit einer chronologisch sortierten Liste von Einträgen, in denen der Herausgeber, der Blogger, seine Sicht zu einem gewählten Inhalt darstellt.

Der Branchendienst www.restaurant-hospitality.com berichtete unlängst von einem Gastronomen in Nashville, der für sein neues BBQ-Restaurant einen Blog einrichtete und mit seinem ersten Eintrag zur Eröffnung einlud. Fazit: Es kamen immerhin 50 Gäste, alle ausschließlich aus der Blogger-Gemeinde von Nashville. Die Bloggerwelle breitete sich bis zu den konventionellen Medien aus, die dann von seinem Restaurant und dem Erfolg des Blogs berichteten.

AUF DIE RICHTIGE TAKTIK KOMMT ES AN

Guerilla-Marketing bezeichnet die Wahl ungewöhnlicher Aktionen in Ihrer Werbestrategie, die mit untypisch geringem Mitteleinsatz eine große Wirkung erzielen sollen.

Guerilla-Marketing war ursprünglich als Chance für kleine und mittlere Unternehmen entwickelt worden, um den Großen ihrer Branche Paroli zu bieten. Von Werbung über New Marketing bis CRM – nahezu alle Kommunikationsstrategien können von Taktiken des Guerilla-Marketing geprägt werden.

Populär gemacht hat das Guerilla-Marketing der US-Amerikaner Jay Conrad Levinson. Sein erstes Buch mit dem Titel »The Guerilla Marketing Handbook« erschien 1984 und wurde bisher in 41 Sprachen übersetzt.

Die USA befanden sich während der 1980er-Jahre in einer Wirtschaftskrise, von der besonders kleinere Firmen betroffen waren. Jay Conrad Levinson belebte damals die Grundidee des Guerilla-Marketing neu, um diesen Unternehmen schnell aus Krisensituationen zu helfen.

> Die Merkmale des Guerilla-Marketing: Es ist lokal, originell, aufmerksamkeitsstark, verständlich, zielgruppengenau, überraschend, flexibel, sehr wirkungsvoll und kostengünstig!

Das Wichtigste für Guerille-Marketing-Aktionen sind gute, überraschende Ideen. Machen Sie ein Brainstorming mit Ihren Mitarbeitern, vergessen Sie dabei die jungen Azubis nicht! Reden Sie mit Ihrer Familie und den eher unkonventionellen Menschen in Ihrem Bekanntenkreis. Um originelle Ideen zu bekommen, muss man manchmal ungewöhnliche Wege gehen.

Kein Detail ist zu unbedeutend um nicht einbezogen zu werden. Je eher Sie dies erkennen, desto besser wird Ihr Marketing. Und je besser Ihr Marketing ist, desto mehr Geld werden Sie verdienen.
Jay Conrad Levinson

Die besten Ideen hat man erfahrungsgemäß in der »Inkubationszeit«: Sie haben sich mit dem Thema schon auseinandergesetzt, aber machen gerade etwas ganz anderes, wie duschen oder mit den Kinder spielen.

Was ich damit genau meine, wird nachfolgend einleuchtend von ein paar Praxisbeispielen illustriert.

Aus der Guerilla-Praxis

Für Guerilla Marketing optimal geeignet ist der vorhin (Seite 220) angesprochene Handzettel. Seine Vorteile: schnell, effektiv, preiswert und direkt. Hier können sich kreative Gastronomen innerhalb des vorgegebenen Corporate Designs austoben, denn ein Handzettel soll auffallen – durch seine Botschaft und seine Gestaltung.

So ließ sich Betreiber eines Frankfurter Restaurants nach der Eröffnung des Lokals Folgendes einfallen, um auf sich aufmerksam zu machen: Er ließ kleine blaue Zettel in einer Klarsichthülle an die Frontscheibe parkender Autos im angrenzenden Büroviertel anbringen – die Assoziation mit einem Strafzettel war dabei erwünscht! Statt des »Knöllchens« hielten die Autofahrer dann jedoch erfreulicherweise die Information über das neue Restaurant mit einem Lunchangebot in Händen. Mit einem Schlag wurde das neue Lokal bekannt und stand mit dieser Aktion gleich in zwei Tageszeitungen.

Wer weiß über alles in der Stadt und im Viertel bestens Bescheid? Friseure und Taxifahrer. Friseure sind eine Art Basisstation, Taxifahrer fliegende Boten. Beide Berufsgruppen sind deshalb für den gewieften Stadtguerillero hochinteressante Multiplikatoren.

Warum nicht die langen Wartezeiten der Taxifahrer mit Kaffee und Muffins versüßen, wenn man ein amerikanisches Restaurant eröffnet? Den Flyer gibt's natürlich obendrein. Für das *N.Y.C.* haben wir diese Aktion nach der Eröffnung einen Monat lang bei den Taxis aus der Gegend gemacht. Diese nette Geste sprach sich bei den Taxifahrern herum wie ein Lauffeuer und hat uns in der Folge viele Gäste aufgrund deren Empfehlung gebracht.

> *Sie müssen ein Qualitätsprodukt anbieten, um erfolgreich zu sein. Selbst das beste Marketing der Welt wird einen Kunden nicht dazu bewegen, schlechte Ware oder eine mangelhafte Dienstleistung mehr als einmal zu kaufen.*
>
> Jay Conrad Levinson

Eine nette Verabschiedungsgeste hat sich das *Parkhotel Bilm* einfallen lassen. Dort gibt es einen Scheibenputzservice für die Autos der abreisenden Gäste. Hinter dem Scheibenwischer steckt zusätzlich ein freundlicher Gruß: »Wir wünschen Ihnen eine gute Sicht und gute Fahrt. Auf Wiedersehen im Parkhotel Bilm.«

Ein sehr schönes Hotel in einem altehrwürdigen Gebäude in Leipzig bietet seinen Gästen einen Kaffee- bzw. Teeservice zum Weckruf und macht so eingeschränkte Möglichkeiten aufgrund der baulichen Voraussetzungen mehr als wett. Bei der Bestellung des Weckrufs am Abend vorher wird gefragt: Möchten Sie einen frischen Kaffee zu Ihrem Weckruf? Wer sagt da schon nein? Am nächsten Morgen wurde fünf Minuten nach dem Weckruf der Kaffee mit einem freundlichen Lächeln serviert. Die Idee dazu hatten Mitarbeiter des Hauses! Der Gesamteindruck des Hotels – perfekte Sauberkeit, freundlicher Service und extra Dienstleistung – war bemerkenswert.

Long Island City Lounge und Long Island Summer Lounge, Frankfurt

NIKKI BEACH

In Frankfurt pflegen wir eine Kooperation mit einem Multiplexkino, das ausschließlich Filme in englischer Sprache zeigt. Das hat ein ideales Zielpublikum für unsere internationalen Restaurants. Wenn wir allerdings unsere Flyer nur dort auslegen würden, hätten wir kaum eine Wirkung zu verzeichnen.

Also werden die Handzettel alle drei Monate jeweils eine komplette Woche direkt mit der Kinokarte verteilt. Als Gegenleistung richten wir die Weihnachtsfeier des Kinos für alle Mitarbeiter aus und schenken ihnen Restaurantgutscheine.

So ergibt sich ein direkter Bezug und die Kinomitarbeiter verteilen unsere Werbung hochmotiviert, können Fragen zu unseren Restaurants oder dem Weg dorthin beantworten und empfehlen uns das ganze Jahr.

Regeln fürs Guerilla-Marketing

Zusammengefasst kann man sagen, dass im Guerilla-Marketing (fast) alles erlaubt ist, was gefällt und Erfolg bringt.

Trotzdem gibt es natürlich auch dafür Regeln. Die wichtigsten habe ich für Sie zusammengetragen:

- Notwendige Charaktereigenschaften eines Guerillamanagers:
  - Einfallsreichtum
  - Geduld
  - Aggressivität
  - Sensibilität
  - Starkes Ego
- Zeigen Sie Gefühle.
- Seien Sie verrückt.
- Seien Sie anders.
- Zeigen Sie Größe: Machen Sie Werbung mit Objekten im XXL-Format.
- Nutzten Sie Dramatik und Humor.
- Seien Sie schnell und flexibel.
- Achten Sie auf Details.
- Konzentrieren Sie sich auf das, was Sie gut können.
- Seien Sie einfach: Die Idee muss nach wenigen Worten verstanden werden.
- Seien Sie glaubwürdig: Guerilla-Marketing muss zu Ihrem Konzept passen.
- Seien Sie persönlich: Sprechen Sie Ihren potentiellen Kunden direkt an. Zeigen Sie etwas von Ihrer Persönlichkeit.
- Die größte Aufmerksamkeit erhalten Sie mit Guerilla-Marketing anfangs: Später reicht die Mundpropaganda.
- Denken Sie in regelmäßigen Abständen über Ihre Markposition nach:

- – Bieten Sie wirklich einen Nutzen für Ihre Kunden?
  - – Ist es der richtige Nutzen für Ihre Kunden?
  - – Bieten auch Mitbewerber diesen Nutzen?
  - – Sind Sie leicht zu kopieren?
- Machen Sie einen Marketingplan zur Festlegung Ihrer Werbestrategie:
  Ziel + Positionierung + Zielgruppe + Botschaft + Zeitplan + Budget
  = eindeutige Strategie
- Halten Sie Ihren Marketingplan unbedingt ein.
- Vernachlässigen Sie nie Ihre Qualität: Gäste kommen nur wieder, wenn Ihr Produkt auch die Werbeversprechen einhält oder übertrifft.
- Ihre stärksten Waffen sind:
  - – persönliche Kontakte
  - – Mund-zu-Mund-Propaganda
- Jeder liebt kleine »Bestechungen« (z.B. kostenloser Welcome-Cocktail).
- Überzeugen Sie zuerst Ihre Mitarbeiter.
- Für Ihre Gäste repräsentiert jeder Mitarbeiter Ihr Konzept und Ihre Philosophie!
- Die wichtigste Aufgabe Ihrer Servicemitarbeiter: Dafür zu sorgen, dass der Gast so schnell wie möglich wiederkommen möchte.
- Bieten Sie Ihren Gästen eine Bühne für ihren Auftritt.
- Schaffen Sie Vertrauen: Am leichtesten beeinflussen können Sie Ihre Kunden, wenn sie in Ihrem Lokal sind.
- Sammeln Sie (E-Mail-)Adressen von Kunden und solchen, die es werden könnten.
- Der Zweck heiligt die Mittel – beziehen Sie alles ein:
  Briefbögen, Schürzen, Visitenkarten, Aufkleber, Branding, Autos, Taschen, Motorräder, T-Shirts, Straßenbahnen, Autos.
- Das Wichtigste in einer Anzeige ist die Überschrift.
- Nutzen Sie die Öffentlichkeitsarbeit (PR), insbesondere:
  - – Eröffnung
  - – Wiedereröffnung
  - – Events
  - – Klatsch
- Kombinieren Sie verschiedene Strategien: Handzettel und Werbegeschenk, Anzeige als Gutschein.
- Finden Sie Partner für gemeinsame Aktionen und die Nutzung von Synergieeffekten.
- Guerilla-Marketing muss immer kreativer als die Konkurrenz sein.
- Vorsicht vor anderen Guerillas.
- Brechen Sie alle Regeln, wenn es Ihnen Vorteile bringt.
- Haben Sie noch Fragen?
  - – Fragen Sie Ihre Kunden.
  - – Fragen Sie Ihre Mitarbeiter.

AUF DIE ERÖFFNUNG KOMMT ES AN

Es gibt keine zweite Chance für einen guten ersten Eindruck.
Anonym

TRAUMUMSATZ ODER DURSTSTRECKE?

»Es gibt keine zweite Chance für einen guten ersten Eindruck.« – Ich weiß nicht von wem dieser Satz stammt, aber der Mensch hatte richtig Ahnung von Gastronomie. Dass es für die Eröffnung eines Restaurants, eines Hotels oder einer anderen gastronomischen Einrichtung nur diese eine Chance gibt, liegt auf der Hand. Mit der Eröffnung entscheidet sich, ob Sie schnell zu einem Traumumsatz kommen werden oder eine sehr lange Durststrecke vor sich haben.

Es genügt nicht, zum Fluss zu kommen, mit dem Wunsch Fische zu fangen. Man muss auch das Netz mitbringen.
Chinesisches Sprichwort

Sie sollten diesen ganz besonderen Moment für einen Paukenschlag nutzen, der allen potentiellen Kunden und Gäste auf Sie bzw. Ihr Lokal aufmerksam macht. Ob diese dann auch wirklich immer wieder kommen, hängt davon ab, wie viele der nachfolgenden Tipps und Empfehlung Sie umsetzen. Und davon, was Sie sich selbst ausgedacht haben, um im täglichen Kampf um die Aufmerksamkeit der Gäste zu bestehen.

Die Planung der Eröffnung fängt an dem Tag an, an dem Sie beginnen, Ihr Konzept zu entwickeln. Lang vor dem Anmieten, lang vor der Renovierung oder dem Bauen. Steven Covey gibt in seinem fabelhaften Buch »Die 7 Wege zur Effektivität« den Rat, anzufangen mit dem Ergebnis vor Augen. Erst wenn Sie wissen, wohin Sie wirklich wollen, sollten Sie loslegen.

Vor der Eröffnung

Was müssen Sie vor der Eröffnung alles berücksichtigen? Natürlich hat jedes Objekt seine individuellen Herausforderungen, vieles ist jedoch in jeder Art von Gastronomie gültig. Diese präsentieren wir Ihnen in diesem Kapitel. Was Sie persönlich für Ihr Projekt zusätzlich brauchen, müssen Sie selbst hinzufügen, je nach Objekt, Bausituation, Umfeld und Anspruch.

Beschäftigen müssen Sie sich in jedem Fall mit folgenden Feldern:
- Angebot
- Dienstleistung
- Atmosphäre
- Organisation

Um den Faden in der Hand und das Ergebnis vor Augen zu behalten und um alle Details, die in der Umsetzungsphase wichtig sind, im Kopf zu behalten, sollten Sie Instrumente nutzen: Mindmaps (Seite 86ff.), Checklisten, Zeitachsen und Zeitfenster.

Aus der Mindmap, die Sie zum Thema Angebot entwickeln, sollte die Speise- und Getränkekarte entstehen. Davon lassen sich dann notwendige Qualifikation der Mitarbeiter, die Ausstattung der Küche und der Bar sowie des Restaurants ableiten.

In den Checklisten steht bis in letzte Details was, wie und wo vom wem erledigt wird. Und diese Checklisten sind auf einer Zeitachse aufgebaut, dem berühmte D-Day-Modell, bei dem Sie auf den Tag 0 herunter zählen, dem Tag Ihrer Eröffnung. Wenn Sie zum Beispiel 100 Tage Zeit haben, fangen Sie bei D-100 an, an jeden Tag werden Aufgaben geknüpft und jeder Tag wird dann heruntergezählt.

Weil aber nicht alles taggenau planbar ist, empfehle ich, zusätzliche Zeitfenster zu definieren. Der Küchenchef zum Beispiel wird natürlich an einem bestimmten Tag anfangen, suchen werden Sie ihn allerdings über einen längeren Zeitraum. Von daher ist es sinnvoll, solche Aufgaben zeitlich einzuordnen: Zwölf Wochen vor Eröffnung ist dies erledigt, acht Wochen vor Eröffnung ist jenes erledigt. Diese Zeitpläne werden in die D-Liste übertragen. Zum Beispiel: Acht Wochen vor Eröffnung haben wir einen Küchenchef eingestellt. Er fängt D-30 mit seiner Arbeit an und übernimmt die Checkliste Küche, ergänzt diese mit dem fehlenden Kleininventar, spricht diese Ergänzungen ab und ist verantwortlich für das Umsetzen dieser Checkliste.

> *Wenn ich acht Stunden Zeit habe einen Baum zu fällen, so verbringe ich sieben Stunden damit, meine Axt zu schärfen.*
> Abraham Lincoln

In der Mindmap, die Sie zum Thema Dienstleistung entwickeln, wird alles zusammengetragen, was Ihre Gäste begeistern soll.

Gäste wollen immer wieder das Gefühl vermittelt bekommen und darin bestätigt werden, dass sie die richtige Entscheidung getroffen haben, als sie sich für Ihren Betrieb entschieden haben, und dass sie für Sie wichtig sind. Also: Wie sieht Ihr Service aus, welche Servicequalität bieten Sie, welche Alleinstellungsmerkmale im Service bieten Sie an? Seien Sie mutig, gehen Sie ruhig neue Wege. Vapiano zum Beispiel bietet einen sehr reduzierten Service und wird von seinen Fans dafür geliebt. Servicereduzierung ist nicht zwingend schlecht oder schlimm. Es wird nur nicht jedem gefallen. Allerdings gilt auch hierbei die Differenzierungsregel aus dem Marketing: Wenn du versuchst, alle zufriedenzustellen, dann wirst du niemanden zufriedenstellen. Weitere gute Beispiele für neue Wege im Service sind das *'sBaggers* in Nürnberg oder der *Weinkontor* in Frankfurt.

Aus der Mindmap gilt es auch für den Dienstleistungbereich Checklisten zu entwickeln, die zeitlich herunter gebrochen und täglich umgesetzt werden. Eine Eröffnung bietet viele Chancen, ein gutes Team aufzubauen. Um dieses zusammenzuschweißen und eine gute Atmosphäre zu schaffen, eignen sich zum Beispiel die Aufräum- und Einräumarbeiten. Es gibt eine Menge Arbeit, die nicht immer anspruchsvoll ist: Mitarbeiter, denen das schon zu viel ist,

TAO Nightclub, Las Vegas

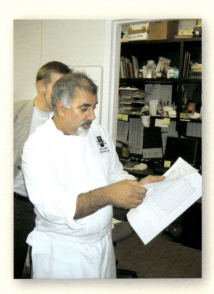

Hooters, Las Vegas

werden bald wieder gehen. Die, die übrigbleiben, sind diejenigen, die sich nicht zu schade sind auch für schmutzige Arbeit und die die Aufmerksamkeit haben, freundlich mit Ihren Gäste umzugehen.

In der Mindmap, die Sie zum Thema Atmosphäre entwickeln, wird alles zusammengetragen, was Ihre Gäste Wohlbefinden vermitteln soll. Farben, Formen, Licht, Musik, Gerüche, Möbel, Toiletten usw. Wenn Sie von der Bedeutung dieser Elemente keine rechte Vorstellung haben sollten, dann besuchen Sie zum Beispiel das Hotel *east* in Hamburg, das Restaurant *Nektar* in München, die *Buddha Bar* in Paris oder auch das *Grill Royal* in Berlin. Im *Grill Royal* wird bewusst aufgrund der Raumakustik auf Musik verzichtet. Hier sind es die Gäste – viele davon kommen täglich –, die für den Background sorgen.

Ideale sind wie Sterne; man kann sie nicht erreichen, aber man kann sich daran orientieren.
Carl Schurz

In der Mindmap, die Sie zum Thema Organisation entwickeln werden, tragen Sie alles zusammen, was den täglichen Arbeitsablauf erleichtert. Systeme, Hilfsmittel, Dienstleistungen, Prozesse. Damit schaffen Sie die Voraussetzung für späteres entspanntes Arbeiten – oder für einen eher hektischen Alltag!

Seien Sie auch dabei innovativ. Es ist ein neuer Betrieb, vielleicht brauchen und wollen Sie keinen Buchhalter mehr und haben gar keinen Platz für all die Ordner mit Rechnungen und Belegen. All das kann inzwischen online bearbeitet werden – von externen Mitarbeitern. Sogar das Finanzamt findet Online-Steuererklärungen inzwischen charmant. Die Firma Gastronomya ist zum Beispiel einer der Anbieter für kaufmännische Dienstleistungen. Aber auch die Personalbuchhaltung kann an Abrechnungsexperten wie die Lohn.ag ausgelagert werden. Suchen Sie sich Dienstleister, die Sie unterstützen, Ihnen Arbeit abnehmen und Sie freimachen für das ganz Wichtige, die Präsenz am Gast.

Auch in der Küche lohnt es sich, bei einem neuen Betrieb zu überlegen, ob die klassische Ausstattung wie Herd mit vier Flammen, Friteuse, Kombidämpfer und Salamander überhaupt noch zeitgemäß und angebotsgerecht ist. Auch hier kann sich Mut auszahlen: In Paris hat das Restaurant *A Toute Vapeur* auf alle Geräte außer zwei Hochdruckdampfgarern verzichtet. Und mit denen werden dreihundert Essen täglich gekocht, bei einem Durchschnittsbon von zwölf Euro in einem Halbbedienungssystem. Der Gast sucht aus, bestellt, bezahlt und bekommt die Speisen serviert.

Wenn Sie Ihre Mindmaps aufgezeichnet und davon Ihre D-Day-Checklisten abgeleitet haben, geht es an die Umsetzung derselben. Nehmen Sie sich täglich Zeit dafür, überprüfen Sie, wo Sie stehen, was noch zu tun ist. Je mehr Menschen zum Organisationsprozess dazu stoßen, desto wichtiger werden diese Rückkopplungsschleifen. Sie werden weniger vergessen und Sie haben die Chance, sich anbahnende Katastrophen zu bemerken, bevor es zu spät ist.

Probeläufe

Alles muss stimmen, wenn die ersten Gäste kommen. Um das sicherzustellen, sind Probeläufe sinnvoll. So wie eine Auszubildende beim Friseur nicht am Kunden, sondern an Perücken übt, so brauchen auch Ihre Mitarbeiter eine Chance, mögliche Abläufe unter Realbedingungen zu üben. Und das am besten nicht am Gast, zumindest nicht am regulären.

Während meiner Zeit bei *Mövenpick* habe ich oft Probeläufe miterlebt, die als Aktionen genutzt wurden. Der erste Probelauf war immer für Mitarbeiter. Sobald die Küche kochen konnte, wurde das Personalessen für alle anwesenden Mitarbeiter aus der Speisekarte gekocht. Sobald der Gastraum fast fertig war, haben wir die Handwerker zum Mittagessen eingeladen. Dann gab es, sobald das Restaurant halbwegs eingerichtet war, eine Einladung an alle beteiligten Firmen und Lieferanten. Diese konnte so den Betrieb im Vorfeld erleben und sich ein Bild machen, wo ihre Produkte zum Einsatz kommen werden. Dadurch entstand eine persönliche Bindung, die die Zusammenarbeit in die richtige Bahn lenkte.

Danach wurden alle Familienmitglieder und Freunde der Mitarbeiter zum Abendessen eingeladen. Das verstanden wir als ein Dankeschön für das gezeigte Engagement der Mitarbeiter, als ein Instrument, die Mitarbeiter stolz zu machen, und natürlich als ein Marketinginstrument, da wir davon ausgingen, dass die Freunde und die Familie über das Erlebte erzählen würden.

> *Wenn du erfolgreich sein willst, gibt es ein einfaches Rezept: Du weißt, was du tust. Du liebst, was du tust. Du glaubst an das, was du tust.*
> Will Rogers

In dieser Phase ging es vor allem darum zu lernen, schnell zu arbeiten, und der Küche die Chance zu geben, ihre Abläufe zu optimieren. Als wir damit fertig waren, haben wir den Betrieb ein paar Tage ohne Werbung und Kommunikation laufen lassen. Um ein wenig real life üben zu können, haben wir die Gäste bedient, die kamen. Diese Phase, ohne Presse und kritischen Beobachter haben wir genutzt, um täglich zu überlegen, was wir optimieren könnten. Immer wieder stellten wir uns Fragen über den Ablauf, die Kommunikation, die Atmosphäre. Und immer wieder schraubten wir an diesen »Details«. Aber bekanntlich geht es ja darum, gerade in kleinen Dingen besonders gut zu sein.

Jetzt, und erst jetzt, fühlten wir uns so weit, die Eröffnung zu inszenieren.

Der große Tag

Es gibt keinen besseren Zeitpunkt, sich in Szene zu setzen, als eine Eröffnung. Eine Eröffnung ist ein einmaliges Ereignis, und Sie können sich, wenn Sie es richtig machen, größter Aufmerksamkeit sowie gespannter Erwartung sicher sein. Damit verbunden ist die hohe Verpflichtung, sich für diesen Anlass etwas Besonderes einfallen zu lassen – wobei originell nicht unbedingt teuer sein muss – und einen reibungslosen Ablauf sicherzustellen.
Eröffnungen sind gute Gelegenheiten, Sponsoren einzubinden und den Grundstein für eine erfolgreiche Werbepartnerschaft zu legen.
Gelungene Beispiele, wie man bereits mit der Einladung Aufmerksamkeit, Interesse und Sympathie generiert, ist die Eröffnung der *N.Y.C. Restaurant und Bar* in Frankfurt. Mittels einer Postkarte mit der Freiheitsstatue als markantem New-York-Motiv wurde zur Eröffnung eingeladen: Der Text war in Schreibschrift gedruckt, die Anschrift mit der Hand geschrieben. Der Clou: Die insgesamt 1800 Postkarten wurden tatsächlich in New York City abgestempelt und eingeworfen.

Beide schaden sich selbst: der zu viel verspricht und der zu viel erwartet.
Gotthold Ephraim Lessing

Die positive Resonanz bei den geladenen Gästen und der Presse (drei Zeitungen berichteten) gaben den Verantwortlichen Recht. Die Idee sorgte für Gesprächsstoff und erfolgreiche Mund-zu-Mund-Propaganda. Auch von der Kostenseite gesehen überzeugte die Aktion: Tatsächlich war der Postversand aus »Big Apple« günstiger als innerhalb Deutschlands. Kubanische Zigarren als Symbol für die Karibikinsel bildeten den Ausgangspunkt der Idee zur Eröffnung der *CuBaR*: Die Einladung, gedruckt auf Packpapier, war um ein Zigarillo gewickelt, das in einem Zigarillokästchen versandt wurde. Ein Sponsor konnte für diese ungewöhnliche Einladung gewonnen werden, die, ebenso wie die Idee des *N.Y.C.*, für Gesprächsstoff und Mund-zu-Mund-Propaganda sorgte.
Auch das *Wooloomooloo* in Berlin, aus der heute die *Schnitzelei* geworden ist, bediente sich dieser Art der Kommunikation. Allerdings etwas aggressiver: Hier kamen die Karten aus Sydney, mit einer weiblichen Handschrift bei den Herren und einer männlichen Handschrift bei den Damen, gepaart mit dem Hinweis auf einem Date im *Wooloomooloo*.
Die Einladung zu einer Opening-Party, die großzügig gestaltet werden sollte, dient sowohl der Imagebildung in der Öffentlichkeit wie auch der geographischen Orientierung der künftigen Gäste. Viele Menschen sprechen über einen Betrieb der zum Beispiel irgendwo in Schwabing, im Schanzenviertel oder im Westend aufgemacht hat, können aber weder die genaue Straße, noch den Weg dorthin beschreiben. Die Einladung soll motivieren, sich mit der Location auseinanderzusetzten und die Teilnahme an der Party ist die Belohnung für die vorherige Schnitzeljagd. Wobei durch GPS das Finden einfacher geworden ist.

Allerdings müssen die hohen Erwartungen, die durch eine gelungene Eröffnungen geweckt werden, im Alltagsbetrieb auch erfüllt werden. Mag das Marketing noch so effizient sein, wenn die Qualität des Produktes nicht stimmt, bleiben die Gäste über kurz oder lang weg. Und lassen Sie sich von Anfangserfolgen nicht blenden. Lassen Sie sich von den vielen, zum Teil sehr konträren Meinungen, die Sie über Ihr Konzept hören werden nicht beirren. Bleiben Sie Ihrem Konzept treu, aber optimieren Sie weiter. Nur wer dauerhaft und kontinuierlich an seinem Betrieb arbeitet, das Konzept, die Botschaft und die Qualitätskriterien kritisch hinterfragt und weiterentwickelt, auf Trends achtet und dabei noch Durchhaltevermögen in schwachen Phasen beweist, ohne hektisch ständig das Konzept zu ändern, wird auf Dauer in der Gastronomie Erfolg haben. Und wie Sie wissen, bedeutet Erfolg zu haben: langfristig zufriedene Kunden und Gewinn.

Denken Sie an Ihr Team. Die Euphorie der ersten Stunde verfliegt schnell, und dann geht es darum die gute Stimmung im Alltag zu halten. Hier helfen Zeitabschnitte. Jeder, der schon auf Saison war weiß, wie hilfreich es ist, das Ende vor Augen zu haben. Also zeigen Sie Ihren Mitarbeiter zeitliche Perspektiven auf. Wann kann er Überstunden mit einem langen Wochenende abbauen? Wann kommt der erste Urlaub? Auch hilfreich ist die tägliche Anerkennung.

Halten Sie weiterhin regelmäßig konsequent geführte Briefing, Debriefing, Training und Meetings ab. Setzen Sie Ziele und teilen Sie die Erfolge auch mit Ihren Mitarbeitern.

IHR KONZEPT UMSETZEN

Unsere Hauptaufgabe ist nicht, zu erkennen, was unklar in weiter Entfernung liegt, sondern zu tun, was klar vor uns liegt.

Thomas Carlyle

GUT GEPLANT IST HALB GEMACHT

Die Vorbereitungen sind getroffen – nun heißt es, Dinge zu tun und alles das umzusetzen, was bisher nur auf dem Papier stand. Endlich, mag sich der eine oder andere Leser sagen, der in Gedanken bereits die Ärmel hochkrempeln und loslegen möchte. Doch die »Macht des Machens«, wie die Foodservice-Herausgeberin Gretel Weiß so treffend ausdrückte, wird erst unbezwingbar durch gute Planung.

Was wäre das Leben, hätten wir nicht den Mut, etwas zu riskieren?
Vincent van Gogh

Einem guten Konzept kann es passieren, dass es durch Fehler in der Planungs- und Umsetzungsphase bereits mit einem Handicap an den Start geht und über Monate oder Jahre hinweg unrentabel bleibt, weil die Finanzmittel statt in Marketing oder Fortbildung in schlecht ausgehandelten oder unüberlegt getroffenen Verpflichtungen versickern.

Entscheidungen, die in diesem Stadium getroffen werden, stellen häufig Weichen, die mit langwierigen Folgen verbunden und nicht so ohne weiteres wieder zu ändern sind. Ein ungünstiger Mietvertrag mit seiner Regellaufzeit von zehn Jahren belastet Sie sehr lange Zeit! Statt Ihrer werden in einem solchen Fall nur die Vermieter reich. Das muss nicht sein! Ihr Ziel ist es, rentabel zu arbeiten, Profit zu machen und am Ende einen satten Gewinn einzustreichen. Also heißt es nun, vorausschauend zu planen, klug zu verhandeln und gut zu wirtschaften.

DRUM PRÜFE, WER SICH EWIG BINDET

Welche Gesellschaftsform Sie wählen, beeinflusst entscheidend den Charakter Ihres Unternehmens. Der juristische Rahmen bestimmt den Pulsschlag in Ihrem Betrieb, er legt fest, wer mit wem was und wie erreichen will. Mit der Unternehmensform wird ein Raster vorgegeben von der Führung über die Strategie bis hin zu den Expansionsmöglichkeiten.

So spielt die Zukunftsperspektive bei der der Wahl der Gesellschaftsform eine große Rolle: Wenn Sie das Konzept multiplizieren oder ein Franchisesystem aufbauen wollen, hat das natürlich Einfluss auf das Firmenkonstrukt ab dem ersten Objekt.

Gesellschaftsformen

Unterschieden wird bei den Gesellschaftsformen nach Personen- und Kapitalgesellschaften. Kennzeichnend für Personengesellschaften wie die Gesellschaft bürgerlichen Rechts (GbR), die Offene Handelsgesellschaft (OHG) und die Kommanditgesellschaft (KG) ist die Mitarbeit der Gesellschafter im Unternehmen.

Bei den Kapitalgesellschaften, der Gesellschaft mit beschränkter Haftung (GmbH) und Aktiengesellschaft (AG) wird das Tagesgeschäft an einen Geschäftsführer übergeben – das kann ein Gesellschafter sein, muss aber nicht. Viele Gesellschafter beschränken ihr Engagement auf den Kapitaleinsatz.

Beliebt ist die GmbH als Unternehmensform vor allem deswegen, weil die Gesellschafter nur in der Höhe des Gesellschaftsvermögens und nicht mit ihrem gesamten Privatvermögen haften. Das Mindestkapital beträgt in Deutschland 25 000 €, es muss bei der Gründung nur zur Hälfte eingezahlt werden. Überschaubares Risiko und begrenzter Einsatz sind gute Argumente für diese Gesellschaftsform. Unter dem Ausschluss des persönlichen Risikos leidet die Kreditwürdigkeit bei den Banken. Viele Gesellschafter müssen dann doch aus Finanzierungsgründen ihr Privatvermögen zumindest bei der Bank als Sicherheit verpfänden. So werden notgedrungen Verpflichtungen eingegangen und andere Geldquellen gesucht, die die Grundidee der GmbH ad absurdum führen.

Seit 2003 sind in der Europäischen Union gegründete Gesellschaften auch in Deutschland rechtsfähig, und die Zahl der Gründungen der englischen Gesellschaftsform Limited (Ltd) steigt rasch an. Eine Limited ist ähnlich wie die GmbH eine Kapitalgesellschaft mit beschränkter Haftung. Ihre Gründung kann relativ schnell und günstig – bereits mit 1,– GBP (etwa 1,40 Euro) Kapital – bewerkstelligt werden. Die Haftung der Gesellschaft ist auf das Vermögen der Limited begrenzt und zwar ab dem Tag der Gründung. Gegründet wird in England von mindestens zwei Personen. Soll die Gesellschaft in Deutschland tätig sein, muss die Limited eine selbständige Niederlassung in Deutschland haben und in das deutsche Handelsregister eingetragen werden. Eine Reihe weiterer Punkte ist zu beachten, sodass die Wahl der Limited wohl durchdacht sein sollte. Auch in punkto Kreditvergabe der Banken.

Ausführlich wird dieses Thema in Fachliteratur zur Existenzgründung dargestellt. Auch ein Gespräch mit einem Juristen oder einem Unternehmensberater kann helfen, die individuell richtige Wahl zu treffen.

Unabhängig von der Gesellschaftsform und der eher formellen Satzung hat sich aus meiner Sicht die Vereinbarung einer Absichtserklärung (letter of

> Für welche Gesellschaftsform Sie sich am Ende auch entscheiden: Die grundlegende Übereinstimmung der Gesellschafter in punkto Zielsetzung und Zielerreichung bildet die Basis für die Unternehmensgründung und zugleich die Leitlinie für die Geschäftsführung.

intent) bewährt. Schriftlich werden dort Unternehmensziele sowie die Aufgaben der Gesellschafter oder Partner festgehalten und fortgeschrieben. Einmal im Jahr sollte diese Absichtserklärung bei einem Treffen den aktuellen Gegebenheiten angepasst werden. Das bringt alle Beteiligten an einen Tisch, neue Ideen und Impulse fließen ein – die Strategie wird besprochen und abgestimmt. Natürlich müssen auch die persönlichen Aufgaben, Rechte und Pflichten immer neu überprüft werden. Veränderte Strategien und veränderte monetäre Situationen haben Konsequenzen für Macher und alle Beteiligte, auch bezüglich der individuellen Finanzen und Privilegien.

Ob aktives oder passives Engagement – Kommunikation und Information sind unter Gesellschaftern das A und O für eine vertrauensvolle Zusammenarbeit. Alle zwei Monate ein Treffen außerhalb des Betriebes, bei dem es nicht um den Alltagshickhack, sondern um strategische Entscheidungen geht, hält das Feuer der Begeisterung am Lodern, sorgt für Integration und bestärkt die Beteiligten in ihrem Gefühl der Übereinstimmung.

Die Ergebnisse dieser Strategiemeetings bilden die Arbeitsgrundlage für die Geschäftsführung. Sie entwickelt einen Maßnahmenplan und kommuniziert die zusammengefassten Inhalte und Aktionen an das Team.

Partnerschaften

Partnerschaften bieten viele unabdingbare Voraussetzungen für einen dauerhaften Unternehmenserfolg. In einer Partnerschaft teilen Sie nicht nur die Idee, sondern tragen aktiv zum Gelingen des Konzepts bei. Was die Partner dabei im Einzelnen tun sollen, wird im Vorfeld geregelt. Die Aufgabenverteilung muss sich natürlich an den persönlichen Stärken orientieren. Um eine Überblick über die zur Verfügung stehenden Talente und bestehenden Wünsche der Partner zu erhalten, reicht häufig eine einfache Liste, in der Aufgaben und Personen einander zugeordnet werden.

Gründen zwei Personen ein Unternehmen, könnte zum Beispiel eine sinnvolle Arbeitsteilung darin bestehen, dass der eine – vielleicht im Charakter extrovertierter – die Bereiche Marketing, PR und Personal übernimmt, während der andere sich mehr um die Unternehmensorganisation und die Gesprächen mit Finanzierungspartnern und Banken kümmert. Wollen beide Partner dieselben Aufgaben übernehmen, sind die ersten Konflikte vorprogrammiert. Der Gedanke der Partnerschaft sollte dann noch einmal gründlich überprüft werden.

Als schwierige Konstellation erweisen sich häufig Pari-Situationen zwischen gleichberechtigten Partnern. Trotzdem sind solche Konstruktionen in der Gastronomie geradezu klassisch – zum Beispiel, wenn Eheleute ein Lokal gemeinsam führen.

In einer Partnerschaft, die als erklärtes Ziel den Erfolg hat, müssen meiner Erfahrung nach die Rollen klar verteilt sein: Nur einer hat das Sagen und trifft

letztendlich die Entscheidungen. Natürlich sollen und müssen diese Entscheidungen vorher diskutiert werden, denn vier Augen sehen immer mehr als zwei. Doch ständige Diskussionen ohne Resultat bringen keinen oder schon gar nicht den Betrieb voran. Sinnvoll ist zum Beispiel ein fester wöchentlicher Termin, bei dem offene Fragen bezüglich der Unternehmensführung besprochen und geklärt werden.
Absolute Loyalität ist oberstes Gebot für die Mitglieder einer funktionierenden Partnerschaft. Läuft alles nach Plan, ist dies meist kein Thema. Problematisch wird es dann, wenn der Laden entweder sehr gut oder sehr schlecht läuft. Im ersten Fall können Partner dazu neigen, über die Stränge zu schlagen und verschwenderisch mit dem Geld umzugehen. Im zweiten Fall versuchen die Partner häufig, die eigene Haut zu retten. Jeder ist sich selbst der Nächste. Der gemeinsame Wille, die Wende zu schaffen, wird nicht mehr aufgebracht.

DAS OBJEKT DER BEGIERDE

Wie können Sie Ihr Traumobjekt finden, wenn Sie nicht wissen, wonach Sie suchen? Ziellose Besichtigungen verschwenden nur Ihre Zeit. Sie brauchen ein klares Bild von Ihrem Lokal vor Ihrem inneren Auge, um passende von unpassenden Objekten möglichst schnell zu trennen.
Hilfreiche Tipps für freie oder frei werdende Objekte bekommen Sie von Getränkefachhändlern, Brauereien, Außendienstmitarbeitern der Getränkeindustrie, aber auch von Hausverwaltern. Diese Leute sitzen an der Quelle und sind erfreut, wenn sie kein Leerstand finanzieren müssen, sondern das Geschäft möglichst nahtlos weitergeht.
Informieren Sie rechtzeitig die Leute von Ihren Plänen, die Einblick haben, wann Verträge auslaufen oder ein Gastronom eine Umorientierung plant. Je früher Sie das tun, umso besser. Steht ein begehrtes Objekt bereits leer und wird sogar inseriert, stehen alle Mitbewerber Schlange. Für Kontakte in der Branche gilt daher: Das Netzwerk nutzen oder gezielt erweitern.
Der Immobilienteil von Tageszeitung, Fachpresse sowie Branchendienste geben Ihnen einen schnellen Überblick über die regional wichtigen Anbieter.

> Eine gastronomische Binsenweisheit besagt: Jede Stufe kostet Gäste und damit Umsatz. Ausnahmen bestätigen auch hier die Regel!

Bar | Lounge

Selbst ein wenig begehrtes Objekt wie ein Kellerlokal kann für ein Abendkonzept (Szenebar) sehr gut geeignet sein und bietet alle Voraussetzungen für vorteilhafte Mietverhandlungen.

Auf die Checkliste für Ihr Objekt gehören
- Lage,
- Größe der Räume (Haupt- und Veranstaltungsräume sowie Nebenflächen),
- Zugänge (möglichst ohne Stufen und nicht über Eck),
- Größe der Fensterfronten,
- Möglichkeit der Außenbestuhlung,
- Details der Innenarchitektur,
- Einsehbarkeit von außen,
- Straßenseite und Auswirkungen auf die Gästefrequenz.

Sensible Bereiche können Sommer- oder Biergärten sein. Dann nämlich, wenn der Biergarten in der Nähe von bewohnten Grundstücken liegt oder die Zugänge dort vorbeiführen. Erkunden Sie, ob es bereits früher Beschwerden oder Anzeigen mit Konsequenzen für den Betrieb gab. Was nützt der schönste Garten, wenn er nur am Nachmittag Geld bringt.

Vorsicht auch bei Neuerschließungen, wenn Innenhöfe angekündigt sind. Schallwellen transportieren die Geräusche aus dem Lokal in alle Richtungen, die von Nachbarn als störender Lärm empfunden werden können.

Zu berücksichtigen sind ferner bauliche Voraussetzungen, die sich auf die Erteilung der Konzession auswirken. Dazu gehören Auflagen, Emissionsprobleme, logistische Details wie Kelleranbindung und gute Anlieferungszonen bis hin zu Möglichkeiten für die zukünftige Erweiterung.

Im Vorfeld jeden dieser Punkte genau zu prüfen, kann Ihnen später unnötige Kosten ersparen.

> Ein wichtiges Ziel für den langfristigen Erfolg ist, dass das Lokal während der gesamten Öffnungszeit ein Zielpublikum hat.

Größe und Räume

Meist impliziert das Konzept bereits eine bestimmte Restaurantgröße. Von dieser haben Sie wahrscheinlich eine gute Vorstellung. Dass in Deutschland vergleichsweise viel Nebenfläche (Küche, Umkleideräume für Mitarbeiter, Personaltoiletten usw.) vonnöten ist, wird dabei aber häufig nicht bedacht. Sehr rasch ergibt sich so ein Verhältnis von 80 m² Gastfläche zu 80 m² Nebenfläche. Kein wirklich sinnvoller Ansatz, denn Umsatz wird nur auf den Gastflächen gemacht. Wählen Sie diese lieber eine Nummer größer. Sie

> Es gibt für alle Größen einen kritischen Punkt, ab dem einige wenige Quadratmeter Fläche mehr schlagartig mehr Personal und damit höhere Kosten bedeuten. Diese Sprungfixkosten und ihre stufenweise Entwicklung sind bei der Planung der Raumgröße zu berücksichtigen.

brauchen dafür nicht wesentlich mehr Nebenflächen. Lokale mit Gasträumen von 200 m² benötigen vielleicht 100 m² Nebenfläche – das lässt Ihnen mehr Möglichkeiten für Umsatz und damit für Gewinn.

Abgesehen von den Nebenflächen bedeutet mehr Größe zwangsläufig mehr Leistung und damit mehr Personal. Ein Team aus vier Personen – zwei im Service, zwei an der Bar – bewältigt ein Lokal bis zu 130 m² Gastfläche.

In Schwachzeiten schafft diese sogenannte Minimal Crew sogar Betriebe mit größerer Gastfläche, vorausgesetzt, sie sind übersichtlich geschnitten. In Zeiten mit hoher Frequenz muss mit mehr Personal gearbeitet werden, um die Servicequalität zu gewährleisten.

Veranstaltungsräume sind in der traditionellen Gastronomie gang und gäbe. Sie wollen jedoch aktiv vermarktet werden, sonst sind sie nichts als brachliegendes Kapital. Zu warten, bis eine Hochzeitsgesellschaft oder eine Firmenfeier vor der Türe steht, ist zu wenig. Sind die Räume jedoch logistisch gut an den Rest des Lokals angebunden und konzeptionell passend, werden aktiv angeboten und verkauft, kann sich das Gruppengeschäft zu einem wichtigen Geschäftssegment entwickeln.

Mietverträge

Ist das richtige Objekt gefunden, beginnen die Vertragsverhandlungen. Versuchen Sie, Verträge mit zehnjähriger Laufzeit abzuschließen. Erst dann rechnet sich die Investition. Aber halten Sie sich die Option offen, selbstständig jederzeit das Engagement mit einer Kündigungsfrist beenden zu können.

Legen Sie bereits bei Vertragsabschluss fest, wer die Renovierung bei Auszug übernimmt. Anders als bei einem privaten Mietvertrag ist dies bei einem Vertrag zwischen Kaufleuten jeweils für den Einzelfall zu vereinbaren. Außerdem ist es ratsam, die Miethöhe für eine Vertragsverlängerung bereits bei Vertragsabschluss zu regeln. Sonst kann es Ihnen passieren, dass der Vermieter trotz der Verlängerungsoption einem neuen Mieter den Vorzug gibt, der mehr zu zahlen bereit ist.

Der Regelfall in der Gastronomie ist eine Festmiete. Immer häufiger werden Sie jedoch eine umsatzorientierte Miete, bestehend aus einem festem Sockelbetrag und einem umsatzbezogenem Anteil, angeboten bekommen. Der umsatzabhängige Anteil pendelt in der Regel zwischen vier und zwanzig Prozent. Am oberen Ende der Skala sind dann meist Serviceleistungen von Seiten des Vermieters inklusive.

Vorsicht ist geboten bei der Erstvermietung von gewerblichen Immobilien. Unter dem Druck zur schnellen Vermietung wird häufig mit Sonderkonditionen geworben, die im späteren Mietverlauf neutralisiert werden. Der Spareffekt vom Anfang kann sich dann unter Umständen ins Gegenteil verwandeln!

Gerade bei Shoppingcentern und Shoppingmalls sind außerdem die Nebenkosten eine schwer zu kalkulierende Größe. Es kann durchaus vorkommen, dass die Nebenkosten den Mietpreis übersteigen. Sicherheitsdienst, Haustechnik, Aufzüge, Energiekosten und vieles mehr kann Ihr Mietbudget leicht aus dem Ruder laufen lassen. Setzen Sie sich daher eine feste Obergrenze. Versuchen Sie, über die Höhe der Nebenkosten zu verhandeln, die überwiegend für den Einzelhandel relevant sind und weniger für Ihr Lokal. Dazu gehören zum Beispiel die Kosten der Rolltreppe, wenn Ihr Betrieb im Erdgeschoss liegt, und die Werbepartnerschaft, wenn Sie ihr eigenes Marketing machen.

Achten Sie auf Kosten wie die Straßenreinigung, die häufig dem Mieter des Erdgeschosses allein zugerechnet wird. Oder den Winterdienst, den Sie im Vertrag stehen haben, obwohl der eigentlich Sache des Vermieters ist (für die Sie natürlich einen Anteil bezahlen müssen). Als Verantwortlicher tragen Sie das Haftungsrisiko. Restaurants siedeln sich bevorzugt auf Straßenniveau an und sind daher häufig Leidtragende einer solchen Klausel.

Daneben kann es tausend anderer Kleinigkeiten und Spezialvereinbarungen geben, die Sie prüfen müssen. Werden viele dieser Kleinigkeiten auf den Mieter abgewälzt, kann unter Umständen aus dem scheinbar günstigen Mietvertrag eine endlose Kette von Ärgernissen und Kosten erwachsen.

> Lesen Sie alle Verträge vor dem Unterschreiben gründlich durch, und lassen Sie sie von einem Anwalt oder Berater prüfen, wenn Ihnen selbst die notwendigen Kenntnisse fehlen.

Grundsätzlich hat jeder Vermieter seine eigenen Interessen, die er im Vertrag mit Ihnen als Mieter durchzusetzen versucht. Brauereien haben Interesse am Bierabsatz. Institutionen, Vereine oder Kultureinrichtungen wünschen sich zumeist ein Mitspracherecht am Konzept. Bei Bahnhöfen und Einkaufszentren herrschen strenge Regeln für das Zusammenleben. Das bedeutet, ein Ausscheren aus Aktionen der Werbegemeinschaft ist häufig schwierig – ob sie dem eigenen Betrieb nun nützt oder nicht.

Der wichtigste Punkt im Mietvertrag: Der Vermieter sollte Ihnen schriftlich versichern, dass Ihr Objekt konzessionsfähig ist, besser noch: konzessionsfertig.

Bei Neuimmobilien ist die meist teure Ersterschließung ein Verhandlungspunkt. Bei Gastronomie-Immobilien aus dem Bestand müssen Sie darauf achten, dass die Räume und Einrichtungen in gutem Zustand sind.

Bei neuen Objekten können Sie zum Beispiel durchaus über die Basisausstattung mit dem Vermieter verhandeln: Die Küchenbereiche sollten gefliest, Fettabschneider und Abluft installiert, die Toiletten einwandfrei, die Elektroanlage und die Wasserzu- und ableitungen gelegt bzw. erneuert und Fensterfronten bereits eingebaut sein.

Gibt es größere Mängel, ist der Zeitpunkt da, über einen geringeren Mietpreis und die Renovierungskosten zu verhandeln und im Vertrag den Ist-Zustand festzuhalten.

Steht ein Objekt bereits längere Zeit leer, dann lohnt sich die Kontaktaufnahme mit den Ämtern. Kein gutes Objekt bleibt lange ungenutzt oder es gibt Gründe dafür. Zu beachten ist, dass in Deutschland die Konzession bei Leerstand nach sechs Monaten erlischt. Darum muss geprüft werden, ob zwischenzeitlich neue Richtlinien gelten, die für das Objekt relevant sind. Gehen Sie aktiv auf die Ämter und Behörden zu, sind diese meist darüber so erfreut, dass daraus eine konstruktive Zusammenarbeit resultieren kann.

DER ARCHITEKT IST DER NATÜRLICHE FEIND DES GASTRONOMEN

Das ist ein Spruch von Klaus Dieter Hübsch, »Erfinder« der Erlebnisgastromie und Großgastrom. Er sagt viel über das zwiespältige Verhältnis von unsereinem zu diesem Berufsstand aus.

Geben Sie Ihrem Architekten Ihr Objekt komplett in die Hand – dann brauchen Sie eigentlich gar nicht erst zu eröffnen. Meistens jedenfalls. Architekten haben zurzeit im Durchschnitt keine rosige Auftragslage. Deshalb wird Ihnen fast jeder angesprochene Architekt sagen, dass er Gastronomiespezialist sei. Meistens hat er einen (nicht realisierten) Entwurf für einen früheren Kunden vorzuweisen und natürlich während seiner Studienzeit in der Gastronomie gearbeitet – aber meist nur für drei Wochen.

Ihr Gastronomieobjekt ist Ihr Konzept, nicht seins! Und Sie müssen viele Jahre darin arbeiten und Geld verdienen. Der Architekt macht allein das Architekturdesign für Ihr Konzept; aber nicht das Konzept selbst. Das machen Sie, eventuell mit einem guten Berater zusammen.

Natürlich gibt es gute Architekten mit Referenzen und Gastronomieerfahrung – wenn Sie so einen gefunden haben: Herzlichen Glückwunsch! Aber auch der muss nichts anderes tun, als mit Ihnen zusammen Ihr Konzept in Architektur umzusetzen. Suchen Sie gründlich, und wählen Sie sorgfältig – es dreht geht um viel Geld: Ihr Geld. Ein überzogenes Baubudget verfolgt Sie in Ihrer Bilanz mindesten 10 Jahre lang.

Sie müssen auf jeden Fall zuerst mit Ihrem Konzept fertig sein, dann können Sie es mit dem Architekten Ihrer Wahl besprechen. Natürlich wird er Ergänzungen und Anregungen haben – wenn sie gut und praxistauglich sind, sollten sie natürlich einbezogen werden.

Sprechen Sie wirklich alle Details durch. Stellen Sie sich dazu genau vor, wie Ihr Lokal am Ende aussehen wird. So als wäre alles schon fertig: Wie sind die Farben, wie das Licht? Welche Stimmung wird erzeugt? Wie fühlen sich Ihre Gäste? Setzen Sie sich im Geist auf jeden einzelnen Platz: Fühlen Sie sich überall wohl? Erst wenn das der Fall ist, kann der Architekt mit der Ausführung der Arbeiten beginnen.

Funktionelle Details beachten

Mindestens genauso wichtig wie optische Details ist natürlich die Funktion der einzelnen Elemente. Ist die Theke optimal geplant? Erfüllt sie die Funktion im Raum? Ist sie sinnvoll ausgestattet und alles am rechten Ort? So muss jede Schublade einen Sinn ergeben, und sich jedes Gerät an der optimalen Stelle befinden. Unnötige Handgriffe oder Wege Ihrer Mitarbeiter kosten Sie ansonsten jeden Monat Geld, und das womöglich 10 oder 15 Jahre lang.

Das Gleiche gilt für die Ausstattung von Keller, Lagerräumen und natürlich der Küche. Hier helfen Ihnen kostenlos Ihre eigenen Spezialisten: Ihre Mitarbeiter. Beziehen Sie sie in die Planung ein; lassen Sie sie die Arbeitsabläufe durchdenken und durchspielen. Malen Sie die zukünftige Küche auf den Boden auf, lassen Sie Größenverhältnisse real und erlebbar werden. Natürlich haben Sie Ihre Mitarbeiter so von Anfang an im Boot – und niemand geht Ihnen mit »Verbesserungsvorschlägen« auf die Nerven, wenn es sowieso schon zu spät ist.

Wenn Sie die Ausstattung planen, bedenken Sie die Folgekosten. Bei bestimmten Einrichtungsgegenständen zahlt sich gute Qualität aus: Sie sehen auch nach Jahren noch wie neu aus. Dasselbe gilt für hochwertige Fußbodenbeläge in stark frequentierten Bereichen: Gute Qualität ist problemlos zu pflegen, spart also Kosten beim Reinigungspersonal, und hält viel länger als Billigware. Bedenken Sie aber auch an die Folgekosten von Anschaffungen, gerade für den »Maschinenpark«: Viele erstklassige Geräte lassen sich nur von spezialisierten Servicetechnikern mit hohen Stundensätzen und Pauschalen warten. Auch das wird von Architekten oft nicht bedacht.

Verstehen Sie mich nicht falsch: Dies ist keine Stimmungsmache gegen Architekten im Allgemeinen, sondern die Aufforderung an Sie, sich mit den Details zu beschäftigen und den Architekten zu überwachen. Jeder erfahrene Architekt wird respektieren, dass Sie Ihr Konzept umsetzen wollen, und alle Konsequenzen verantwortungsbewusst mit Ihnen diskutieren und durchdenken.

Honorarfrage und Arbeitsteilung

Natürlich kosten gute Architekten Geld – also reden Sie ganz offen über die Kosten. Meist ist es sinnvoll ein Pauschalhonorar auszuhandeln: Der Architekt verdient dann nicht an der Erhöhung der Kosten und ist motivierter, Ihnen beim Sparen zu helfen.

Klären Sie mit ihm gleich zu Anfang seinen Aufgabenbereich: Was ist sein Arbeitsbereich? Wo können Sie oder Ihre Mitarbeiter ihm Arbeit abnehmen? Vielleicht liefert auch zum Beispiel der Schreiner »kostenlos« Detailpläne für seine Möbel, sodass der Architekt nicht alles selbst zeichnen muss.

Aber sparen Sie nicht an der falschen Stelle: So mancher Gastronom sieht sich plötzlich als alleinige Bauaufsicht, ist täglich auf der Baustelle und bringt alles durcheinander.

In dieser Phase haben Sie Wichtigeres zu tun. Kümmern Sie um die Dinge, von denen Sie wirklich etwas verstehen und die nur Sie allein tun können. Um Ihre Personaleinstellungen und Personalschulungen zum Beispiel oder um die Pressearbeit.

Was Sie machen können: Sorgen Sie für gute Stimmung auf der Baustelle. Die Menschen sollen gerne für Sie arbeiten. Und gerne Nachtschichten fahren, wenn der Eröffnungstermin näher rückt und der Zeitplan immer enger wird.

Die Eröffnungsterminlüge

Geben Sie den Termin der Eröffnung erst dann nach außen, wenn Sie sicher sein können, dass alles wie geplant klappt und der Laden bis dahin rund läuft. In der Regel ist das zwei Wochen vor der Eröffnung der Fall.

Es ist allemal besser, eine längere Vorphase als Puffer zu haben, als eine Eröffnungsparty zu schmeißen, die schief läuft, weil das Personal nicht genügend eingearbeitet ist und die Abläufe noch nicht stimmen.

Trotzdem können Sie nicht frühzeitig genug mit den Planungen und Vorbereitungen für die Eröffnung beginnen. Es ist Ihr großer Tag und er muss ablaufen wie ein Uhrwerk. Alles was Sie dafür benötigen, von der originellen und zum Konzept passenden Einladung, dem Entertainment bis zu den Promi-Gästen, muss im Vorfeld arrangiert und konzipiert sein, um dann sofort in die Durchführung gehen zu können.

ZU VIEL GELD IST AUCH EIN PROBLEM

Wie kann zu viel Geld ein Problem sein? Das ist eine Frage, die ich häufig höre. Die Antwort: Zu viel Geld verführt. Es verführt dazu, unüberlegt und großzügig statt planvoll und sparsam vorzugehen. Es verführt dazu, das Beste, Größte und Teuerste zu wählen – wo es mitunter eine Nummer kleiner oder ein Produkt von einem weniger bekannten Hersteller auch getan hätte. Dies schmeichelt den Sinnen und dem Ego, ist jedoch nicht zielorientiert.

> Je mehr Sie am Anfang investieren, desto weniger verdienen Sie in der Folgezeit. Das resultiert aus den Abschreibungen, die über viele Jahre hinweg Ihr Betriebsergebnis bestimmen.

Behalten Sie immer Ihre Liquidität im Auge, und bleiben Sie im Rahmen des Finanzplanes – so schwer dies auch manchmal fallen mag. Denn selbst ein komfortables Budget schmilzt wie Schnee in der Sonne, wenn Sie neben den Baukosten die laufenden Kosten für das erste Jahr, Rücklagen für schwache Monate und Reparaturen sowie Investitionen in Personalschulungen und Marketingmaßnahmen berücksichtigen müssen.

Eine besonders große Verlockung stellt ein unerwarteter Geldsegen dar. Stellen Sie sich vor, Sie hätten eine Idee und wenig Geld. Sie entwickeln einen Plan, an den Sie sich streng halten (und halten müssen) und setzen so Ihre Idee um. Dann, auf einmal, sprudelt eine neue Geldquelle, zum Beispiel Geld aus Familie oder staatliche Förderleistungen. Plötzlich ist der Spardruck weg. Sie werden übermütig und beginnen, das Geld auszugeben. Das muss nicht einmal viel sein. Hier und da ein wenig – für besseres Geschirr, eine teurere Musikanlage, eine aufwändigere Innendekoration zum Beispiel.

Geld, das so unüberlegt ausgegeben wird, fehlt meist dann, wenn die größeren Zahlungen anstehen. Dies ist meist nach einem halben Jahr oder einem Jahr der Fall.

Häufig kalkulieren Gastronomen ein Startkapital für zwei Monate ein, mit dem Löhne gezahlt und Marketing betrieben wird. Danach, so die Hoffnung, wirft der Laden genug ab, um die laufenden Kosten zu decken und mit einem Gewinn in der Tasche nach Hause zu gehen. Tritt das tatsächlich ein, wiegt man sich in Sicherheit.

Der Tiefschlag kommt später, wenn die Jahresrechnungen der Versicherungen ins Haus flattern, die Berufsgenossenschaften sich melden oder das Finanzamt die sofortige Zahlung von Umsatzsteuer und samt Vorauszahlungen einfordert. Dann panisch nach neuen Geldquellen zu suchen, um die Löcher zu stopfen, kann zu unüberlegten Abschlüssen führen. Der anfänglich klare Finanzierungsplan wird so zum Finanzierungsflickwerk.

Ohne Sparstrumpf geht es nicht

Einen Betrieb ohne Eigenkapital gründen zu wollen, halte ich für unrealistisch. Ohne einen Cent in der Tasche bekommen Sie keinen Geldgeber! Warum sollten andere Personen oder Unternehmen sich »beteiligen«, wenn Sie selbst nicht im Stande ist, für Ihren großen Traum zum Beispiel auf Luxusgüter zu verzichten und stattdessen zu sparen? Mindestens 50 000 € Grundkapital sollten es für eine neue Bar oder ein Restaurant schon sein. Das ist eine Größe, an der Brauereien, Banken und andere Teilhaber die Ernsthaftigkeit des Planes erkennen und die Ihnen gleichzeitig ein Stück Unabhängigkeit sichert.

Klar, Sparen ist nicht aufregend und mit dem Ruch des Spießertums behaftet. Heute wird Geld überall und scheinbar billig angeboten. Doch Vorsicht! Kein Kredit ist umsonst. Auch die Brauerei bringen ihre Schäfchen ins Trockene, wenn auch vielleicht versteckt in den Konditionen des Liefervertrages.

Deshalb müssen Sie genau hinschauen und prüfen, ob Vertragspartner und die Vertragsbindung langfristig zum eigenen Profil und der angestrebten Entwicklung passen.

Sehr schwierig ist die Beschaffung von Kapital durch die Banken geworden, bei denen die Gastronomie wegen der hohen Insolvenzrate keinen guten Ruf genießt. Unter dem Druck von Basel II sind die Geldinstitute gehalten, strenge Kriterien bei der Kreditvergabe anzulegen und keine Risiken einzugehen. Die Individualgastronomie wird von ihnen tendenziell schlecht, die Systemgastronomie jedoch etwas besser bewertet.

> Je geringer Ihr Eigenkapital ist, desto mehr Verpflichtungen gegenüber anderen müssen Sie in der Regel eingehen – und die legen Sie unter Umständen auf Jahre hinaus fest, zum Beispiel auf bestimmte Lieferanten.

Hilfe bei der Finanzierung

Geldgeber in kleinerem Umfang können aus dem Lieferantenumfeld sowie dem Werbebereich kommen. Deren Mittel sind Marketinggelder, für das sie eine Gegenleistung in Form von Logos auf Printmaterialien, Einbindung in Aktionen usw. wünschen. Diese Mittel können immer nur der Finanzierung kleinerer Posten dienen und funktionieren langfristig nur auf einer fairen Basis.

Wenn Sie einen Lieferantenkredit in Anspruch nehmen, sollten Sie bedenken, dass Sie sich damit binden und eventuell andere Türen – ein guter Preis, Skontokonditionen usw. – zuschlagen.

Wertvolle Hilfe in Fragen der Finanzierung können Berater leisten. Es sollten jedoch Spezialisten sein, die auch mit dem Thema Fördergelder auskennen und bei der Mittelbeantragung helfen können. Sinnvoll ist der Kontaktaufbau bereits in der Konzeptphase, um sicherzustellen, dass keine Frist für die Antragsstellung verpasst wird. Berater können Ihnen auch dabei helfen, auf der Basis des Konzeptes einen Businessplan für die Banken auszuarbeiten. Gute Berater finden Sie zum Beispiel über den Beraterverband FCSI (Food Consultants Society International; http://www.fcsi.de).

Wenn du den Wert des Geldes kennenlernen willst, versuche, dir welches zu leihen.
Benjamin Franklin

Vorsorge für schlechte Zeiten

Wer seinen Betrieb langfristig erfolgreich führen will, braucht einen Jahresplan mit allen Kosten. Sie müssen immer die Liquidität im Auge behalten und Rücklagen für unvorhersehbare Ausgaben, zum Ausgleich schwacher Monate, für Umbauten und Expansion bilden.

In wirtschaftlich schwierigen Zeiten sollten Sie nur in Sinnvolles, d.h. unbedingt notwendige Dinge, investieren: Dazu gehört alles, was mit der Aufrechterhaltung der Funktion zusammenhängt, sowie alles, was dem Gast nutzt. Dies kann zum Beispiel eine Verkaufsschulung für die Mitarbeiter sein, auf keinen Fall jedoch neue Geräte für die Küche, wenn die alten noch in Ordnung sind.

Wofür Sie immer Geldmittel zur Verfügung haben sollten, sind alle Arten von Marketingmaßnahmen. Damit wird die Präsenz in den Medien und auf den Vertriebs- und Kommunikationskanälen sichergestellt, die Sie brauchen, um im Gespräch zu bleiben und Gäste in Ihr Lokal zu holen.

Gerade in schlechten Zeiten ist Marketing – neben der Qualität – der einzige Faktor, der den Betrieb nach vorn bringen kann. Für diese Situation sollte ein Masterplan in der Schublade liegen, der im Notfall sofort zum Einsatz kommt.

UMSATZ UND KOSTENKONTROLLE

Das Wichtigste für Ihr Lokal ist (langfristig) ein hoher Umsatz! Durch hohe Umsätze relativieren sich Ihre Kosten. Personalkosten steigen prozentual geringer, große regelmäßige Posten wie Miete und Nebenkosten steigen nicht oder nur minimal und sogar die Kosten für den Wareneinsatz werden bei größeren Mengen etwas geringer.

Kosten vermeiden, wo es geht, müssen Sie immer. Kostenkontrolle funktioniert überall im Betrieb. Bei Gebrauchs- und Verbrauchsgegenständen können Sie sparen, besser einkaufen und die Nutzung sinnvoll einteilen.

Ein ganz wichtiger Posten sind die Personalkosten. Dienstpläne müssen gut abgestimmt und ständig überwacht werden. Bei schwachem Tagesgeschäft muss der Betriebsleiter sofort reagieren und Stunden kürzen oder Mitarbeiter zum Beispiel für Vorbereitungsarbeiten nutzen.

Seien Sie ein harter Verhandlungspartner bei allen Lieferanten. Auch dort, wo bereits langjährige Geschäftsbeziehungen existieren, besteht die Chance, günstigere Konditionen zu erzielen. Vorausgesetzt, Sie fragen danach.

Selbst bei Betriebskosten wie für Strom, Heizung oder Versicherungen lohnt sich ein Check. Das Internet versorgt sie mit Informationen, wo es was am preiswertesten gibt.

Glauben Sie mir: Alles ist verhandelbar – sogar Banken und der Vermieter lassen mit sich reden. Nur so haben Sie eine Chance auf bessere Konditionen.

Zu all diesen Themen gibt es hervorragende Fachbücher (siehe im Anhang) und gute Seminare. Nehmen Sie das Thema Kosten wirklich ernst: Wenn Sie nicht gut wirtschaften und Ihre Kosten im Griff haben, nützt Ihnen die beste Vision und das ultimative Konzept nichts – Sie werden nie Geld verdienen.

Nur an einem dürfen Sie nie sparen: an Leistungen die den Gast betreffen!

Die wichtigsten Kennzahlen

Ein paar Zahlen sollte jeder Gastronom regelmäßig überprüfen und dann am besten immer im Kopf haben. Das sind die
- Personalkosten in Prozent vom Umsatz oder die Personalproduktivität je Arbeitsstunde: Diese Zahlen sollten Sie täglich ermitteln und am Monatsende einen Monatsvergleich machen.
- Kosten des Wareneinsatzes: Diese sollten Sie mindestens auf monatlicher Basis ermitteln.
- Tagesumsätze, getrennt nach Food und Beverage.

Die Zahlen für verschiedene Geschäftsbereiche (Profitcenter; z.B. Bar und Restaurant) müssen Sie dabei immer getrennt ermitteln.

Wenn Sie schlechte Qualität servieren, wenn die Frische nicht stimmt oder der Service wegen Unterbesetzung schlecht ist, werden Sie die Quittung dafür von ihren Gästen schnell bekommen und Ihr Umsatz wird sinken. Und dann nützt Ihnen auch alles Sparen nichts.

Also sparen, aber nie auf Kosten des Gastes. Der muss immer die ihm zustehende, Leistung bekommen – damit er wiederkommt und viele neue Gäste mitbringt.

Der Einkauf

Noch ein Wort zum Einkauf: Wie oft sind Ihre Mitarbeiter unterwegs, um etwas zu besorgen, das gerade aus oder kaputt gegangen ist? Ein kleines Stück Ware kann so zu einem wahren Kostenmonster werden: Personalkosten, Warenkosten, Beschaffungskosten.

Strategisch die Einkäufe zu planen heißt für Sie: Lieferantenbündelung, einfache Logistik und Zahlung unter Abzug der Skonti. Wenn Ihre wunderschönen Lampen alle eine andere Art von Halogenstrahler benötigen, ist nichts mit Großeinkauf.

Bereits in der Planungsphase ein derartiges Detail zu berücksichtigen, erspart Kosten und Ärger. Trotz bester Planung zeigt die Realität mitunter ein anderes Bild.

Prüfen Sie deshalb, ob Ihre Vorgaben zum Beispiel hinsichtlich Lieferantenbündelung eingehalten werden.

Auch die Kontrolle der Belege und Rechnungen sollten Sie ab und zu selbst machen. Sie werden überrascht sein, welche Entdeckungen Sie machen. Gerade nach der hektischen Eröffnungsphase schleichen sich schnell ungeplante Kosten oder höhere Preise ein. Wenn Sie Ihren Lieferanten und Mitarbeitern nicht das Gefühl geben, dass Sie den Überblick behalten, öffnen Sie die Tür für Schummeleien und Betrügereien.

Prüfen Sie nicht nur die Preise der einzelnen Lieferanten, sondern auch die logistischen Abläufe. Auch diese verursachen Kosten!

Treffen Sie deshalb für Ihren Betrieb sinnvolle Absprachen. Lassen Sie alle Lieferanten an einem bestimmten Tag zu festgelegten Uhrzeiten anliefern. Auf diese Weise sind Lieferungen planbar und können effizient abgewickelt und kontrolliert werden.

Planen Sie den Wechsel eines Lieferanten, machen Sie sich im Vorfeld über die infrage kommenden Nachfolger schlau.

Es gibt ein altes Gemüsehändlerprinzip: Erst billig anbieten, um den Kunden zu ködern, und dann die Preise mit jeder Saison langsam, aber kräftig erhöhen. Erst für einige Produkte, und plötzlich ist alles teurer. Hände weg von solchen Partnern!

Was Sie brauchen, sind faire Geschäftspartner, den Sie vertrauen können. So wie auch Ihre Lieferanten Ihnen vertrauen sollten.

ORGANISATIONSTIPPS FÜR DEN BETRIEBSABLAUFS

Ein Betrieb kann auf zweierlei Arten funktionieren: Es gibt ein Handbuch, in dem alles steht, was jeder Mitarbeiter über den Betrieb wissen muss. Oder der Betreiber ist ständig anwesend und gibt alles vor.
Im zweiten Fall ist der Betreiber Leitfigur und wichtigster Mitarbeiter zugleich. Nichts geht ohne ihn, er wird gebraucht. Der Umkehrschluss: Ohne ihn geht wirklich nichts. Er darf keinen Fuß aus dem Betrieb setzen.
Den Typus des omnipräsenten Inhabers verkörpert der Wiener Gastronom Niky Kulmer von der *Kuchlmasterei*. Genau wie sein Freund, der Gastronom und Kochbuchautor Ewald Plachutta, führt er seit zwanzig Jahren sein Restaurant mit hohem persönlichem Engagement. Beide Gastronomen vereint ihre Philosophie: Betrieb und Konzept sind der Star. Niky Kulmer und Ewald Plachutta leben die Vision ihrer Restaurants und stellen die konsequente Umsetzung sicher. In der Praxis bedeutet dies, dass sie alle Entscheidungen treffen und das Team aus Fachkräften ohne Profilierungsintention besteht. Dies stellt Verlässlichkeit und Kontinuität sicher, sodass ein Wechsel zum Beispiel des Küchenchefs keinen Einfluss auf die Qualität und damit die Marke hat.

> Ein einfaches Handbuch für den Betriebsablauf, das für alle Mitarbeiter verbindlich ist, verschafft Ihnen ein wichtiges Stück Unabhängigkeit.

Das Handbuch für die Betriebsführung kann einen Umfang zwischen fünf und 50 Seiten haben. Darin wird die Vision und das Konzept beschrieben, die Art der Dienstleistung ebenso festgelegt wie die Qualität.
In einem nächsten Schritt werden Regeln für jede Abteilung geschaffen. Ob in Fließtext oder Tabellenform, ist dabei völlig gleichgültig. Hauptsache, Sie drücken sich einfach, klar und verständlich aus.
Sie definieren die Zuständigkeiten z. B. für Warenbeschaffung oder Reklamationen, die Aufgaben der Schichtleitung usw. Für die Küche sind die Gerichte in Rezeptur und Anrichteweise vorgeschrieben, für die Servicemitarbeiter alle Stationen im direkten Gastkontakt, von der Begrüßung bis zur Verabschiedung.
Diese Regeln werden im Normalfall von den Mitarbeitern gerne als Richtlinie akzeptiert. Schaffen sie doch den Rahmen, in dem sich die Mitarbeiter frei entfalten können.

Auszug aus einem Betriebshandbuch:

Jeder der angesprochenen Punkte wurde im Original-Betriebshandbuch, das über 20 Seiten umfasst, ausführlich erläutert. Aus Platzgründen hier nur ein sehr reduzierter Auszug mit Überschriften.

Version 2008 – ältere Manuals treten hiermit außer Kraft.
Bitte vertraulich behandeln. Darf betriebsfremden Personen nicht zugänglich gemacht werden. Nach Verlassen des Betriebes ist diese Anleitung wieder abzugeben. Es wird auf die Geheimhaltungspflicht gemäß Arbeitsvertrag und die entsprechenden Rechtsfolgen bei Vertragsbruch verwiesen.

Herzlich Willkommen im N.Y.C.
Das N.Y.C. bietet zusätzlich eine große **Frühstücksauswahl**, basierend auf US-Classics wie Eggs, Bagels, Pancakes, French Toast etc., nun jedoch – um auch gemischte Gruppen zufrieden zu stellen – auch auf deutschen Frühstücksspezialitäten ...

Die Einhaltung der folgenden Regeln garantieren uns gleichbleibenden Erfolg – für das N.Y.C. und für uns selbst!
Küchenöffnungszeiten: ...
Ladenöffnungszeiten: ...
Leitlinien:
– Wir sorgen dafür, dass unsere Gäste außerordentlich zufrieden sind.
– Wir verkaufen bestes Essen.
– Wir geben unser Bestes an der Bar.
– Wir behandeln unsere Kollegen mit Respekt und Würde.
– Wir erkennen Profitabilität als Basis unseres Erfolges an.
– Wir erkennen uns als Teil eines Ganzen an.

N.Y.C. Prinzipien für alle Mitarbeiter
WE ARE ON STAGE
... von der Öffnung bis zur Schließung
Jeder, der mit den Gästen zu tun hat, ist **„on stage"** und repräsentiert mit seinem Aussehen, Auftreten und seiner Laune das gesamte Team. Ob es die Inhaber, Betriebsleiter, die Küche, der Service oder die Barmitarbeiter sind, unsere Gäste beobachten uns aufmerksam und genau, sie sind kritische Zuschauer, die alles sehen und bewerten.

Verkauf und Verkaufsförderung
Ziel jedes Mitarbeiters muss es sein, einen möglichst hohen „Pro-Kopf-Umsatz" zu erreichen, also jedem einzelnen Gast so viele Produkte wie möglich zu verkaufen. Verkaufen macht Spaß, und die folgenden Regeln machen einen erfolgreichen Verkäufer aus ...

Allgemeine Regeln/Betriebsordnung

Jeder im Team ist gleich wichtig! Für jeden - auch den Manager - gelten die gleichen Regeln:
1. Sauberkeit und Ordnung
2. Pünktlichkeit
3. Körperliche Hygiene und gepflegtes Äußeres
4. Bonieren
5. Kassieren
6. Rosen- und Zeitungsverkäufer, Fotografen, Bettler, aufdringliche Musikanten
7. Promotion-Teams, kostlenlose Zeitschschriften und Flyer
8. Personalpreise
9. Pausen
10. Arbeitszeiten
11. Rauchen, Alkohol und sonstige Drogen
12. Strafbare Handlungen
13. Dienstkleidung
14. Schulung/Weiterbildung
15. Nachbarn

Procedures

1. Telefon: Der Umgang mit der Telefonanlage sollte jedem Mitarbeiter geläufig sein. Es ist unser Ziel das Gespräch spätestens nach dem 3. Klingelzeichen entgegen zu nehmen.
Unsere Begrüßung lautet: „Herzlich Willkommen im N.Y.C. Mein Name ist ... Was kann ich für Sie tun?", ...
Bei Reservierungen muss Folgendes gefragt und notiert werden
- Datum der Reservierung
- ...

Verbinden auf einen anderen Apparat
Auch am Telefon lächeln wir! Man hört es!

Procedures für die einzelnen Positionen
Betriebsleitung/Schichtleitung ...

Procedures für den Service
Erster Kontakt:
Zweiter Kontakt:
Dritter Kontakt:
Drinks

Procedures für die Bar ...

Ein guter Betrieb ist ein wirtschaftlicher Betrieb und nur ein wirtschaftlicher Betrieb kann sich weiterentwickeln.

Je mehr Prozesse Sie festlegen, desto entspannter können sich gute Mitarbeiter um die Gäste kümmern. Festgelegte Arbeitsabläufe engen nicht ein, sondern schaffen Freiräume, die man für Herzlichkeit, Kreativität und Qualität nutzen kann.

Oft reichen Checklisten, Rezepturen und Abläufe in Stichworten um für jeden eine gute Orientierung zu geben. Aber auch hier: alles so einfach und so kurz wie möglich.

> Sinnvoll ist, die Inhalte des Betriebshandbuchs zum Bestandteil des Arbeitsvertrages zu machen. Bei Verstößen können Abmahnungen darauf basierend ausgesprochen werden.

Die Führungscrew

Der Betriebsleiter und sein Stellvertreter, genauso wie der Küchenchef, sind die klassische Führungscrew in der Gastronomie. Sie arbeiten mit und leiten die Schichten. Bei größeren Betrieben sind zusätzliche Schichtleiter erforderlich. Jeder von ihnen hat seine Hauptaufgabe sowie eine Nebenaufgabe: So kann der Barchef für die Dekoration und der stellvertretende Betriebsleiter für den Einkauf zuständig sein, während sich der Küchenchef um die Sauberkeit im ganzen Betrieb kümmert.

Zu dieser Führungsriege sollten auch Nachwuchskräfte gehören, die dann zum Beispiel bei einer Expansion sehr gut eingesetzt werden können. Vertrauen Sie also Ihren Auszubildenden und – trauen Sie ihnen etwas zu. Beziehen Sie sie ab dem zweiten und dritten Lehrjahr mit in Führungsarbeiten ein. So gewinnen Sie wertvolle Mitarbeiter, die Ihr Geschäft von der Pike an kennen.

Probleme mit dem Personal

In vielen Betrieben landet ein Teil des Umsatzes nicht in der Kasse. Manche Kellner sind der Meinung eventuelle Nachteile des Jobs »ausgleichen« zu müssen. Das Unrechtsempfinden ist da bei einigen sehr unterentwickelt.

Ich kann nur zu härtesten und sofortigen Konsequenzen raten. Wenn etwas absichtlich nicht eingebucht wird, ist das Diebstahl. Sofern Sie den Betrug nachweisen können, ist eine sofortige Kündigung die einzige angemessene Maßnahme. Sorgen Sie dafür, dass jeder im Betrieb davon erfährt und zwar von Ihnen.

Ich kenne so manchen gefeuerten Kellner, der vor seinen Kollegen damit angab, dass er dem Chef richtig die Meinung gesagt und danach die Kündigung auf den Tisch geknallt habe.

Auch wenn es sich um wichtige Mitarbeiter handelt, gilt in einem solchen Fall: Lieber ein Ende mit Schrecken als ein Schrecken ohne Ende!

Kommunikation mit den Mitarbeitern

Neben klaren Regeln wollen die Mitarbeiter vor allem eines: Sie wollen wissen, was in ihrem Laden gespielt wird – im übertragenen Sinne. Eine offene Kommunikation, Information und Einbindung schaffen Vertrauen und erzeugen damit Engagement und Motivation.

Regelmäßige Besprechungen im Abstand von ein bis zwei Wochen, an denen der Betriebsleiter, sein Stellvertreter, Küchen- und Barchef sowie der Leiter des Service teilnehmen, sollten dafür genutzt werden, alle auf den gleichen Stand zu bringen: Was geschah in den letzten Wochen? Was ist für die beiden kommenden Wochen geplant? Gibt es Aktionen, Veranstaltungsprogramme oder die Einführung neuer Produkte? Systematisch werden die Bereiche Marketing und Personal durchgegangen. Dann sollte geprüft werden, ob alle Punkte aus der letzten Besprechung erledigt worden sind und wenn nicht, warum nicht. Daraus ergeben sich meist automatisch Aufgaben bis zum nächsten Treffen. Für diese wird festgelegt, wer was bis wann zu tun hat. Für jede Besprechung gibt es selbstverständlich ein Protokoll, das alle Beteiligten am nächsten Tag in Händen halten sollten.

EIN WORT ZUM SCHLUSS

Egal wie Sie Reichtum definieren – wenn Sie die richtige Vision haben und hart arbeiten, werden Sie auch reich werden. Wir haben Ihnen in diesem Buch viel Basiswissen und erfolgserprobte Rezepte für Ihren Erfolg gegeben – umsetzen müssen Sie sie aber selbst. Und Sie müssen Ihren eigenen Stil darin finden, die Dinge so zu tun, wie es zu Ihnen passt.

Erfolg ist nicht der Schlüssel zum Glück. Glück ist der Schlüssel zum Erfolg. Wenn du liebst, was du tust, wirst du erfolgreich sein.
Albert Schweitzer

Verbessern Sie mit Ihrem Team dauernd Ihre Führungsqualitäten und optimieren Sie Ihre eigene Methodik. Helfen Sie Ihren Mitarbeitern besser zu werden, trauen Sie Ihnen etwas zu – geben Sie Ihnen Verantwortung.

Versuchen Sie immer, alles noch ein bisschen besser zu machen als am Tag zuvor, ohne aber in übertriebenen Perfektionismus abzudriften.

Never, never, never give up!
Winston Churchill

Denken Sie stets daran, dass Sie Geld verdienen wollen – achten Sie darauf, dass das, was Sie tun, auch profitabel ist. Halten Sie Ihr Geld zusammen.

Bleiben Sie sich treu, und bleiben Sie vor allem Ihren Werten treu.
Behandeln Sie Menschen anständig.
Arbeiten Sie hart, seien Sie hartnäckig und Sie werden Ihre Ziele erreichen.
Und lassen Sie sich von niemandem Ihre Träume nehmen.

Frankfurt, im Januar 2008

Pierre Nierhaus & Jean-Georges Ploner

Zum Weiterlesen

Blanchard, Kenneth/Zigarmi, Drea/Zigarmi, Patricia: Das große Minuten Manager Buch, Rowohlt Verlag GmbH, Reinbek bei Hamburg 2007
Covey, Stephen R.: Die 7 Wege zur Effektivität. Prinzipien für persönlichen und beruflichen Erfolg, Campus Verlag GmbH, Frankfurt/New York 2005
Dollischek, Benno Peter: Hoch lebe die Reklamation. Lösungsansätze zur positiven Reklamationsbewältigung, Matthaes Verlag GmbH, Stuttgart 2003
Drucker, Peter F.: Was ist Management?, Econ, Berlin 2002
Fisher, Roger/Ury, William/Patton, Bruce: Das Harvard-Konzept. Klassiker der Verhandlungstechnik, Campus Verlag GmbH, Frankfurt/New York 2003
Gay, Friedbert: Das DISG Persönlichkeitsprofil, Gabal Verlag GmbH, Offenbach 2004
Haas-Edersheim, Elizabeth: The Definitive Drucker. The Final Word from The Father of Modern Management, McGraw Hill Professional, Columbus/Ohio 2007
Kobjoll, Klaus: Motivaction. Begeisterung ist übertragbar, mvg, Heidelberg 2004
Kobjoll, Klaus/Berger, Roland/Widmer, Rolf (Hrsg.): TUNE. Neue Wege zur Kundengewinnung und -bindung, Orell Füssli Verlag AG, Zürich 2004
Kobjoll, Klaus: Wa(h)re Herzlichkeit, Orell Füssli Verlag AG, Zürich 2007
Levinson, Jay Conrad: Das Guerilla Marketing Handbuch. Werbung und Verkauf von A bis Z, Campus Verlag GmbH, Frankfurt/New York 1996
Malik, Fredmund: Führen, Leisten, Leben. Wirksames Management für eine neue Zeit, Campus Verlag GmbH, Frankfurt/New York 2006
Mikunda, Christian: Marketing spüren. Willkommen am dritten Ort, Redline Wirtschaft, Heidelberg 2007
Peipe, Sabine: Crashkurs Projektmanagement, Rudolf Haufe Verlag GmbH & Co. KG, Freiburg 2007
Ploner, Jean-Georges: 50 Wege zu guten Mitarbeitern, Deutscher Fachverlag, Frankfurt 2007
Ploner, Jean-Georges: 50 Wege zu mehr Profit in der Bar, Deutscher Fachverlag, Frankfurt 2007
Ploner, Jean-Georges (Hrsg.): Service that sells, Matthaes Verlag GmbH, Stuttgart 2002
Ploner, Jean-Georges /Koch, Ulrich: Arbeite smart, nicht hart, Matthaes Verlag GmbH, Stuttgart 2002
Schulz, Denise: Das Lokal als Bühne. Die Dramaturgie des Genusses, Metropolitan im Walhalla Fachverlag, Regensburg 2000
Schumacher, Franziska: Der clevere Gastronom. Fünf Bausteine zum Erfolg, Matthaes Verlag GmbH, Stuttgart 2007
Seiwert, Lothar J./Gay, Friedbert: Das neue 1 x 1 der Persönlichkeit, Gräfe und Unzer Verlag GmbH, München 2004
Seiwert, Lothar J.: Das Bumerang-Prinzip: Don´t hurry, be happy, Gräfe und Unzer Verlag GmbH, München 2003
Seiwert, Lothar J.: Die Bären-Strategie, Heyne Verlag, München 2007
Sunzi: Die Kunst des Krieges, RaBaKa-Publishing, Neuenkirchen 2007
Svantesson, Ingemar: Mind Mapping und Gedächnistraining; Gabal Verlag GmbH, Offenbach 1995

Danksagungen

Unserer besonderer Dank gilt

allen Gastronomiekollegen, von denen wir viel lernen durften;
allen Mitarbeitern von alten Betrieben, die die wir eröffnet bzw. geführt haben;
allen Auszubildenden für ihre frischen Ideen;
allen unfairen Geschäftspartnern, von denen wir am intensivsten lernen mussten.

Danken möchten wir im Einzelnen:

Barbara Becker
Gunter Becker
David Bosshart
DEHOGA Berlin
Tillmann Dönnebrink
Claudio D´Orio
Andreas Eggenwirth
Gerd Ehehalt
Jan-Peter Eichhorn
Torsten Emrich
Willy Faber
Gerhard Franzen und der FCSI
Hans-Jürgen Hartauer
Michael Heilenz
Hilton Frankfurt,
    spez. Vista Lounge Team
Claus Dieter Hübsch
Klaus Kobjoll
Christine Koch
Lena Kraft
Claudia Krader
Franz Kranzfelder
Beat Krippendorf
Philip Dean Kruk
Willy Loderhose
Graucho Marx
Richard Melman
Andrey Merschiy
Danny Meyer
Christian Mikunda

Jordan Mozer
Chris Muller
Stephanie Nierhaus
Willy Nottenkemper
Michael Oldenburg
Sonja und Hans Priewe
Dena Rawle
Martina Rickert
Werner Rochau
Kim Rotter
Rüdiger Ruos
Diana Ryfisch
Uwe Schiller
Denise Schulz
Gerd Schüler
Kerstin Schwan
Lothar Seiwert
Peter Sobanski
Christoph Strenger, stellvertretend für unsere Leaders-Club-Freunde
Bruni Thiemeyer
Peter Traa
Angelo Vega
Charly Völker
Marianne Wachholz
Peter Weckesser
Edith Wiegand
Gretel Weiß
Harald Zielinski

Die Autoren

Pierre Nierhaus

Pierre Nierhaus ist Gastronom, Berater, Trendexperte und Autor. Im Alter von 26 Jahren eröffnete er seinen ersten eigenen Gastronomiebetrieb. In seiner Laufbahn hat der gebürtige Düsseldorfer 15 Betriebe allein und mit Partnern geführt.

Mit seinem 1982 gegründeten Consultingbüro entwickelte und setzte er über hundert Gastronomiekonzepte in allen Segmenten um. Die Kompetenz als Betreiber und Berater erhält elementare Inspiration aus Pierre Nierhaus Passion für Innovation, die er bei seinen Recherchereisen in die Trend-Schlüsselstädte der Welt sichtet und auswertet. Parallel ist er als Berater für Marketing und PR für die großen Unternehmen der amerikanischen Filmindustrie tätig. Von diesem übergreifenden Fachwissen profitieren Großunternehmen wie mittelständische Gastronomen bei Beratungsleistungen sowie auf den Trend- und Innovationsworkshops. Nierhaus ist ferner gefragter Vortragsredner zu den Themen Innovation und Zukunftsstrategien im Kontext internationaler Gastronomie.
Kontakt: pierre@nierhaus.com
www.nierhaus.com

Jean-Georges Ploner

Jean-Georges Ploner ist Hotel- und Gastronomie-Profi, erfolgreicher Trainer und Berater, Trendexperte, Autor sowie gefragter Vortragsredner.

Geboren und aufgewachsen in einer Gastronomenfamilie in Strassburg, durchlief Jean Ploner die klassische Hotelausbildung mit Abschluss als Betriebswirt an der Hotelfachschule Heidelberg. Es folgte Berufserfahrung in der Hotellerie und Systemgastronomie, parallel die Trainerausbildung bei Swiss Air und Schwerpunktbildung im Trainingsbereich, erst für die Deutschen Bahn, dann für Mövenpick. Seit 1994 ist Jean Georges Ploner selbständiger Trainer und Berater, seit 1998 geschäftsführender Gesellschafter von Pencom Ploner Partner. Jean Georges Ploner führte das amerikanische Mitarbeiterschulungsprogramm „Service that sells!" mit großem Erfolg auf dem deutschsprachigen Markt ein. Heute umfasst das Leistungsspektrum des Unternehmens neben Service Management und Training die Bereiche Beratung und Konzeptentwicklung sowie Gastroexpeditionen.
Kontakt: j.ploner@ploner-partner.de
www.ploner-partner.de